读客®文化

THE WORLDLY PHILOSOPHERS

哈佛极简经济学

[美] 罗伯特 · L. 海尔布隆纳 著
Robert L.Heilbroner
唐欣伟 译

海南出版社

版权合同登记号：图字：30-2018-069

图书在版编目（CIP）数据

哈佛极简经济学 / (美) 罗伯特·L.海尔布隆纳 (Robert L. Heilbroner) 著 ; 唐欣伟译. -- 海口 : 海南出版社, 2018.10

书名原文: THE WORLDLY PHILOSOPHERS

ISBN 978-7-5443-8126-0

Ⅰ. ①哈… Ⅱ. ①罗… ②唐… Ⅲ. ①经济学—通俗读物 Ⅳ. ①F0-49

中国版本图书馆CIP数据核字(2018)第183111号

哈佛极简经济学

作　　者　（美）罗伯特·L. 海尔布隆纳（Robert L. Heilbroner）
责任编辑　王振德
执行编辑　徐雁晖
特邀编辑　袁海红
封面设计　刘　倩
印刷装订　三河市龙大印装有限公司
策　　划　读客文化
版　　权　读客文化
出版发行　海南出版社
地　　址　海口市金盘开发区建设三横路2号
邮　　编　570216
编辑电话　0898-66817036
网　　址　http://www.hncbs.cn
开　　本　710mm × 1000mm　1/16
印　　张　20.5
字　　数　253千
版　　次　2018年10月第1版
印　　次　2018年10月第1次印刷
书　　号　ISBN 978-7-5443-8126-0
定　　价　64.00元

如有印刷、装订质量问题，请致电010-87681002（免费更换，邮寄到付）

第七版序言

我大约在46年前写了这本书，这是第七个版本，《哈佛极简经济学》（*The Worldly Philosophers*）如今的年龄，比我当年写作时还老得多。当我还是一名研究生时，我就开始撰写本书。这个存活年限之长、全然始料未及的写作活动，值得让我在叙述此一最新，可能也是最后一个版本中的重要更新前，交代其来龙去脉。

我在20世纪50年代就读研究所时，曾以自由作家赚钱维生。若有机会或有需要时，写作的主题可能与经济学毫不相干。因此，某次西蒙&舒斯特（Simon & Schuster）的资深编辑约瑟夫·巴恩斯约我共进午餐，以讨论关于书籍的诸多想法。这些想法都算不上什么好主意。当沙拉被端上来时，一阵不祥预感浮现。这时我意识到，第一次和出版者的午餐约会，不太可能以一纸著作合约收场。然而，巴恩斯并未轻言放弃。他开始询问我在社会研究新学院[1]（New School for Social Research）的研究所课程。我察

1　即现今的新学院，位于纽约之学术机构，以人文社会学科研究著称，成立于1919年。

觉到自己对一门关于亚当·斯密的专题研究充满热情。该专题的授课老师阿道夫·罗威很懂得启发学生的灵感，本书稍后还会再提到他。在上甜点前，我们已经明白，这就是我著作的主题。等到我下次上课后，我便赶紧告诉罗威教授，自己决定撰写一部关于经济思想演变的历史。

受到惊吓的罗威，乃是典型的德国学者。他专断地说："不行！"但我非常肯定，自己可以胜任。正如我在别处曾写过的——只有研究生才能兼具这种必要的信心与天真，我写了介于自由作家工作和未来研究课题之间的最初三章，忐忑不安地拿给罗威教授。他读了之后说："你一定要做这个！"这就是那位杰出人士的评价（直到他于102岁过世前，他一直都是我的最热切、最严峻的批评者）。在他的协助下，我便如此进行了。

要写书就得定个标题。我知道"经济学"这个词早已不流行，因此搜肠刮肚，寻求一个替代品。于是，和弗雷德里克·刘易斯·艾伦的第二场关键午餐会登场了。他是《哈珀》（*Harper's*）杂志[1]的编辑，对我非常好，非常有帮助。我告诉他自己很难找到一个好标题。虽然我觉得"金钱"这个词不是很恰当，但目前考虑将这本书命名为《金钱哲学家》。他说："你的意思是'世俗'。"我说："午餐我请客。"

我对此标题很满意，但我的出版者们不这么想。等到这本书的销量开始大跌眼镜，他们建议将之改名为《伟大的经济学家》。幸好没这么做。或许他们以为，人们对"世俗的"（worldly）一词并不熟悉。在上千份学生作业中，这个字确实被误拼成"wordly"。多年以后，我听说有位学生在校园的书店中找一本书。他不记得作者的名字，但尽力回想起这本书的古怪名称——《满是龙虾的世界》（*A World Full of Lobsters*）。也许出版者们早就料到会有这种问题。

1 美国历史悠久之月刊，以艺术、文化、文学、政治类撰文为主，创刊于1850年。

多年以来，《哈佛极简经济学》的销量超乎我的想象。别人还对我说，有数以万计意料之外的受害人，中了该书的毒而走上经济学之路。对于随之而来的痛苦，我无法答复。然而听到许多经济学家说，他们最初的兴趣，就是被这本书中的经济学愿景所引发时，我感到很高兴。

这个版本和前版有两处不同。第一，和往常一样，重新审视这些文稿，让我得以改正撰稿时的错误，以及出版后从事的研究揭示出的错误。这也是一个机会，让我能随着自身看法的演进，改变所强调的重点与阐述。这些小小的改变，或许只有这个领域的专家学者们才会注意到，并不足以为此另出新版。

第二项改变更为重要。除了将一群拥有有趣观念的杰出人士，按时间顺序排列外，我是否忽略了某条可以将本书各章更紧密地串联在一起的线索？我不时会想到这个问题。数年前，我开始相信这条线索就存在于变迁的概念中。这些变迁的概念——也就是愿景——藏身在所有社会分析的背后。约瑟夫·熊彼特早在20世纪50年代就提过这个概念。他是俗世哲学家中最富想象力者之一，却未将此洞见运用到经济思想史上。多年来，我自己也没想到这点，希望大家见谅。

我不打算在序言中进一步讨论这个俗世哲学演变的新观点。否则，就好比在悬疑小说的阴谋尚未开始前，就把它点破一样。因此，社会愿景虽会被多次提及，但要到最后一章，我们才会考虑它和我们自身所处时代的关联。

读者或许已注意到，本书最后一章的标题很奇特：经济学的终结？这个问号清楚地表明，它不是末日宣言。等到最后一章，我才会讲明此一改变。这并不是在戏弄读者，而是因为要到最后，也就是今天，此一改变才会对经济思想的本质与重要性构成挑战。

这一切都需要加以证明。容我以个人的答谢来作总结。我要感谢我的读者，尤其是那些细心地将更正、异议或认可的意见寄给我的学生和老师。希望《哈佛极简经济学》一书，能继续让将成为专捕龙虾的渔夫、出版业者，以及那些更有勇气决定要成为经济学家的人们，更了解经济学。

海尔布隆纳

写于纽约，1998年7月

目　录

第一章

绪 论

本书要介绍一小群名声特异的人士。他们不是军队指挥官或帝国统治者，没有生杀予夺的大权，也几乎没参与过缔造历史的决策。他们之中有哲学家和疯子，有教士和股票经纪人，有革命家和贵族，有唯美主义者、怀疑论者和流浪汉。他们可以被称为俗世哲学家，因为他们所信仰的哲学系统，是所有人类活动中最世俗的一种——赚钱的欲望。

本书要介绍一小群名声特异的人士。他们不是军队指挥官或帝国统治者，没有生杀予夺的大权，也几乎没参与过缔造历史的决策。依据历史教科书的标准，这些人根本无足轻重。其中有几位颇负盛名，但没有一个人是民族英雄。有几位曾遭痛骂，但没有一人成为全民公敌。然而他们的所作所为，比许多声名在外的政治家对历史更富决定性，比指挥前线军队进退的吆喝声更具震撼力，也比国王和立法者的敕令更能影响吉凶祸福。这是因为他们塑造并支配了人们的心智。

因为能够争取人心的人，力量胜过刀剑或权杖，所以这些人也就塑造并支配了这个世界。他们很少采取实际行动，主要是以学者身份默默工作，也不太关心世人对他们的评论。但是在他们的行列中流传下来的观念，却在各大洲造成爆炸性的影响，足以决定国家政权的存亡。他们让阶级与阶级甚至是国家与国家彼此对抗。这并非因为他们密谋策动这些争执，而是因为他们的观念具有非凡的力量。

他们是谁？就我们所知，他们是“伟大的经济学家”。奇怪的是，我们对他们的认识甚微。或许有人以为，在一个被经济问题困扰、总是忧心经济事务、谈论经济议题的世界里，人们对于大经济学家，应该像对大哲学家或大政治家一样熟悉才对。然而他们却只是过去的虚幻阴影，人们对其曾热烈讨论的事情敬而远之。经济学的重要性固然毋庸置疑，但是冷僻艰涩之处，最好留给那些擅长深奥思考的人来研究。

这种想法与事实天差地别。有人认为经济学只是教授们的问题。他们忘记了，这门科学也曾让人们走上街头反抗政府。看过一本经济教科书，就断言经济学很无聊，就跟看过一本后勤学的入门书籍，就认定兵学必然枯燥乏味一样。

其实，大经济学家们从事的研究，就和世人所知的任何事物一样能够激励人心，也一样危险。他们所处理的观念和大哲学家们的观念不同，对我们的日常生活会造成很大的影响。他们所极力策动的实验，也不同于隔绝在实验室里的科学实验。大经济学家的想法曾震撼世界，其错误则遗患无穷。

本身也是伟大经济学家的凯恩斯爵士说："无论是对是错，经济学家、政治家和哲学家的观念，都比常人所理解的更有力量。其实这个世界正是被其统治。一般注重实务、自认为不受知识分子影响的人，往往都是某个已故经济学家的奴隶。只聆听来自虚空中的声音的掌权狂人，正在从多年前某个三流学者的学说中提炼其狂想。我确信，与逐渐渗入人心的观念相比，既得利益者的权力已被过分夸大。

当然，并非所有经济学家都这么伟大。数以千计的经济学家写过教科书（其中不乏单调乏味的作品），并怀着中世纪学者的热情，探究鸡毛蒜皮的琐事。假如今日的经济学欠缺魅力而又无趣，自然是经济学家的错。伟大的经济学家不会只在学术圈里小题大做。他们以整个世界为研究主题，并且以愤怒、绝望或充满希望等十余种大胆的态度，为这个世界上色。他们的异端邪说演变成一般常识，他们将常识中迷信的本质揭发出来。当代生活的理智结构，就是这样逐步建构而成。

很难想象出另外一群更奇特的不像是命中注定要改造这个世界的人们。他们之中有哲学家和疯子，有教士和股票经纪人，有革命家和贵族，有唯美主义者、怀疑论者和流浪汉。他们的国籍、生活和性情各不相同。其中有些光彩照人，有些却令人生厌；有的让人感到开心，有的让人无法忍受。他们之中至少有三人赚到大钱，但是另有许多人连基本理财都做不好。有两位是卓越的商人，有一位只是旅行推销员，另有一位则把家产挥霍殆尽。

他们对世界的观点，也同样有分歧——从来没有一群这么爱争吵的思想家。其中一人终身提倡女权，另一人坚称女性确实比男性低劣。一人主张“绅士”只不过是经过伪装的野蛮人，另一人则认为只要不是绅士，就是野蛮人。其中一位曾经非常有钱的学者，极力主张消灭富裕阶级，另一位颇为贫穷的学者则反对慈善事业。他们之中好几位主张这个世界虽有很多缺点，却是所有可能达到的世界中最好的一个，其他几位则穷尽毕生之力，去证明事情绝非如此。

他们全部都有著作，但其间差别之大，前所未见。有一两人撰写的畅销书，远及亚洲的穷乡僻壤；其他有些必须自费出版其默默无闻的作品，而其读者人数极为有限。有些作品的文采足以撼动数百万人的心灵，也有些（对世界同样重要的）作品让人不知所云。

将他们联系在一起的，不是他们的人格、他们的生涯、他们的偏见，也不是他们的观念，而是他们共有的好奇心。这个世界十分复杂，而又看似混乱无序；在虚假的虔诚之下隐藏着残酷，却又有着不为人知的成功之处。这些都让他们目眩神迷。他们都很关注同胞们如何创造物质财富，以及人们如何仿效旁人，以赚取自己的那一份财富。

所以，他们可以被称为俗世哲学家，因为他们所信仰的哲学系统，是所有人类活动中最世俗的一种——赚钱的欲望。或许这不是最优雅的哲学，却是让人最感兴趣或最重要的一种哲学。谁会在一户穷人家与一个屏息等待某个能让他进场捡便宜的灾难降临的投机商人之间，寻找“秩序”和“计划”，或是在一群游街乱民与一位笑脸迎客的卖菜小贩间，寻找“一致的法则和原理”呢？然而这些伟大的经济学家们就是相信，能将这些看似不相干的线条，织成一张挂毯。只要在一定的距离外观看，这个纷纷扰扰的世界，就会呈现出井然有序的进程，喧嚣的杂音也会变得和谐。

没错，相信一个宏大的秩序！结果，他们是对的。这真是令人惊讶。当经济学家在他们那一代人眼前，揭露其行为模式时，穷人和投机商、菜贩和乱民，就不再是被莫名其妙推上舞台的一群不协调的演员。不论他们高兴与否，每一个人都在人类进展的戏剧中，扮演一个角色。在经济学家大功告成时，原本单调或混乱的世界，变成了有秩序的社会，其生命历史自有其意义。

对社会史的秩序与意义之探寻，正是经济学的核心。因此，它也是本书的主旨。我们看到的不是一个又一个原理原则，而是一连串塑造历史的观念。我们不仅会看到喜欢卖弄学问的教师，还会遇到许多穷人、投机商人（有的破产倒闭，有的大发横财）、乱民，甚至某个卖菜的小贩。我们应当回到大经济学家所察觉到的社会模式起伏中，重新发现我们社会的根源。如此，我们也可以了解大经济学家本人。这不仅是因为他们的人格常常多彩多姿，也是由于他们的观念让人感到厌烦。

若能直接从第一位大经济学家亚当·斯密开始叙述，本书将会很合宜。然而亚当·斯密是美国独立时代的人物。为什么在他之前，长达6000年的人类历史上，没有一位扮演主要角色的经济学家呢？我们必须回答这个问题。早在埃及法老时代前，人们就已为了经济问题奋战不休。千百年来，世界上出现过许许多多的哲学家、科学家、政治思想家、历史学家、艺术家，以及上千名政治家。为什么就是没有经济学家？

我们将以一章的篇幅回答此问题。我们要彻底调查那个比我们所处的世界更古老、持续时间更久远的世界——它不仅不需要经济学家，连让他们出现的机会都不存在。之后，我们才能安排让大经济学家登场的舞台。我们最关心的还是近300年来的这一小群人。然而，我们必须先了解他们登场前的世界。我们必须观察那个孕育出这个摩登时代的世界。这个在一场重大的革命中动乱而又痛苦的时代，就是经济学家的时代。

第二章

经济革命

直到几百年前，人们还是对市场体系抱持着猜疑、厌恶与不信任感。千百年来，世界早已安于传统与指令的支配。只有一场革命，才能让人们放弃这种安全感，转向让人怀疑又令人困惑的市场体系。从塑造现代社会的观点来看，这是有史以来最重要的革命。它所造成的冲击，凌驾于法国、美国，甚至俄国革命之上。

自从人类从树上爬下来之后，就开始面临生存问题。这不是个人问题，而是社会群体成员的问题。人类持续存在，就是他已解决这个问题的明证。然而即使在最富裕的国家中，仍有匮乏与贫困的现象。这表示人类尚未彻底解决此问题。

对于未能建立人间天国一事，不应对其太过苛责。在这个世界上混口饭吃确实不易。很难想象，人类在第一次驯养动物、第一次栽培植物，以及第一次开采矿物之际，要花费多大的努力。只因为人类可以和他人合作，组成社会，才得以持续生存。

但是，人类必须仰赖他的同胞才能生活这个事实，却使得生存问题变得异常难解。蚂蚁具有合作本能，但人类却正好相反，似乎生来就有强烈的自我中心倾向。人们瘦弱的身体迫使他与别人合作，但其内心的驱动力却倾向于破坏社会合作的伙伴关系。

环境可以解决原始社会中自我中心与合作之间的斗争问题。当整个社群都被饥荒的阴影笼罩，求生存的纯粹需要，促使社会每天都要分工合作。人类学家说，在环境稍好的情况下，会有一种被普遍接受的亲属规范与互惠规范。男男女女在这个有力的规范指引下，履行他们的任务。伊丽莎白·马歇尔·托马斯在那本关于非洲布什曼人的有趣书籍中，描述了一个如何将一头大羚羊按照亲戚、亲戚的亲戚等顺序加以分割，以至于最后“没有人吃得比任何其他人更多”的例子。但先进社群中没有这种实质的环境压力，或社会义务。当人们无须肩并肩地直接从事求生存所必需的工作——当三分之二的人从不下田耕作、开采矿物、建造房屋，甚至连工厂都不去，或是当能够凭亲属关系而主张的权利也消失无踪时，人类的持续生存，就成为一项了不起的社会成果。

事实上，人类社会得以存续，实在非常了不起。因为它面临着千钧一发的危机。现代社会面对着上千种危险：假如农人无法生产足够谷物；假如铁路员工突发奇想，要改行去记账，而簿记员则想改行去当铁路员工；假如矿工、炼铁工、想念工程学位的人等，这个社会中上千个彼此紧密相连的职务中，有一个无法履行功能，那么工业化的生活很快就会绝望地解体。我们的社会每天都可能土崩瓦解——并非出于自然之力，纯粹因为人类捉摸不定。

“市场”这种伟大的社会发明尚未出现

千百年来，人们总共只有三种防止这种灾难的方法。

人们能以传统为中心，将社会加以组织，以确保其存续。依据习俗，将各种必须完成的工作，一代一代传递下去，以子承父业的方式保持一种模式。亚当·斯密说，在古埃及，“每个人都受到宗教原则的束缚，继承其父亲的职业。若想改行，就是犯了亵渎神明的大不敬之罪”。直到最近，印度也都还是依据传统的种姓来分派特定职业。[1]事实上，在大多数未

1　1947年印度脱离殖民统治后，种姓制度已无法理地位，但于社会中仍可见其影响。

工业化的世界中，一个人要从事的工作，仍然是自出生时就已注定。

社会也可以用其他方法来解决这个问题。它能用威权统治的力量来完成任务。古埃及的金字塔，不是因为某个富有企业家精神的承包商，突然想到才去兴建的；苏联的“五年计划”，也不是由于它正好与习俗或个人的自利心相一致，才得以实行的。苏联与埃及都是“指令型”社会。除了政治之外，其经济生存也是由单一权威机关的敕令，以及最高权威当局认为有必要采取的惩罚措施，来加以确保。

多少年来，人们都是采取上述两种方法中的一种，来处理生存问题。只要这些问题被交给传统或命令来解决，“经济学”这门特殊的学问就无法出现。尽管历史上各个社会，呈现出惊人的经济多样性，尽管它们颂扬国王和人民委员，用鳕鱼干和固定的石头当货币，用最简单的共产主义形态或最传统的方式来分配财货，只要他们是依习俗或指令运作，就不需要经济学家来帮他们理解事务。有神学家、政治理论家、政治家、哲学家、历史学家，奇怪的是，就是没有经济学家。

经济学家在等待解决生存问题的第三种方法，一种惊人安排的发展。由此，社会可以让每一个人在遵守一项指导原则的前提下，去做他认为适当的事，这样就可以确保社会存续。这种被称作“市场体系”的安排，其规则出乎意料地简单：人人都该尽可能地赚钱。在市场体系下，大多数人既不是被传统牵着鼻子走，也不是被官方所逼迫，而是受到利诱前去工作。虽然每个人都可以随心所欲地逐利，但是人人“交征利”的结果，却能完成社会所需的任务。

这种解决生存问题的方法，看似自相矛盾，而且既微妙又困难。所以，我们需要经济学家。用习俗和指令来解决问题，简单明了。让每个人追逐自身的利益，就能让社会存续的道理，却不那么显而易见。假如不靠习俗和指令，社会上的所有工作（不论低贱或高尚），都未必会被完成。

当社会不再服从领袖的要求时，由谁来掌舵呢？

负责解开这个谜题的，就是经济学家。但在市场体系的观念本身被人接受之前，并无谜题可解。直到几百年前，人们还是对市场体系抱持着猜疑、厌恶与不信任感。千百年来，世界早已安于传统与指令的支配。只有一场革命，才能让人们放弃这种安全感，转向让人怀疑又令人困惑的市场体系。

从塑造现代社会的观点来看，这是有史以来最重要的革命。它所造成的冲击，凌驾于法国、美国，甚至俄国革命之上。我们的社会源于一个更古老，而且早已被遗忘的世界。为了了解这场革命的强度，以及它对社会的冲击，我们必须先置身于那个早先的世界。如此，才能理解为什么经济学家这么晚才登场。

第一站：法兰西　1305年

带着保镖的商旅，于今天早晨抵达我们参访的市集。他们架设起色彩斑斓的帐篷，与其他的商旅以及当地人民交易。销售的舶来品包括丝绸与塔夫绸、香料和香水、皮革与毛皮。有些来自黎凡特，有些来自斯堪的纳维亚，有些则来自仅在几百英里以外的地方。除了一般民众外，地方领主与仕女也常造访各摊位。他们很想调剂乏味的庄园生活，急切地想要得到沙发床、枫糖浆、洋蓟、菠菜，以及其他瓶瓶罐罐等。他们对来自阿拉伯的奇珍异宝与极远地区的新鲜事物都很有兴趣。

但是在帐篷里，有着我们意想不到的景象。桌上的商业簿册，有时只不过是一些交易的记录而已。比方说："某人在圣灵降临周[1]欠我10枚金币。我忘了他的名字。"大致上，人们用罗马数字进行计算，而且常常算错。他们不懂长除法，也不太清楚"零"的使用方法。尽管展览会十分

1　指自圣灵降临节（Whitsun，复活节后的第七个星期天）开始的一周。

华丽，参与者非常兴奋，然而市集的规模实在很小。拥有史上第一座吊桥的圣哥达隘口[1]，是重要商业要道。当时每年经过该隘口进入法国的货物总量，还装不满一列现代的货运火车；一支规模庞大的威尼斯舰队运载的商品，也填不满一艘现代货轮。

下一站：日耳曼　1550年左右

穿着皮衣、留着胡子的商人安德烈亚斯·莱夫，正要回到在巴登的居所。他在写给太太的信中表示，已走访了30个市场，而且深为舟车劳顿所苦。在那个时代，还有让他更感困扰的事。几乎每隔10英里，他就会被拦下来征收一次关税。在巴塞尔[2]与科隆之间，他就缴了31次税。

更有甚者，他走访的每个社区，都有自己的货币与自己的法规秩序。光是在巴登一带，就有112种不同的长度基准、92种不同的面积基准、65种不同的干货基准、163种不同的谷类计量标准、123种不同的液体计量标准、63种特殊的酒类计量标准，以及80种不同的磅重基准。

接下来，我们到了1639年的波士顿。

罗伯特·奇尼正在接受审判。“他是一位福音的老教授，才学出众，家境富裕，有一个孩子。他受到良心的驱使，为了传福音而来到美洲。”他被指控犯了可怖的罪行：在1先令中赚了6便士的利润。这是极不道德的。法庭正在辩论，是否因为他的罪孽而将之逐出教会。由于他以往的表现毫无瑕疵，法庭最后决定从轻发落，仅判处罚200镑罚金。但是可怜的奇尼先生苦恼异常，因此在教会长老面前，“流泪承认自己利欲熏心”。波士顿的牧师在周日布道时，利用这个良机，以任性的罪人奇尼先生的贪念为例，大力指责某些错误的贸易原则：

1　位于现今瑞士南部瑞意交界处，13世纪起为南北商贾往返的重要通道。

2　地处瑞、法、德三国交界，瑞士第三大城，仅次于苏黎世与日内瓦。

一、人应该尽量贱买贵卖。

二、假如某人意外损失了某些商品，他可以提高剩余商品的价格。

三、若他进货的价格太高，则可以依其买进价格来销售物品。

牧师大喊：这些全部都是错！错！！错！！！为利逐利，就会堕入贪婪的罪恶之中。

我们再回到英格兰与法兰西。

英格兰的“商人冒险家公司”[1]是一个大型贸易组织。它的公司章程规定，成员不能说粗话，彼此间不可以争吵，不能玩牌，不能养猎犬，不能携带不雅观的包包上街。这家公司真的很奇怪，与其说是企业，不如说是个兄弟会。

后来，法国纺织业出现大幅度的全面性创新。科尔伯[2]于1666年公布了一项法规，以消除这种危险而又具有分裂性的趋势。此后第戎与色兰吉生产的织物，包括边缘在内，便一律含有1408条丝线，不多也不少。在奥塞、阿瓦隆以及另外两个工业城镇，丝线的数目是1376条；在沙提永，则是1216条。任何不合规格的织物，都会遭到指责。假如有三次被发现不合格，该名商人就会被指责。

这些旧世界的零星琐事，有某些共同点：第一，一个以个人利益得

1　召集伦敦重要外贸商人的同业工会，于1407年获准成立。

2　科尔伯（1619—1683），法王路易十四时代著名的财政大臣。

失为基础的体系是否适当（更遑论是否必须），还在未确定；第二，经济世界还不能从社会脉络中独立出来。现实事务不可避免地与政治、社会和宗教生活纠结在一起。等到这两个世界截然二分后，现代生活的节奏与感觉才会出现。为了将这两个世界分开，就必须经过一段长时间的痛苦奋斗。

相对而言，利得是一个现代的观念。这也许让我们觉得惊讶。人本来就是贪得无厌的生物，若任其自由发展，就会展现出和任何一位自重的生意人一样的行径。学校老师就是这样说的。我们一向听说，人类打从一开始，就有追求利润的动机。

然而事实并非如此。只有“现代人”才有我们所知的谋利动机。即使对当世的许多人而言，以利益本身为目的的想法，还是很陌生。在有史以来的大多数时期里，这种观念显然不存在。威廉·配第爵士是17世纪一位杰出人物。他当过船舱小弟、叫卖小贩、裁缝、医师、音乐教授，也是政治算术[1]学派的创始人。他声称，当工资高的时候，劳工反而很难找到。他们工作只是为了购买食物或酒。这真不道德。威廉爵士所表述的，不仅仅是那个时代资产阶级的偏见。他所观察到的事实，仍然存在于未工业化的人民中：劳动力未经训练，不习惯为了薪资而工作，不适应工厂生活，没有提高生活水平的观念。当工资提高时，他们不会更辛苦地工作，而只会减少工作时数。每个人不仅可以，而且应该持续努力奋斗，以改善其物质生活，埃及、希腊、罗马以及中世纪文化中的广大中下阶层，对这种利得的观念非常陌生。这种观念仅在文艺复兴和宗教改革时期零星出现，而大部分的东方文明皆无此观念。这种观念作为普遍的社会特质，就和印刷术

1　以数学方式说明分析社会问题，为日后统计学之发展奠定基础。

的发明一样新颖。

利得的观念，固然不如我们有时所想的那么普遍；这个观念得到社会支持的时间来得更晚，其发展也更为有限。中世纪教会不准基督徒经商，因为他们认为商人是社会动荡的根源。在莎士比亚的时代，非上流社会的一般百姓的生活目标，不是要改善生活，而是要维持现状。即使对我们从英国移居美洲的清教徒祖先来说，也只有邪恶的人才会认为利得的观念可以被容忍，甚至是有用的。

当然，至少早在圣经故事中，贪求财富之心就已出现。但是一小群有权有势的人贪求财富，和整个社会都为了财富而汲汲营营之间，有极大的差别。古代腓尼基[1]水手之中就有商人冒险家。历史上的罗马投机客、威尼斯贸易商、汉萨同盟[2]，以及为了追求个人财富，寻求前往印度之航道的伟大的葡萄牙与西班牙航海家们，都是这一类人。然而少数人的冒险，与整个社会为投机精神所驱动之间，有着天壤之别。

就以16世纪伟大的日耳曼银行家，令人惊奇的富格尔家族来说吧。全盛时期的富格尔家族，拥有金矿、银矿、贸易特权，甚至有权铸造自己的货币。国王和皇帝的财富都远不及他们，而且还需要该家族资助战争与宫廷开销。但是当老安东·富格尔过世后，他年纪最大的侄子汉斯·约伯却拒绝接管这个银行帝国，因为城市的事业与自身的事务，已经让他分身乏术。约伯的弟弟乔治则说，他宁愿过平静的生活。第三个侄子克里斯多福对此同样不感兴趣。这个富有帝国的所有潜在继承人，显然都认为不值得接下这份差事。

除了有钱的国王，以及像富格尔家族这种少数富豪之外，早期的资

1 腓尼基，古代迦南北部沿海地区，即现今黎巴嫩、叙利亚、以色列一带，航海事业发达。

2 中世纪后期，欧洲北部沿海各大城市商会组织共同成立的贸易联盟。

本家们非但不是社会支柱，反而常被社会排斥。偶尔也会有像芬夏尔的圣哥德里克这种积极进取的年轻小伙子。起初，他在海边晃荡。等他捡了足够的来自遇难船只上的物品后，就转而成为商人。在赚取大量财富后，他又退下来成为虔诚的隐士。但这种人还是太少。只要人们仍然认为，尘世生活只不过是到达永生的一个先行阶段，商业精神就不会被鼓励，也无由自行滋长。国王为财宝而争战，贵族为领土而征服。有自尊的贵族，都不愿出售祖先的领地。但是像农奴、村里的工匠，甚至制造业同业公会的领袖，都只想不受打搅地过着像他们父亲一样的生活，并希望儿子们也过着同样的生活。

在10世纪到16世纪那个奇特的世界中，日常生活并不以追逐利益作为指导原则。事实上，教会还大力抨击这种观念。这点和亚当·斯密之前一两百年才开始的那个世界，有很大的不同。然而在这两个世界之间，还有一个更根本的差异。“赚钱营生”的观念，要到后者的世界中才出现。从前，经济生活与社会生活是同一件事。工作本身就是目的，而不是为了赚钱以及购物所需的手段。当然，工作也会带来金钱和商品，但它是传统的一部分，是一种自然的生活方式。一言以蔽之：“市场”这种伟大的社会发明尚未出现。

市场已经存在了很长一段时间。在阿玛纳字版[1]中，就有关于法老与黎凡特诸王在公元前1400年，以黄金和战车换取奴隶与马匹的热络贸易的记述。尽管交换的观念，就跟利得的观念一样，几乎与人的历史一样古老，但我们不能误认为，整个世界都和现今的美国学童一样喜欢讨价还价。举一个稀奇古怪的例子来说吧。据说，你不能向新西兰的毛利人询问，一个

1　古埃及新王国时期，统治官员与驻守迦南地区官员间来往的书信，刻于泥版上。

鱼钩值多少食品，因为他们根本没做过这种交易，而且认为这种问题十分荒谬。然而，在某些非洲社区，询问一个女人值多少头母牛，却完全合法。我们对这种交易的看法，就跟毛利人对用食物换鱼钩的看法一样（虽然聘礼的存在拉近了我们跟这些非洲人之间的距离）。

不论是原始部落中，将物品若无其事地摆放在地上的市场，或是中世纪令人兴奋的商旅市集，都不能等同于市场体系。因为市场体系不只是交换物品的手段，更是维系整个社会的一种机制。

市场体系的诞生

中世纪的人们完全不了解那种机制。我们已经看到，营利的概念被认为是亵渎神明。如果更进一步，主张人人竞相求利，有助于整个社群密切整合，那一定会被当作疯子。

这种无知情有可原。市场会分配产品。但是“土地”“劳工”与“资本”这三个基本生产要素，在中世纪、文艺复兴时代，以及宗教改革时代——也就是16或17世纪之前的整个世界——根本不存在。所以人们无从想象市场体系。当然，土壤、人力与工具，一直与社会并存。但是人们并没有关于土地或劳工的抽象观念，就跟没有关于能量或物质的抽象观念一样。土地、劳工与资本这三个生产“要素”，成为客观而且没有人性的经济个体的概念，并不比微积分的出现早多少。

以土地而言，直到14、15世纪，都还没有将土地视为可以自由买卖、收租的财产。当然，庄园或采邑之类的土地确实存在，但它们显然不是可以看情况出售的房地产。这些土地形成社会生活的核心，是声望与地位的基础，并且奠定了社会的军事、司法与行政组织。虽然在某些情况下，土地可以买卖，但这并不是常态。一个有地位的中世纪贵族，不会想要出售他的土地，就好像康涅狄格的州长不会想要把几个郡卖给罗得岛的州长一样。

劳动力也同样不可买卖。今天的劳动市场，意味着一个可以让个人将其劳务出售给提供最高工资者的广大求职网络。前资本主义社会没有这种网络。各种农奴、学徒与工人在工作，但很少能够进入一个可以买卖劳动力的市场。在乡下，农人的生活系于其领主的地产上：他在领主的炉子里烤面包，在领主的磨坊里磨面粉，在领主的田地里耕作，并且在战时为其领主服兵役。这些服务几乎都领不到酬劳，因为这是身为农奴所应尽的义务，而非可以自由缔约的个体所提供的“劳动”。在城镇里，学徒替他的主人工作。关于要做多久的学徒、他同事的人数、他的待遇、他的工作时长以及具体的工作方法，都由同业公会统一规定。除非由于情况实在难以忍受，而引起了零星的罢工事件，否则雇工几乎没有与主人讨价还价的余地。

再以资本来说，私有财产当然存在于前资本主义社会。可是人们却没有将资金投入新颖且具有进取精神的用途的冲劲。人们的座右铭不是冒险与改变，而是“安全第一”。人们选择的生产方式，不是耗时最短且最有效率的，而是历时最长、最耗费劳动力的。产品不可以做广告。若一个主要的公会成员，生产出的东西比他的同业更好，就会被认为是一种背叛。当纺织业的大量生产，在16世纪的英格兰首次露出其可憎的面目时，同业公会向国王提出抗议。据说，这家“奇迹作坊”拥有200台纺织机，以及一群包括屠夫与面包师傅在内的可以供应工人所需的服务人员。由于这种工作效率与财富集中，会开创不好的例子，于是国王陛下判定它不合法。

由于未能想象出关于生产的抽象要素，中世纪自然无法想象出市场体系。尽管有着多彩多姿的地区商业中心与商旅，中世纪仍然没有市场。

社会运作有赖地区的指令与传统。生产依据领主的命令而增减。若没有命令，就按照以前的指令。假如亚当·斯密生在公元1400年以前，就不会觉得有必要建构一个政治经济学理论。关于中世纪社会为什么能凝聚在一起，并没有什么秘密可言，其秩序与设计也是一望即知。关于低阶领主和高阶领主，以及高阶领主和国王之间的关系，还有教会的教导与商人阶级根深蒂固的营利倾向之间的冲突等，在伦理学与政治学方面的问题，确有许多需要解释和辩护之处，但在经济学方面则无。在一个仅凭庄园、教会和城市的律法，以及一辈子都不会改变的习俗就能明白解释的世界里，谁会去寻找抽象的供需法则，或是成本或价值的概念呢？在那个早先的时代，亚当·斯密或许会成为伟大的道德哲学家，但绝不会成为伟大的经济学家。那时根本没有值得他去研究的经济事务。

直到这个自产自足的世界，在忙乱、急促而又一切自由的18世纪迸发出来之前的数百年，任何经济学家皆无事可做。对于一场历时数百年，而非在一次暴烈的发作之后才出现的变迁而言，“迸发”一词或许过于戏剧化。但是这场变迁为时虽长，却绝非和平演变，而是痛苦的社会动乱，是一场革命。

就以土地的商业化来说吧。将社会的上下阶层关系，转换为许多空地和具有商业价值的地点，就须将已根深蒂固的封建生活方式连根拔起。不论在原先父权制度的借口下，对农奴与学徒的剥削有多严重，都要将这些“工人”从他们的寄身之处解放出来，就要创造出一个受到惊吓而又不知所措的无产阶级。要让同业公会的领袖变成资本家，意味着把受人豢养的胆小家畜，扔到丛林里去自求生路。

这个过程几乎不可能平静无波。没有人想要让生活商业化。唯有再对经济革命进行最后一次观察，才能体会到它曾遭遇多么激烈的抗拒。

我们回到1666年的法兰西。

市场机制逐渐扩张之后，必然导致变革。当时的资本家就面临这项令人不安的挑战。

纺织同业公会的领袖，是否可以改革其产品？这就是问题所在。官方的裁决是："若一名纺织工人有意依据其发明来织布，就必须得到城镇法官们的许可。至于他想采用的丝线数量与长度是否得当的问题，要由同业公会中四名最资深的业者与四名最资深的纺工来考虑。否则，该纺工不可以依其发明来设定织布机。"我们可以想象，到底有多少改革的提案。

就在纺织问题获得处理后不久，纽扣制造业公会发出怒吼。裁缝师开始用布料来制作纽扣。这是前所未闻的事。这种创举会对一个既有的产业构成威胁，于是政府愤怒地对用布料制作纽扣的人课以罚金。但是纽扣公会的会长们，还是不满意。他们要求当局授权，以利搜索民宅与衣橱，甚至当街逮捕穿戴这种破坏性产品的人。

对于变革与创新的恐惧，不仅仅反映在一小群惶恐商人的滑稽抵抗上。资本正在认真地对抗变革，各种反动的方式都可以采用。数年前的英格兰，不仅驳回了一项关于长袜架的革命性专利申请，枢密院甚至下令禁止这种危险的新玩意儿。在法兰西，进口印花布已对纺织业造成损害。为此所采取的应对措施，竟造成1.6万人丧生！仅仅在瓦朗斯[1]一地，某次就曾为了非法印花布的案件判处77人绞刑，58人被轮子碾死，631人被发配到船上做工，只有1个幸运者被释放。

资本并非唯一狂热地去避免市场生活方式的危险的生产要素。劳工的处境更为绝望。

让我们回到英格兰。

1　法国东南德龙省省会。

16世纪末，是英格兰向外扩张与探险的伟大时代。伊丽莎白女王刚完成巡视全国的凯旋之旅。然而，她却带着异样的悲叹回到宫中：“到处都是贫民！”这确实很奇怪。仅仅在100年前，英格兰的乡间大都是自耕农。他们是英格兰的骄傲，是世界上最大的一群独立、自由而又富足的人民。如今却“到处都是贫民”。究竟在这段期间，发生了什么事呢?

在这段时间里，土地所有权正开始大规模移转。羊毛已成为一种新颖而有利可图的商品，而生产者需要牧草地来牧养绵羊。原本的公有土地，在这个过程中被转为私人牧场。本来零星错落，没有设篱笆的小地块，仅仅用这里或那里的一棵树或一块石头来分界。人们可以在这些零散土地与公共土地上，牧养自己的牲口，或捡拾泥炭。突然间，庄园领主宣布，这些土地都是他的财产，于是当地居民便不能再使用了。自耕农被绵羊取代。一位名叫约翰·赫尔的人，在1549年记述着：“从前养活十几个人的土地，现在被一个人和他的羊群占据……没错，羊群就是把农业赶出乡间的罪魁祸首。从前生产各种粮食的地方，现在只剩下绵羊。”

很难想象这种圈地过程的范围与影响。早在16世纪中期，就有反圈地暴乱发生。其中一次造成了3500人丧生。在18世纪中期还有大规模动荡。这个历史性的恐怖进程，一直持续到19世纪中期。在美国独立之后将近50年的1820年，萨瑟兰公爵夫人还将794,000英亩土地上的15,000名佃农赶走，改为放牧131,000头绵羊。为了补偿这些人，平均每户佃农获准承租两英亩产量不高的土地。

值得注意的不只是大规模夺取土地的现象。真正的悲剧发生在农民身上。使用公地的权利被剥夺后，他们就无法再维持“农夫”身份，即使愿意改行做工，那时却连工厂也没有，于是只能变成最悲惨的农业无产阶级。若无农活可干，就成为穷光蛋。有时变成盗匪，通常都是乞丐。英国国会对全国贫民大增的现象感到震惊，于是想把问题就地处理。为了让穷人们留在家乡，国会提供了些许救助金，同时对于离乡背井的流浪者，施以鞭刑、烙刑以及断肢之刑。与亚当·斯密同时代的一位教士，认真地将教区里的贫民收容所称为“恐怖之家”。最糟的是，英国以救济金让贫民留在家乡过活的措施，反而妨碍了此问题唯一的可能解决途径。英国统治阶级并非完全冷酷无情，但是他们不了解，市场可以让想找工作的流动劳动人口，移往有工作的地方。就像将资本商业化时所遭遇的情形一样，将劳动力商业化的每一个步骤，都遭到误解、惧怕与反抗。

因此，包含土地、劳工与资本这三大要素的市场体系，是在极大的痛苦中诞生。这种痛苦从13世纪就已开始，直到19世纪，市场体系才能自行发展。从来没有一个像这样不被了解、不受欢迎，而又缺乏计划的革命。然而创造出市场的这股伟大力量势不可当。不知不觉中，这股力量粗鲁地撕裂了传统习俗。尽管遭到纽扣制造业者声嘶力竭地反抗，那时的布质纽扣还是赢得了胜利。尽管枢密院曾经禁止使用长袜架，但是它却变得极有价值，以至于70年后，枢密院下令禁止长袜架出口。尽管面临被车轮碾死的刑罚，印花布还在急速成长。在打倒了最后的抵抗后，经济性的土地就从代代相传的地产中被创造出来。雇员和老板们的哀恸抗议，也无法阻止经济性的劳工，在失业的学徒与无产的农工之中奠定基础。

社会这辆大型马车，向来都是在传统的坡道上平稳前进，如今却发现自己被一具内燃机推动。交易、交易、交易，赚钱、赚钱、赚钱，成为新颖而又让人惊讶的强大动力。

是什么样的力量，足以粉碎原本舒适的世界，并以一个不受欢迎的新社会取而代之呢?

原因不止一个。新的生活方式，乃是从旧方式中酝酿而成，好像蛹中的蝴蝶一样，力量足够时就会破茧而出。经济革命不是由伟大的事件、个别的历险、单独的法律或有力的人物所缔造，而是一个多面向的自发过程。

首先是民族国家在欧洲的兴起。早期的封建残余，在农民战争与国王征服的打击下，被中央集权的君主政体所取代。民族精神随着君主政体的出现而成长，而王室也会赞助其偏爱的产业。比方说，伟大的法国织锦业，以及随着舰队和军队发展所需而出现的各辅助性产业。多如牛毛的法令与管制措施，曾经让莱夫等16世纪的商旅们备感困扰。如今却被国家法律、共同的度量衡，以及比较标准化的货币所取代。

让欧洲出现革命性变化的政治变迁之一，就是对海外探险与扩张的鼓励。13世纪时，无武装的商人波罗兄弟[1]勇敢地前往大汗的土地。15世纪时，哥伦布也想前往同样的目的地，于是在伊莎贝拉女王的赞助下，扬帆出海。从私人探险转变为国家赞助的探险，就是从私人生活转变到国家生活的缩影。英国、西班牙与葡萄牙的航海资本家们，在国家赞助下出海远航，轮番将财宝以及对于财宝的意识，大量带回欧洲。哥伦布说："黄金能让人实现在人间的理想，最后更能让人的灵魂进入天国。"这就是那个时代的观念。受此观念影响，一个以营利为导向、为赚钱而生活的社会提早出现。值得一提的是，过去东方的财富极为惊人。伊丽莎白女王认股赞助弗朗西斯·德雷克爵士的金鹿号航行，而这笔投资的回报，让女王还清了英国所有的外债，平衡了预算，还能大举投资海外。以复利计算，这笔投资相当于1930年时不列颠的全部海外资产！ 第二个重大的变迁，就是宗教精神受到意大利文艺复兴的怀疑论与人文主义观点的冲击而式微。明日世界让位给今日世界。物质生活水平以及日常生活的舒适，就和尘世生活一样变得更为重要。新教的教义随着宗教宽容而兴起。该教义促进了一

1 波罗兄弟，马可·波罗的父亲与叔父，13世纪典型的威尼斯丝路商人。

种对于工作与财富的新看法。罗马教会总是不信任商人，而且毫不犹豫地将放高利贷称为一种罪恶。如今商人的社会地位日趋上升，已不仅仅是一种有用的附属物，而是新世界中不可或缺的一部分。因此，有必要重估商人的功能。新教领袖替精神生活与世俗生活的混合做好了准备。他们不歌颂与俗世生活分离的安贫乐道的生活，却在布道时反复灌输这样的观念：尽量在日常生活中运用上帝所赐予的天赋，乃是虔诚的表现。贪求之心成为一种公认的美德——不是为了个人享乐，而是为了上帝更大的荣耀。至此，精神上的完人与富人之间，几乎可以画上等号。

在12世纪的一则乡野传奇中，有一名放高利贷的商人，在即将步入教堂结婚之际，被一座掉落的雕像砸死。经过调查后发现，那个掉落的雕像也是一名高利贷商人。显然上帝不喜欢金融业者。我们可能还记得，直到17世纪中期，可怜的奇尼还为了他的商业行为，触怒了清教当局。市场体系很难在这种充满敌意的气氛下扩展。当精神领袖逐渐认为市场作风不但无害，甚至有益的时候，该体系才能全面成长。

还有一个蕴藏在物质变迁之下，影响深远的潮流，最终使得市场体系可能实现。我们习惯性地认为，中世纪是一个停滞不前、缺乏进步的时代。然而在500年的封建时代中，创造了1000个城镇（一项了不起的成就），并且以虽原始但可用的道路连接这些城镇，还能从乡下购买食品，来供应城镇人口的需求。这些都能让人们对于金钱、市场，以及与买卖有关的生活方式更加熟悉。在这场变迁过程中，权力很自然地从不了解金钱重要性的骄傲贵族手中，流向了明白金钱可贵的商人之手。

除了缓慢的货币化趋势外，技术进步也很重要。商业革命必须以某种理性计钱的方式为前提。尽管12世纪的威尼斯人，已经使用精密的会计工具，但是欧洲商人在这方面，仍然和学童一样无知。对簿记方法的需要，得经过一段时间才广为接受。直到17世纪，复式簿记才成为标准的业务。

除非金钱可以被理性地计算，否则大规模的商业活动不可能成功运作。

或许科学好奇心的兴起，才是所有变迁中最重要的一项。百花齐放的技术进展，要等到亚当·斯密之后的时代才出现。不过若没有一连串基础的次工业发明，工业革命也无由发生。在前资本主义时代，印刷术、造纸厂、风车、机器钟、地图，以及许多其他发明都已出现。发明的观念已然形成，而人们也首次以善意的眼光看待实验与创新。

上述各种潮流中的任何一样，都无法单独将社会翻转。它们之中有许多，确实都能对人类组织造成重大震荡。历史不会急转弯，整体性的剧变要经过一段时间，才会蔓延开来。在较古老的传统生活方式中，就已出现了市场生活方式的迹象。等到市场已经由于实际需要，而成为经济组织的指导原则后，昔日的遗风仍然持续了一段时日。在法国，同业工会与封建特权直到1790年才被废除。在英国，对同业工会进行规范的工匠条例[1]，直到1813年才被废止。

但是到了1700年，也就是亚当·斯密出生前的23年，这个曾经审判过奇尼、禁止商人携带不雅的包包、担心价格是否“公正”，以及为了维持其祖先的特权而奋斗的世界，已经日薄西山。社会开始注意到一组“不证自明”的格言：

“人皆天生贪财。”

“法律不能全面禁止图利。”

“图利乃是商业活动的核心。”

“经济人”[2]这种新观念诞生了。这是一种苍白生物的幻影，随着他的计算机大脑所指引的方向前进。教科书很快就会讲述，漂流在荒岛的鲁滨

---

1 16世纪起制定的英国法律，规范劳力的供给与行为。

2 经济人的假定为经济分析中的一项重要条件，假设人类的思考与行为具有目的理性的特质。

逊们[1]如何安排其生活的故事。这种安排的方式，就和那些锱铢必较的会计师一样。

在现实世界里，一股新的拜金与投机风气，已经弥漫全欧洲。在1718年的法国，一位名叫约翰·劳的苏格兰冒险家，成立了一家充满美丽幻象的投机企业——密西西比公司。这家公司将开采美洲的金山，并出售其股票。男男女女为了争夺认股权，而在街上大打出手。有人为此谋财害命，也有人一夕致富。一位旅馆的服务生，赚得了三千万里弗[2]。当这家公司快要垮台，并导致所有投资人损失惨重时，政府试图延缓灾难发生，便纠集了上千名乞丐，给他们十字镐和铲子，让他们在巴黎街头游行，好像是刚从黄金国埃尔多拉多[3]回来的矿工团体一样。当然，这个组织还是垮了。那群想要迅速发财的暴民在坎康普瓦街推挤之前的一百年，资本家们还很胆小怕事。后来大众的贪财之心，强烈到了连这种厚颜无耻的骗局都会轻易相信的地步！

这种转变并没有错。阵痛已经过去，而市场体系已然诞生。此后，生存问题不再仰赖习俗或指令来解决，而是依靠一群自由追逐利润的人们的行动来解决。这些人仅仅是透过市场本身，才能凝聚在一起。尽管资本主义一词要到19世纪晚期才被广泛使用，但是这种体系就叫资本主义！而从根本支持这种体系的利得观念，已然深植人心。很快，人们就深信它是人类本性中，恒久不变而且无所不在的一部分。

1　以鲁滨逊作为理性经济人，探讨人类个体自由分配工作与余暇，追求自我利益的最大化，是古典、新古典与奥地利经济学派经常采用的实例。

2　中世纪法国的货币单位之一。

3　古印加帝国传说中的黄金城，招致西班牙对拉丁美洲的侵略。

经济学家的时代来临了

这种观念需要一种哲学。

人们常说，人类之所以高于其他动物，是因为他有自觉意识。这似乎意味着，在建立社会后，人类仍无法安于现状。他必须告诉自己，他所身处的这个社会，是所有可能选项中最好的一个，而且这个社会的安排，正是上天为了更广大的安排的缩影。因此，代代皆有其哲学家、辩论家、批评家与改革者。

但是，最早的社会哲学家们所考虑的相关问题，都集中在生活中的政治而非经济层面。只要世界仍为习俗与指令所统治，贫富问题就不太可能打动这些早期的哲学家。他们最多只会为此叹息，或者以之作为人类内心弱点的征象，而加以谴责。只要人类像蜜蜂一样，生而为游手好闲的雄蜂时，就不会太过关心辛苦工作的可怜群众——蜂后的奇异变化，总是更有意义，更能激动人心。

亚里士多德写道："从出生的那一刻起，有些人就注定要被统治，其他人则注定要成为统治者。"这段评论倒未必能总结为早期哲学家们对于日常世界的轻视，但至少他们对此并不关心。广大劳工群众的存在遭到漠视。对于绅士与学者来说，关于金钱与市场的问题难登大雅之堂，所以不值得考虑。学者们思考的是关于国王、牧师等人的权力，以及关于世俗权力和神圣权力的重大问题，而不是那些汲汲营营的商人们的权利问题。虽然个人财富对世界的运转有所帮助，但在努力追求财富变得寻常而普遍，且显然对社会至关重要之前，并不需要关于财富的通用哲学。

但有人长期忽视市场世界中龌龊钻营的一面，有人则会对此大力反对。最后，当它渗入哲学家的象牙塔之后，最好先看看这里是否忽略了什么主要的模式。早在亚当·斯密之前两百年，哲学家们就已经提出关于日常生活的理论了。

但是当他们试图去探究这个世界的根本意图时，却将之编入一系列奇怪的类型之中!

首先，恶劣的生存竞争，被认为纯然是为了累积黄金。哥伦布、科尔特斯[1]与德雷克，不仅仅是政府支持的探险家，同时也是经济进步的推手。对于那群讨论贸易问题的重商主义者来说，发展经济的努力，自然是为了要增强国力，而国力最重要的成分就是黄金。因此，他们的哲学是关于大舰队与大冒险、国王的财富与国家的节约。其优于一切的信念是，假如人人皆努力寻宝，国家自会繁荣昌盛。

这些观念的背后，是否有一个统一的概念？在此，我们第一次遇到在序言结尾处提到的想法，那就是作为实践的基础，其重要性比实践更高的观念——愿景。事实上，英国哲学家与政治思想家托马斯·霍布斯于1651年出版的深具影响力的作品《利维坦》的封面，就有这样的愿景图像：一位巨人保护着宁静的田园。那是一位国王，一手持剑，一手持权杖。仔细审视他身上穿的盔甲，可以发现其每一片金属板，都是一个人头。

值得注意的是，这是一个政治性的愿景，而不是经济性的。《利维坦》一书的核心论证，是说为了防止堕入霍布斯所描述的“孤独、贫困、龌龊、残酷与短命”的状态，必须有一个掌握全局的政府。虽然商业活动扮演重要角色，但它们既可能支持该至高无上的政府，也可能造成混乱。因此，尽管各国王室都对累积金银颇有兴趣，它们还是都准许商船将黄金运到外国，交换丝绸等奢侈品，以弥补王室宝库的损失。

1　科尔特斯（1485—1547），造成阿兹特克帝国灭亡的西班牙征服者。

然而，即使在此处，这个愿景也提供了初次尝试建构经济分析的基础。早在《利维坦》问世前，商界的发言人就发行许多小册子，以证明航向泰晤士河下游的商船，乃是国王的资产，不会对政权构成威胁。它们的确会载运某些黄金到国外，以换取外国货物，但是它们载运的不列颠货品，可以换回更多黄金。正如东印度公司的主管托马斯·孟在《英国得自对外贸易的财富》一书中所提的解释："一个国家增进其财富的'常用手段'，就是贸易。""我们一定要观察到这个贸易的规则：每年卖给外国人的商品价值，都要比我们向他们购买的商品价值更高。"

到了18世纪，早先对黄金的重视，被认为有点天真。新的思想流派逐渐成长，而且愈来愈强调将商业当作国家活力的伟大源泉。从此以后，他们自问的哲学问题，不再是如何垄断黄金市场，而是如何协助新兴商人阶级去促进商业，以创造更多财富。

这个新哲学带来了一个新的社会问题：如何让穷人持续贫穷？当时同行的见解是，除非让穷人持续贫穷，否则他们就不会老实地做苦工，而是去要求过高的薪资。18世纪初期最聪明、最棒的社会评论家伯纳德·曼德维尔写道："为了使社会幸福……必须让大多数人既无知又贫穷。"所以，重商主义的作家们面对英国廉价的农业与制造业劳工，对此现象严肃地点头表示认同。

在日常生活的混乱中，被置入的秩序，绝不仅仅是黄金与商业的观念而已。无数的时事评论家、牧师、怪人、偏执狂等，提出了十余种不同解释，以试图替社会现状辩护或加以谴责。麻烦的是，这些模式全都无法让人满意。有人说，国家显然不能买多卖少；另外却有人坚决主张，进多出少显然更为有利。有些人坚称贸易可以增加国家财富，因此推崇贸易商；其他人则说，贸易只不过是寄生在农人强健的身体上才得以成长茁壮。有些人说，穷人之所以贫困，乃是上帝有意为之，即使不是如此，他们的贫困对国家的财富来说，也至关重要；其他人则将赤贫视为一种社会罪恶，看不出贫困如何能创造财富。

在这些彼此矛盾的论战之外，只有一件事很清楚：人类坚持要某种理性的秩序，以帮助他们理解所处的世界。严酷而又让人仓皇失措的经济世界，隐然变得愈来愈重要。难怪萨缪尔·约翰逊博士[1]说："没有比贸易更需要哲学来加以说明的了。"一言以蔽之，经济学家的时代来临了。

在这场混战之外，一位见识非凡的哲学家登场了。亚当·斯密于1776年出版了他的《国富论》，为那个重要的一年，增添了第二起革命性的事件。一个民主政体在大海的这一端诞生；一个经济蓝图在大海的那一端展开。并非所有欧洲国家都追随美国的政治领导，然而在斯密展示了现代社会的第一幅真实画面后，整个西方世界，都变成了亚当·斯密的世界。他的愿景成了历代公认的传统。亚当·斯密从未自认为革命者。他只是对于他认为十分清楚、合理而又保守的事情加以解释而已。在《国富论》问世后，人们开始用不同的眼光，看待关于他们的世界。他们看见，他们执行的任务，如何成为整体社会的一环；他们看见，整个社会正以庄严的步伐前进，迈向一个遥远但清晰可见的目标。一言以蔽之，一个新的愿景诞生了。

1 英国18世纪著名诗人与文评家，其耗费9年编撰之著作《约翰逊字典》对现代英文影响甚巨。

第三章

亚当·斯密的美妙世界

他想揭露出让社会凝聚在一起的机制。他所寻找的就是“那只看不见的手”，让“人们的私利与激情”，被引导到与“整个社会的利益最为一致”的方向。

正如同《道德情操论》所述，人类自私动机之间的交互作用，转化成最出人意表的结果：社会和谐。

那是什么新愿景？正如我们可能预见的，那不是一种状态，而是一个系统，更精确地说，是个十足自由的系统。但在介绍这个不凡的概念前，要先介绍这个同样不凡的作者。

在18世纪60年代访问过英国的人，很可能听说格拉斯哥大学的亚当・斯密。斯密博士或许不算非常有名，但很多人都知道他。伏尔泰听过这个人。大卫・休谟是他的好朋友。学生们从俄国远道而来，听他有些结巴却热情洋溢的演讲。除了在学术界的成就外，斯密博士的独特个性也很出名。比方说，人人都知道他心不在焉。某次，他在和朋友同行时，很认真地讨论研究课题，结果却跌进了坑洞里。据说他曾经自己把面包和奶油加到饮料中，然后说那是他这辈子所喝过最糟的茶。虽然他有很多怪癖，但这些对他的智力并不构成阻碍。亚当・斯密正是那个时代最重要的哲学家之一。

在格拉斯哥大学，亚当・斯密讲授道德哲学的课题。这门学科的范围，比现在的要广泛得多。道德哲学包括自然神学、伦理学、法理学，以及政治经济学。因此它包括了人类对于秩序与和谐最崇高的推动力，乃至于为了在残酷现实中谋生而从事的那些没那么和谐有序的活动。

自古以来，人类一直想将事物合理化。而在宇宙的混乱中寻求设计意图的自然神学，就是其中一个目标。假如斯密博士阐述的是宇宙乱象背后的自然法则，来访的客人就会觉得理所当然。但是斯密博士探索的是光谱的另一端，在日常生活的喧嚣下，寻求其宏大的构造，那么访客或许会觉得，他真的逾越了哲学的分寸。

18世纪末的英国社会，绝非理性秩序或道德意涵的典范。只要将目光转离有闲阶级的优雅生活，就会发现人们用最邪恶的形式，为求生存而进行残酷斗争。在伦敦的厅堂与各郡舒适奢华的地产外，举目所见，尽是与昔日残留下来之最不理性、最昏聩不堪的习俗与传统所混合在一起的贪婪、残酷与堕落。这个社会不像一部经过精心设计、每部分皆有助于整体功能的机器，反而像詹姆斯·瓦特奇怪的蒸汽机：漆黑、嘈杂、效率低而又危险。斯密博士声称，能在其中看见秩序、设计与目的，真是奇哉怪也！

若我们的访客前去参观康沃尔的锡矿，就会看见矿工们往下进入矿井中。等他们到达坑底，会从腰带上拿出一根蜡烛。点燃后，他们会伸展四肢，睡到蜡烛熄灭才起床，然后他们挖矿两三个小时。接下来，又要照例抽烟斗休息一阵子。这样下来，半天的时间在偷懒，半天的时间在采矿。假如我们的访客前往北方，鼓起勇气进入杜伦或诺森伯兰的矿坑中，他将会看见完全不同的景象。在这里，男男女女衣不蔽体地在一起做牛做马。这里有着最野蛮、最残酷的习俗：双目交接燃起的性欲，就在废弃坑道中草草地解决；7岁或10岁的从没见过阳光的小孩儿，只为了矿工付的几分钱，就在冬天被派去帮忙拖拉装煤的桶子；孕妇像马一样拉着运煤的车子，甚至就在漆黑的洞穴中分娩。

生活的因循守旧，或是残酷无情，并非只显现在矿坑里。就算在平地上，一个观察力敏锐的访客也很难看到与秩序、和谐以及设计有关的事物。国内许多地方，都有贫农成群结队地四处找工作。一群自称为老不列顿帮的人会在收割时节，从威尔士高地下来。有时候，整群人中只有一匹既没有马鞍，也没有辔头的马。有时候，整群人都是徒步。他们之中，常常只有一个人会说英语。那个人就可以代表大家，请求拥有地产的乡绅让他们帮忙收割。他们一天的工资仅有6便士。这点倒不会让人感到惊讶。

最后，我们的访客停留在一个制造业城镇。他还是会看见其他值得注意的景象。只是对没受过训练的人来说，看起来还是毫无秩序可言。他也许会对隆贝兄弟[1]在1742年建造的工厂感到惊奇。它有500英尺长，六层楼高，在当时算是相当巨大的建筑物。根据丹尼尔・笛福所述，工厂内的机器包括“26,586个轮子与97,746个装置。水车轮子每分钟转三圈。每转一圈，就可以牵动73,726码的丝线”。同样值得注意的是，照料机器的孩童，每隔12或14小时就转时钟一次，在污秽漆黑的锅炉上烹煮他们的伙食，在供应膳宿的工寮里轮番上工。据说，工寮里的床铺始终都是暖热的。

不论在18世纪还是现代，人们都会认为那是一个怪异、残酷、杂乱无章的世界。然而更值得注意的是，斯密博士竟能将它与道德哲学的结构加以协调，而且这位饱学之士还宣称，要去探寻在其内部，与包罗万象且意义深远的整体相契合的那伟大法则的清晰轮廓。

1　隆贝兄弟，18世纪英国德比的丝织业者。

怪人亚当·斯密

这位彬彬有礼的哲学家，究竟是怎样的人呢？

“我是一个只爱自己书本的雅士。”亚当·斯密某次自豪地向他的朋友炫耀他心爱的书斋时，曾这样自我描述。当然，他并不英俊。一个大奖章上的人像，显示出他凸出的下唇往上伸展，快要碰到他大大的鹰勾鼻；垂落的眼皮下，有着凸出的双眼。终其一生，他都为神经疾病所苦；他的头会颤抖，而且讲话也有点结结巴巴。

此外，他的心不在焉也是人人皆知。在18世纪80年代，当斯密快要60岁时，爱丁堡的居民经常可以看见，他们最杰出公民的滑稽模样：穿着浅色外套、及膝短裤、白色丝质长袜、带扣鞋，戴着宽边海狸毛帽，拿着手杖，沿着鹅卵石路走下来。他的眼睛注视着无尽的远处，嘴唇似乎在喃喃自语。每走一两步，他便踌躇不前，好像要改变方向，甚至退回原处。有个朋友说他走路的样子“像只蠕虫”。

有一次，他穿着睡袍走入自家的花园，然后失神地走了15英里才回头。还有一次，斯密与一位显赫的朋友在爱丁堡散步。一名卫兵举枪对他们致敬。对这种事早已司空见惯的斯密，突然着魔似的用他的手杖回礼。让他朋友更惊讶的是，他还一再模仿那名卫兵的动作，直到站上一长串台阶的顶端才恢复正常，而那时他的手杖还挥舞在半空中。他完全不知道自己刚才的怪异举动，将手杖放下来之后，他继续之前的话题。

这位失神的教授，于1723年生于苏格兰法夫郡的柯卡尔迪。柯卡尔迪当时已有1500人。在斯密出生时，仍有镇民把钉子当成货币使用。他四岁时，发生了一件最奇怪的意外：一群路过的吉卜赛人把他绑走了。他的叔父努力追赶（斯密的父亲在他出生前就过世了），使得吉卜赛人将这个孩子遗弃在路旁。他的一位早期传记作者写道："我怕他可能成为一个可怜的吉卜赛人。"

虽然斯密会突然失神，但是他从小就是聪明的学生。他注定要从事教育工作，因此在17岁时就得到奖学金，骑马前往牛津大学，并在那里待了六年。然而，那时的牛津却不是适合学习的好地方。这点和日后的情形不同。绝大多数知名的教授，早已连假装教书都不愿意。一位外国游客，曾记述他在1788年时，在一场公开辩论会上惊讶地发现，所有四位参赛者，在该他们发言的时间里完全保持沉默，每个人都在全神贯注地读一本那时流行的小说。既然教授们很少讲课，斯密大部分的时间，就在无人教导的情形下，阅读他认为适当的读物。事实上，他差点因为房里藏有休谟的《人性论》一书，而被大学开除——即使对这位未来的哲学家来说，休谟也不适合被阅读。[1]

在他还不到28岁的1751年，斯密就成为格拉斯哥大学的逻辑学教授，不久后又获得道德哲学教授的职位。和牛津不同的是，格拉斯哥大学的学风严肃，是所谓苏格兰启蒙运动[2]的中心，以人才云集自诩。但是它和现代大学的观念，仍大相径庭。拘谨的教授们并不十分欣赏斯密那种有些轻浮而又热情的举止。他曾被指控说，有时在宗教场合发笑（显然是在做白日梦），是大逆不道的休谟的坚定盟友，不支持见证基督的主日课程，请求大学评议委员会免除上课前的祈祷仪式，以及宣讲含有"自然宗教"[3]意味的祈祷文。若我们还记得，斯密的老师弗兰西斯·哈奇森曾在格拉斯哥大

1　休谟的《人性论》在1739至1740年间出版，因为对道德及宗教的理论立场而引起诸多争议。

2　指18世纪后半叶于苏格兰突起的智识与科学的巨大进展，斯密及其老师哈奇森、休谟均为其代表人物。

3　指基于理智和经验而信仰的自然神学。

学打破惯例，拒绝使用拉丁语授课这件事，就不会觉得奇怪了。

对斯密的非难并不算很严重。他仍在1758年被提拔为院长。毋庸置疑，他在格拉斯哥过得很愉快。他在晚上玩牌（心不在焉的问题，让他变成一名不太可靠的牌友）、参与学术性社团，过着平静的生活。他很受学生爱戴，尤其以讲学著称——连鲍斯威尔[1]也前去听讲。而他怪异的步伐和说话方式，更让人竞相仿效。他的小型半身像，还被陈列在书店橱窗里。

他的声望当然不仅仅来自古怪的人格特质。在1759年，他出版了《道德情操论》。该书立刻引起轰动，并使得斯密很快便进入英国顶尖哲学家之林。该书是在探讨道德上的认可与非难之起源。为什么天性自私的人类，似乎可以受到制约，或升华到更高层次？斯密认为，这是因为我们有能力置身于第三者的位置，成为超然的观察者。如此，就能够深入个案的客观价值，而不只是站在自私的立场思考。

这本书及其探讨的问题，引起了广泛的兴趣。在日耳曼地区，亚当·斯密的问题成为人们热衷争辩的主题。对我们来说，更重要的是该书得到了奇人查尔斯·汤森的赞许。

18世纪似乎奇才辈出，而汤森就是其中之一。他不但机智，而且博学。霍拉斯·沃波尔[2]曾说汤森是一位全才。倘若他像一般人一样真诚、一样稳健，而且拥有一般的常识，那么他必然会是那个时代最伟大的人。汤森的反复无常经常被人诟病。人们讽刺地说："汤森先生身体的某一边疼痛，但是他却不肯说是哪一边。"在担任财政大臣时，他先不让美洲殖民地人民自行选任法官，然后又对美洲的茶课以重税，从而助长了美国革

1　鲍斯威尔（1740—1795），苏格兰律师及传记作家，以为萨缪尔·约翰逊作传而著称于世。

2　霍拉斯·沃波尔（1717—1797），英国作家，以歌德式小说《奥托兰多城堡》闻名。

命的爆发。这可以作为他缺乏常识的证据。

尽管政治眼光短浅，汤森却真心地在研究哲学与政治学，而且他还是亚当·斯密的忠实信徒。更重要的是，他有能力提供斯密一个难得的机会。汤森于1754年，和布克莱公爵的遗孀达奇司女伯爵成婚。这场婚事极为顺利，而且对汤森十分有利。如今，他得为他太太的儿子物色一位家庭教师。上流社会的年轻男子，往往都要前往欧陆旅行。在那里，可以学到切斯特菲尔德爵士所赞扬的优雅。汤森认为，亚当·斯密博士是陪伴小公爵旅行的理想人选，汤森提出年薪500镑（开支另外报销）外加退休年金500镑的条件。这种条件好得令人无法拒绝。斯密担任教授时，每年从学生那里领到的酬金，还不及170镑。值得一提的是，当斯密博士把学费退还给学生时，他们拒绝接受。这些学生们说，他们所学的已物超所值。

这位教师和年轻的公爵，于1764年前往法国。他们停留在图卢兹[1]18个月。由于往来的朋友极端乏味，再加上斯密的法语十分差劲，相形之下，在格拉斯哥的宁静生活反倒显得自在放荡了。之后他们搬到法国南部（斯密在那里遇见伏尔泰，并且向他致敬，同时还冷淡地斥退了一位热情女侯爵的追求），接着去日内瓦，最后到达巴黎。为了排解在异乡生活的烦闷，斯密开始撰写关于政治经济学的专著。这是他曾在格拉斯哥讲授过的主题，在爱丁堡的“择优学会”[2]的许多夜晚与人辩论过，也详细地与他的挚友休谟讨论过。这本书就是《国富论》，不过还要等12年才大功告成。

在巴黎的日子就好得多。这时，斯密的法语虽然还是很糟，但已足以和法国最重要的经济思想家长谈。此人就是弗朗斯瓦·魁奈，路易十五的

1 法国西南部加隆河畔一城市。

2 18世纪于爱丁堡成立的学会，由多位对苏格兰启蒙运动具有卓越贡献的人物组成，包括休谟、亚当·弗格森、斯密等人。

御医，也是庞巴度夫人的私人医师。魁奈提倡经济学上的重农主义，并且创制了《经济表》（*tableau économique*）。当时人们仍认为，财富就是金银之类的固体材料。魁奈反对这种观点，坚决主张财富源于生产，而且一手一手地传递，就像血液循环一样流经整个国家，并注满社会的身体。这确实是属于医生的洞见。《经济表》让人印象深刻——老米拉波[1]将其称为能与书写和货币相提并论的发明。不过重农主义的问题在于，坚称只有农人才能生产出真正的财富，因为只有农业才能让财富从大自然中产生，而制造业的工人，只能改变产品的形式，实际上并没有增加财富。因此，魁奈的体系对于实际政策的帮助有限。它的确提倡自由放任政策这个划时代的主张，却坚称工业部门只能改变产品形式，从而无法看出，劳工也可以在土地以外的场域创造财富。

斯密最伟大的创见之一，就是发现了价值是源于劳工，而非源于自然。或许这是因为，斯密生长于一个贸易繁忙，而非像法国那样完全以农业为主的国家。无论如何，斯密都不能接受这派学者对于农业的狂热偏见（像米拉波等魁奈的追随者，只会奉承谄媚而已）。斯密个人非常钦佩这位法国医生。倘若魁奈能再多活些时日，斯密一定会把《国富论》献给他，但重农主义和斯密苏格兰式的愿景根本不合。

这场旅行在1766年意外中断。和他们在一起的公爵幼弟发烧了。尽管斯密竭尽所能地照护，还请了魁奈帮忙，但他还是在狂乱状态下死亡。于是公爵回到他在达奇司的庄园，而斯密则先去伦敦，然后再到柯卡尔迪。虽然休谟一再恳求，斯密还是在那里待了比较愉快的10年，而这本巨著也随之成形。在大部分时间里，斯密都是倚靠着壁炉口述，同时神经质地用头去摩擦墙壁，以至于在嵌板上留下一条黑色的条纹。他偶尔会去达奇司

1 法国重农学派经济学家。

的庄园拜访他的学生，或是去伦敦与当时的精英们讨论他的观念。约翰逊博士就是其中之一。虽然斯密参加了约翰逊博士的择优学会，但是他和这位最年高德劭的词典编纂家总是话不投机。沃尔特·司各特爵士[1]告诉我们，当约翰逊第一次遇见斯密时，就攻击他所做过的某个陈述，而斯密则为自己的论点辩护。大家都想知道："那约翰逊怎么说呢？"斯密很愤怒地说："他说，'你在骗人'。""那你怎么答复呢？""我说，'你这××养的！'"司各特说，这两位伟大的伦理学家第一次见面时，用的就是这些词。而这也是这两位伟大哲学导师间的经典对话。

斯密也遇见了一位兼具魅力与才智的美国人——本杰明·富兰克林。富兰克林提供了关于美洲殖民地的丰富信息，并且让斯密深切地体会到，这个殖民地将来可能扮演的角色。后来斯密对于这些殖民地所组成的国家有着如下的叙述："它确实很可能变成世界上所曾出现过的最伟大，也最可怕的国家之一。"这无疑是受到富兰克林的影响。

《国富论》于1776年出版。两年后，斯密被派去爱丁堡海关工作，年薪600镑，而且几乎不用做什么事。斯密一直和母亲住在一起，直到她在90岁时去世。斯密的学者生涯始终祥和、平静。直到最后，他都很安详、满足，而且心不在焉。

---

1 沃尔特·司各特（1771—1832），苏格兰历史小说家与诗人，知名著作包括《撒克逊英雄传》和《威弗利》等。

《国富论》

那么那本书又如何呢？

它号称“不仅仅是出自一个伟大的心灵，而且也是一整个时代的结晶”。然而严格地说，它并非一部“原创性”的著作。洛克、斯图亚特[1]、曼德维尔、配第、康替龙[2]、杜尔哥[3]，以及先前提过的魁奈和休谟等一连串在斯密之前的观察家，对这个世界的理解都和斯密很接近。斯密汲取了他们的思想：在他的专著中所提到的作者，超过100人。然而其他人只是在某处钓鱼，斯密却撒下了天罗地网；他人厘清了个别议题，斯密却阐明了全貌。《国富论》虽然不完全是一部全然原创的著作，但它无疑是一部杰作。

首先，它是一幅巨大的全景图。它在开头的著名段落里，便描述了钉子制作过程中细密的分工专业化情形。在结束前，它还论及包括“美洲殖民地最近的骚动”（显然斯密以为美国独立革命战争会在他的著作出版之际结束）、牛津大学学生生涯的虚度光阴以及1771年以来鲱鱼捕获量的统计数据等各种题材。

只要看一眼坎南[4]为该书较晚出的版本所编纂的索引，就能得知斯密的参考文献与思想范围之广。以下便是十余个字母A的条目：

1　斯图亚特（1712—1780），英国重商主义经济学家，苏格兰启蒙运动贡献者之一，其著作《政治经济学原理研究》因亚当·斯密的《国富论》而黯然。

2　康替龙（1680—1734），爱尔兰经济学家，长居法国，其研究理论为而后重农学派核心观念之先驱。

3　杜尔哥（1727—1781），法国重农学派经济学家，经济自由主义的早期倡议者。

4　坎南（1861—1935），英国经济学家，专研经济思想史，曾任伦敦政经学院教授。

阿拔斯王朝，阿拉伯帝国在该王朝统治时期繁荣昌盛；

亚伯拉罕，衡量过的锡克尔；

阿比西尼亚，以盐为货币；

公开表演的演员，因为从事这一行所受到的轻视，而领取报偿；

非洲，掌握大权的国王还远远比不上欧洲的农人；

酒馆，其数量并非造成酒醉的充分原因；

大使，他们被任命的最初动机；

美洲〔其下有一整页参考条目〕；

学徒资格，对这种奴役本质的解释；

阿拉伯人，他们支援战争的方式；

军队，君王对抗一位心怀不满的教士时，并不安全。

在采用小号字体印刷的版本中，该索引长达63页，其内容无所不包：“财富，最让人愉快之处在于可以炫耀；贫困，有时让民族采用不人道的习俗；胃，对食物的欲望受到其容量的限制；屠夫，残忍可憎的行业。”当我们读完这部厚达900页的著作后，对于18世纪70年代英国的学徒、熟练的工人与新兴的资本家，地主、教士与国王，作坊、农田与对外贸易，都会历历在目。

这本书的内容丰富。它具有百科全书式的深思熟虑，却不像有秩序的百科全书那般精确。那时的作家，无须用“假如”“而且”与“但是”等字眼来限定其观念，而且才智到达斯密那种水平的人，可以囊括他那个时代的大部分知识。因此，《国富论》无所回避，无所删削，无所畏惧。多么让人恼怒的书啊！它一再拒绝用一个简明的句子，来总括他辛苦花了50多页篇幅才达致的结论。该书的论证充满细节与观察，因此人们总要将这些装饰去除后，才能发现把他们贯穿在一起的隐藏钢骨结构。讨论到白银问题时，斯密偏离主题，花了75页篇幅处理；讨论到宗教问题时，他又花了一章的篇幅，漫游在道德社会学领域。尽管该书卷帙浩繁，却充满洞见、观察以及巧妙的措辞，使得这部巨著活力洋溢。首先将英国称为“小店主的国度”的人，就是亚当·斯密；写出“比较一位哲学家和一位街头挑夫的天赋和气质，就像是比较獒犬和灰狗一样，在本质上差异不大”这句话的人，也是亚当·斯密。对于当年正在蹂躏东方的东印度公司，他写道：“它是一个非常奇特的政府。在行政机关中的每一个成员，只要有能力，而且在对他有利的情形下，都想离开那个国家……在他带着全部的财产离开后，即使该国被一场地震所吞噬，他也无动于衷。”

《国富论》绝不是一本教科书。亚当·斯密是为了他的时代，而不是他的课堂而写作。他是在详细解释，一种对于治理帝国来说非常重要的学说，而不是一部在学术界流传的抽象专著。他要斩杀的恶龙，在那时尽管有点疲倦，但还没有气绝。例如重商主义者的哲学，就耗费了超过200页的篇幅，才被置于死地。

最后，这本书还具有革命性。当然，亚当·斯密并不赞成一场推翻绅士阶级、拥戴贫苦大众的动乱。然而《国富论》的含意却有革命性。亚当·斯密并不是在为新兴的资产阶级辩护，这点和一般人所想象的不同。我们将会看见，他对资产阶级的工作感到钦佩，却对他们的动机存有疑虑。他也很留意广大劳工群众的需要。他的目标不在于拥护任何一个阶级，而在于增进国家整体的财富。对亚当·斯密来说，尽管人们的消费量并不同，然而财富是由社会中所有人的消费所构成。在这种自然自由的社会，既有贫困，也有财富。

然而，这是一个民主而且激进的财富哲学。关于黄金、财宝与国王窖藏的想法，以及商人、农人或同业工会的特权，皆已消逝。我们处身于现代世界。经济生活的最终目标，是由每一个人所消费的商品与劳务的流量所构成。

市场规律

现在，又有什么样的愿景呢？我们将会看到的愿景，不可能像霍布斯关于王权原则所描述的那样简单。亚当·斯密的愿景，更像是一个全新社会组织方式的蓝图。这就是政治经济学的方式。就今日的术语来说，这就是经济学的方式。

亚当·斯密对于两个问题的解决方案特别有兴趣。这也是该蓝图的核心。首先，他想揭露出让社会凝聚在一起的机制。一个人人追逐己利的社群，怎么可能不四分五裂呢？是什么因素，使得每一个人的私务，得以和全体的需要相符？既没有中央权威的规划，也没有古老传统的稳定影响力，又怎么能够让社会完成维系其生存所必需的任务呢？

这些问题引导着亚当·斯密去构想市场的规律。用他的话来说，他所寻找的就是“那只看不见的手”，让“人们的私利与激情”，被引导到与“整个社会的利益最为一致”的方向。

但是市场规律只是亚当·斯密所探询的一部分问题而已。社会将往何处去？市场的规律，就好像可以解释为什么一个旋转中的陀螺，可以保持直立而不倒的法则一样。但是陀螺能否凭着自身的旋转，而在桌子上移动呢？这就是另一个问题。

亚当·斯密以及那些追随他的伟大经济学家，并不认为社会是一种人类的静态成果，会一成不变，一代又一代地自我复制；相反，社会被视为一个有自己生活史的有机体。的确，整部《国富论》就是一本伟大的历史著作。亚当·斯密将商业资本主义称为“完全自由的体系”。《国富论》就解释了“完全自由的体系”如何诞生，以及如何运作的问题。

但是，在我们随着亚当·斯密弄清楚市场规律之前，还不能转而碰触这个更大、更迷人的问题。因为市场规律本身，将是那个导致社会繁荣或衰败的更大规律中不可或缺的一部分。让无心插柳的个体能够与其他人协调一致的机制，会影响到社会自身随着年岁的流逝而演变的机制。

因此，我们先来看市场机制。它不是会激发想象力或让人心跳加速的东西。不过它虽然枯燥乏味，却值得我们另眼相看。因为市场规律不仅是理解亚当·斯密世界的关键，也构成了卡尔·马克思那个全然不同的世界，以及我们现在所处的另一个大相径庭的世界的基础。无论知不知道，我们都要服膺市场规律。所以，我们有必要更仔细地对它详加检视。

亚当·斯密的市场规律基本上很简单。在特定的社会架构下，某种特定行为的结果，会产生全然确定而且可预见的后果。具体地说，市场规律告诉我们，在一个人人追逐己利的环境中，个别的自利本能会导致竞争；更进一步地说，竞争会导致社会按照它所想要的数量，以其准备要支付的价格，获得其所需的物品。接下来让我们来看看这是如何发生的。

首先，自利心驱使人们去从事任何社会愿意支付酬劳的工作。亚当·斯密说：“我们能够有东西吃，不是出于屠夫、酿酒人或面包师的善心，而是他们的自利心。我们不要诉诸他们的仁爱心，而要诉诸他们的自爱心；不要和他们谈论我们的需要，而要谈论他们的利益。”

然而自利只显示出这幅图像的一半。它驱使人们采取行动。另外还必须有某种事物，用来防止利令智昏的人们让社会付出过高的代价。仅靠自利心激起作为的社群，将会是一个无情奸商的社群。然而竞争，也就是市场中自利行为者之间的冲突，可以节制上述问题。每一个追求自身最大利益，而不顾其社会后果的人，都要面对一群有着同样动机、追求同样目标的对手。因此，每一个人反倒会过于急切地利用旁人的贪婪之心。当一个人利令智昏的时候，他的竞争对手早已把生意抢走了；假如某人的商品索价过高，或者给工人的薪资比别人给得低，他的客户或员工就会流失。正如同《道德情操论》所述，人类自私动机之间的交互作用，转化成最出人意料的结果：社会和谐。

让我们来考虑高物价问题的例子。假设有100个手套生产商。每一个人的自利心，使得他们希望让价格高于生产成本，以赚取额外的利润。但他做不到这一点。若他抬高价格，竞争者将以比他更低的售价把生意抢走。除非所有手套生产商共组一个稳固的联合阵线，才能收取不正常的高价。但是在这种情形下，一个来自其他领域（例如制鞋业）、富有进取心并决定投资到手套制造业的厂商，还是可以打破该联盟的联合垄断。因为这个厂商能够削价抢攻市场。

市场规律不仅仅能迫使产品价格有竞争性，还能让社会中的生产者注意到社会所需的商品数量。假设消费者决定，要比较多的手套与比较少的鞋子。如此一来，大家会争相购买市场上积存的手套，而鞋子的生意将变得很冷清。当消费者准备购买的手套数量比现货量更多时，手套价格就会随之上升。当鞋店门可罗雀，鞋子的价格会下跌。但是手套业的利润会与手套的价格一起扬升，而制鞋业的利润则会与鞋子的价格一起下跌。于是自利心会再次发挥效用，以重新恢复平衡。当制鞋业的生产规模缩小时，工人们就会离开这个产业，转而投入正在蓬勃发展的手套制造业。显然，手套生产将会增加，鞋子的生产将会减少。

而这正是社会最初想要的结果。等到更多手套进入市场，以满足需求之后，手套价格将回归正轨。鞋子生产量的减少，则会使得鞋子的剩余量很快地消失，于是其价格也将再次回归常态。社会将能够透过市场机制，调整生产要素的分配，以符合其要求。然而没有人发号施令，也无需主管当局规划建立生产的进度。自利心与竞争之间彼此拮抗，就能实现这种转变。

最后，市场不仅根据大众的需求来调节商品的价格和数量，同时还能调节合作生产那些商品的人们的收入。假如某种产业的利润高得离谱，其他厂商将蜂拥而至，直到竞争将过多的利润降低为止。假如某种工作的薪水超出寻常，其他工人将迅速转行，直到该职位的薪水降低到和需要类似技术与训练的工作薪水相近时为止。相反，当某种产业的利润或工资太低的时候，资本与劳工将会外流，直到需求再次引发供给为止。

这似乎有点显而易见。但是细想一下，亚当·斯密用自利动机和竞争调节解释了多少事情。首先，他解释了为什么价格和实际生产成本间的差距不至于过大；其次，他解释了社会如何能够诱使商品生产者，提供社会所需的物品；第三，他点出了高物价的问题为什么可以自行消弭，因为昂贵的产品价格，会使得这类物品的产量增加；最后，他解释了国内每一个重大生产阶层，基本上收入水平都很接近的原因。一言以蔽之，他已经在市场机制中，找到了为社会有秩序地提供所需物资的自我调节体系。

注意“自我调节”一词。市场的美妙之处，就在于它能够自我管理。假如产出、价格或某种酬金偏离了社会所规定的水平时，就会有一股力量将它们拉回来。这里有一个奇怪的悖论：市场既是个人经济自由的极致，也是最严格的监工。人们或许可以上诉要求计划委员会作出裁定，或是恳求某位大臣的恩赐。但是来源不明的市场机制压力，既不会对上诉作出裁定，也无所谓恩赐。因此，乍看之下人们拥有经济自由，其实只不过是一种幻象。一个人可以在市场上为所欲为。假如一个人反市场之道而行，那么个人自由的代价就是经济破产。

世界真的是这样运作的吗？在亚当·斯密的时代确实如此。当然，即使在那时，也已经有限制市场体系自由运作的因素出现。制造业者联合垄断，人为地维持高价；熟练工人组成的工会，抗拒将工资压低的竞争压力。更令人不安的迹象也已出现，有待人们去理解。隆贝兄弟的工厂，不仅仅是一项工程奇迹或观光景点，它预示了大规模的工业即将来临，在市场中拥有极大势力的老板就要出现。棉花厂里童工的市场力量，当然不能和提供床铺、伙食，并且剥削他们的老板相提并论。尽管这些偏差的现象与蓝图并不一致，18世纪的英国确实很接近亚当·斯密心目中的模式。在那时，商人们的确彼此竞争，一般工厂的规模并不大，价格确实随着需求起伏而涨跌，且价格的变化确实会造成产出和工作的改变。亚当·斯密的世界，被称为原子式竞争的世界。在那个世界中，无论是劳动或资本方面的生产要素，都无力对于竞争的压力加以干预或抗拒，人人都被迫在一个巨大的社会自由竞技场中，匆匆地追逐自身的利益。

竞争性的市场机制，在今日仍起作用吗?

这不是可以简单答复的问题。自从18世纪以来，市场的本质已经大幅度改变。在我们所居住的世界中，已经有人可以与潮流对抗。这不再是一个原子式竞争的世界。今日市场机制的特征，在于参与者的规模庞大：巨型的公司与强大的工会，其行为方式显然不同于过去个别的业主与工人。他们的规模足以使之抗拒竞争压力、漠视价格信息，考虑它们长远的自身利益，而非当下日常买卖的压力。

这些因素显然已削弱了市场机制的引导功能。不过，自利与竞争的伟大力量纵然已遭淡化与限缩，却仍是市场体系中无人可以全然忽视的基本行为法则。尽管我们所居住的世界不同于亚当·斯密的世界，我们仍然能察觉市场规律的运作。

但是市场规律只是对于凝聚社会之行为的一种描述而已，必须靠另外一种力量，才能将它推动。在《国富论》出版后90年，马克思发现了能够描述资本主义缓慢、不情愿但又无可避免地步向灭亡的“运动规律”。尽管过程不会非常顺利，然而亚当·斯密的世界则会缓慢但是十分乐意地迈向天国[1]。这和马克思主义者的预测不同。

绝大多数的观察家，当时都不认为最后能够抵达天国。在1792年拜访英格兰北部的约翰·拜恩格爵士[2]，从马车的窗口向外望，并且写道：“为什么现在这里成了一个引人注目的大工厂……整个山谷都被侵扰……理查德·阿克莱特爵士[3]或许替他的家人和他的国家赚进了大笔财富，但是作为一名游客，我却对他那已然蔓延到每一个田园谷地、摧毁了自然进程与美貌的计划，深感憎恨。”“哦！曼彻斯特就像个狗洞！”约翰爵士一到达该地，就说了这样的话。

说实话，当年英格兰的大部分地区，就跟狗洞没两样。300年来，激发了土地、劳工与资本的骚乱，似乎只会带来更进一步的剧变，因为最近被释放出来的生产要素，开始结合成一种新的丑陋形式：工厂。而工厂又制造了新的问题。在约翰爵士出游之前20年，靠着贩售女性假发而累积了一些资本的阿克莱特，发明（或窃取）了纺织机。但是在机器被制造出来后，他发现要找到操作的人员并不容易。地方上的工人跟不上制程的“规律速度”，而且人们仍然瞧不起领薪水的工作。有些资本家发现，他们新建的工厂，纯粹因为盲目的仇恨，而被烧成平地。阿克莱特不得不找童工帮忙，因为“他们小小的手指比较灵活”。而且孩子们并没有下田或做工的独立生活经验，因此更容易适应工厂生活的纪律。雇用童工甚至被誉为一种善行——这不是有助于改善这些“赚不到钱的穷人”的处境吗?

除了对工厂爱恨交织的情绪外，公众之所以关心这个问题，就是因

1　北欧神话里由战神奥丁统管的天国。

2　18世纪英国日记作家，作品多为1781年至1794年间多次游览英格兰及威尔斯之记述。

3　英国棉纺工业发明家与实业家。

为赚不到钱的穷人已经无所不在。在1720年，这样的穷人在英国已达150万。当时英国的总人口也只有1200万或1300万。认识到这一点后，就会明白穷人多得可怕。为此曾提出过许多安置方案，其中绝大部分都毫无希望。大家都在抱怨，乞丐的懒散问题无法根治，而且下层阶级的人竟然也想模仿地位比他们更好的人。工人居然在喝茶！一般百姓似乎偏爱小麦面包更甚于黑麦或大麦面包！当时的思想家们问道：这一切将如何演变？（爱搬弄是非的曼德维尔在1723年写道："缓和穷人的需求问题是明智的，解决穷人的需求问题是愚蠢的。"）对于国家的福利而言，穷人的需求不是不可或缺的吗？假如听任社会所必需的阶级就此消失，社会将遭遇什么状况呢？

当时人们为了"下层阶级"这个可怕的大问题而感到惊骇，但亚当·斯密却不这么想。他写道："假如一个社会中的大多数成员都过得贫困而又痛苦，这个社会将无法繁荣幸福。"他不仅胆敢作出这么激进的声明，而且还继续证明，社会其实一直都在进步。不论愿不愿意，社会都被推向一个正面的目标。它不是因为任何人的意愿，或国会可能通过法律，或英国赢得一场战役，才有所进步。社会之所以进步，是由于一股潜藏的动力，像一个宏大的引擎推动着社会整体。

英国劳动力的细微分工与专业化，大幅提升了生产力。此一事实令亚当·斯密印象深刻。在《国富论》的开头部分，他就对一间别针工厂发表评论："一个人把铁丝抽出来，另一个人把它拉直，第三人把它切断，第四人把它削尖，第五人把顶部磨光，以利安装针头；制作针头又需要两三道不同的工序；安装针头、加以漂白，都是独特的工作；把它们别在纸上的动作，甚至本身就是一项手艺……我曾经参观过一家这类型的小工厂。该厂只有10名员工，其中某些人总是负责执行两三项不同的工序。他们十分蹩脚，也只配有最基本的机器设备。但是他们在全力赶工时，一天可以生产12磅别针。每磅有4000多根中型的别针。因此，10个人在一天之内，就可以生产48,000根以上的别针……假如他们个别独自工作……显然每个人一天的产量都不到20根，或许连一根也做不出来……”

现代的生产方式，当然比18世纪时复杂得多。亚当·斯密对一间10人的小工厂，就已经印象深刻到加以专文论述；假如遇上一间雇有一万人的工厂，又将作何感想！但是分工的好处不在于它的复杂性——事实上，它把辛劳的工作简化了。用亚当·斯密的话来说，分工的好处，就在于“让最底层的民众都能享受到普遍的富裕”。以我们现代的眼光来看，18世纪的普遍富裕其实还是过得很苦。但我们若从历史的观点来看待此事，将18世纪英国工人的命运，跟他们一两百年前的先辈相比，就可以很清楚地看出，他们平庸的生活已经比从前进步甚多。亚当·斯密很生动地指出了这一点：

> 观察一个文明且繁荣的国家的技师和日薪工人所用的设施，你将发现，为了生产这些设施，个别的工人只贡献了很小的一部分，但是要让一个人获得这些东西，所牵涉的人数多得难以计算。以日薪工人所穿的羊毛外套为例，或许很粗糙，但它却是一大群工人共同努力的成果。即使只是为了制造这个朴实的家用品，牧羊人、整理羊毛的人、梳毛工、染色工、纺织工、漂洗工、装饰工，以及许多其他的工人，都必须贡献其不同的技术，才能完成。此外，还需要多少商人和搬运人员……多少商业与航运业……多少造船者、水手、制帆工、制绳工……
>
> 以同样方式来检验他的衣服与家具的不同部分，他穿的贴身粗麻衬衣，罩在脚上的鞋子，睡觉用的床、做菜用的炉子……为了做菜升火所需的煤炭要从地底下挖出来，或许经过远程海陆运输才能抵达；他厨房中所有其他的器皿、桌上所有的用具，

刀、叉、用来分装食物的陶盘或白镴盘；还有为了准备他的面包与啤酒所需的不同人手，能引进热量与光线又能挡风遮雨的玻璃窗，以及为了准备这些美妙发明所需的一切知识与技艺……我说，当我们检视这一切……就可以发现，为了满足一个文明国家中最平凡的人的生活所需，即使像我们所错误想象的那样简易，也必须上千人的协助与合作。的确，和大人物更加奢华的生活相比，他的生活无疑显得极为简朴。然而，或许一位欧洲王子的生活享受，与一位勤奋而又节俭的农民生活之间的差距，并非总是大于农民与掌握上万名奴隶生杀大权的非洲国王生活之间的差距。

累积律

是什么力量使社会财富如此美妙地增加呢？市场机制本身，提供了部分动力。因为在一个鼓励甚至迫使人们去发明、创新、拓展与冒险的环境中，市场利用了人类的创造力。但是在市场永远得不到满足的活动背后，还有更为深层的压力。事实上，在生产力呈螺旋形上升的情形下，亚当·斯密发现了两条根深蒂固的行为法则，推动着市场体系。

其中的第一条是“累积律”。

想想亚当·斯密的时代，跃升中的工业资本家，能够而且也确实借由投资获得大量财富。年轻时做过见习理发师的阿克莱特，于1792年去世时，留下了50万镑的遗产。刚开始在罗瑟汉姆[1]一家老旧的制钉厂打铁的萨

1 英格兰北部南约克郡一工业城镇，盛产铁、煤矿。

缪尔·沃克，在那里留下了一个价值20万镑的钢铁铸造厂。约西亚·威基伍德[1]会为他的陶器厂发表精神讲话。当他看见粗心工作的迹象时，就会在木头柱子上潦草地写着：“不能这样替威基伍德做事。”他的遗产为24万镑，外加许多地产。在工业革命的最初期，只要动作够快、头脑够精明，而且又够努力地去驾驭此一潮流的话，致富机会俯拾皆是。

绝大多数的新兴资本家，自始至终的唯一目的，就是累积资金。19世纪初，为了替主日学校提供资金，募集到了2500镑。在该教区内经营棉纺厂的首屈一指的大老板，为此高尚的事业所捐助的款项为90镑。对年轻的工业新贵来说，金钱不该被捐赠给不具生产力的慈善事业，而应当把它们累积起来。对此，亚当·斯密完全同意。不累积的人必遭不幸——“就好比某些宗教基金，为了某些亵渎神明的目的而遭到滥用一样。祖先省吃俭用攒积下来的资金，原本是要用来维持产业的，却被他浪掷到无意义的项目上”。但是亚当·斯密不赞成为累积而累积。他毕竟是一位哲学家，鄙视有钱人的虚荣心。但是他发现，资本累积对社会大有裨益。因为资本若能被用来购置机器，就可以促成美妙的分工，从而增进人类的生产力。所以累积也成了亚当·斯密的另一把双面刃：私人的贪欲再度促进了社群的福利。20世纪的经济学家将面对这个问题：私有资本的累积，是否真能促进就业？亚当·斯密对此并不担心。对他而言，世界可以永无休止地改进，而市场的规模只会受到地理条件的限制。亚当·斯密说，累积，然后世界将会获益。当然，在他那个雄心勃勃的时代氛围中，有能力的人显然都会努力累积资本。

但这里有个难题。资本的累积很快就会使得进一步的累积无由发生。因为累积意味着更多的机器，而更多的机器意味着需要更多的工人。这迟

1　约西亚·威基伍德（1730—1795），英国陶业家，废奴主义的支持者。

早会使得工资愈来愈高，直到将利润吞食殆尽为止。但利润却是资本累积的源泉。要怎么克服这个困难呢？

人口律

这得借由市场的第二个重大规律来克服：人口律。

对亚当·斯密来说，劳工和其他商品一样，都可以依照需求而被生产。假如工资很高，那么工人的数量就会增加；假如工资下跌，工人的数量就会减少。亚当·斯密很直率地说："……对人的需求，就和对其他商品的需求一样，必然地控制着人的生产。"

乍看之下，这个概念显得很天真，其实未必。在他那个时代，底层民众的婴儿死亡率高得惊人。亚当·斯密说："在苏格兰高地，一位母亲生了20个孩子，而存活的不到两个……这并不稀奇。"在英格兰的许多地方，半数孩子活不到4岁，而任何地方的孩子，活过9岁或10岁的机会只有一半。营养不良、恶劣的生活环境、寒冷与疾病使得较贫穷的人们伤亡惨重。因此，较高的工资虽然只会对出生率造成些许影响，但是对能够顺利成长到可工作年龄的孩童数量，却有可观的影响。

所以，资本累积若是先能提高工人阶级的薪资，那么工人的数量就会随之增加。现在市场机制发挥作用了。如前所述，较高的市场价格会使得手套生产增加，而较多的手套数量，随后便会把较高的手套价格压下去。同理，较高的薪资会使工人数量增加，而他们数量的增加，将会对工资水平造成一股反向的压力。只要考虑工资因素就会发现，人口就和手套生产一样，是一种可以自我疗愈的疾病。

而这意味着，资本累积可以安全地持续进行。它会导致工资上升，并使得进一步的资本累积无利可图。但是人口的增长会使得这个问题趋于缓和。资本累积会走向自我毁灭，然后却能在紧要关头得到解救。非常高的工资会促成人口增长，而人口增长则能够解决较高工资所造成的难题。这个问题恶化与问题解决、刺激与回应的自动化过程十分迷人。其中似乎会导致体系毁灭的因素，也会偷偷地让体系恢复健康。

现在来看看亚当·斯密为社会所建构出的，一个巨大而又无止境的链锁。社会就像一连串环环相扣的数学命题一样，有规律而又无可避免地开始向上扬升。不论从何处开始，市场的探索机制，都会先使得各种不同用途的劳工与资本的回报趋于平等，让有需求的商品能以适当数量被生产，并进一步确保竞争的机制，使得商品价格不会与其生产成本相差太多。更有甚者，社会是动态性的。财富的累积从一开始就会发生，而此一累积会导致生产设备增加，以及进一步的分工。到目前为止，一切都很好。但是资本累积，也会在资本家招聘员工前往新工厂上班时，导致工资上涨。工资上涨使得进一步资本累积显得无利可图。这个体系可能会停滞不前。然而就在此时，工人们将会利用较高的薪资来抚养小孩，而死亡率也会降低。因此，工人的供给会增加。随着人口的成长，工人间的竞争将再次把薪资压低。于是资本可以继续累积，社会又能再度螺旋式上升。

亚当·斯密并没有描述任何的商业周期。它是一个长期的演进过程。只要市场机能不被削弱，就能够美妙地确定，每件事在这个链接中，都被安排得好好的。所有的社会内部，都安装了一部往复运动的机器：只有大众的爱好才能引导生产者，而国家实际的物质资源，则在这个因果链之外。

但是事情不会永无止境地进步。我们所谓的经济成长确定可以持续很长一段时间，但是改进有其限度。这不会立刻对工人造成影响。的确，人口增长终将使得薪资回跌到仅能糊口的程度。然而亚当·斯密认为，工人阶级的生活水平还可以持续地改善很多年。

不过亚当·斯密毕竟很注重实际。他已然看见，经过非常长的时间，在遥远的地平线之外，成长中的人口将使得薪资回落到“自然”水平。显然，这将会在社会已经用尽了未经利用的资源，并且已经无法再作进一步分工时发生。一言以蔽之，当经济已发展到极限，并已充分运用了经济增长的“空间”后，就无法继续成长。

然而极限为何无法进一步地延伸呢？这是因为亚当·斯密将至关重要的分工，看作是一次性而非持续性的过程。最近有人指出，亚当·斯密并没有将分工的组织与技术核心视为变革的自发性过程，而把它当作分离性的进展，只能产生一次性的刺激。因此，经过很长一段时间后，社会将不再成长。亚当·斯密曾表示，一个社会至多只能兴旺两百年。然后工资会回到仅可糊口的水平，资本家在一个稳定的市场中，可以得到适度的利润。尽管人口不再成长，但是总数比以往更多，从而需要更多的食物生产，这使得地主的收入会比较高。尽管亚当·斯密十分乐观而又大胆，他的愿景却是有限、小心而又审慎的。就长期而言，此一愿景甚至审慎到了严肃的地步。

反对政府对市场干预

难怪这本书花了很长时间才被人接受。八年之后，它才首度在国会中被引用。第一个引用这本书的是下议院中权力最大的成员——查尔斯·詹姆斯·福克斯（他后来承认，其实从没有真正阅读过这本书）。直到1800年，该书才得到充分的认可。那时该书已经出了9个英文版本，而且销售到了欧洲和北美。让人想不到的是，被亚当·斯密痛斥为“邪恶贪婪”“既不是，也不应该是人类统治者”的新兴资产阶级，成为该书的拥护者。这些批评都可以被忽视，因为亚当·斯密的研究重点就是：让市场自行其是。

亚当·斯密的本意，与他的拥护者利用他的话所推论出的意思并不相同。正如我们所言，亚当·斯密并不拥护任何一个阶级，只忠于他的体系。他坚信市场有能力引导体系获得最大限度地回报。这就是其整个经济哲学的根源。只要让市场这个美妙的社会机器自行其是，它就会照顾社会之所需，而演进的规律将发生作用，让社会得到应有的回报。亚当·斯密既不反对劳方，也不反对资方。若要说他有什么偏见，那么他比较偏爱的是消费者。“消费乃是一切生产活动的唯一目的。”亚当·斯密如是说，并且进一步指责那些让生产者的利益凌驾于消费大众利益之上的体系。

但是新兴工业家，却在亚当·斯密对于自由市场的歌颂中，找到他们所需的理论依据，来阻碍政府改善当时可憎的工作环境的初步尝试。因为亚当·斯密无疑主张自由放任。对亚当·斯密来说，政府挥霍无度、不负责任、不事生产，自然是愈小愈好。然而，亚当·斯密未必反对——诚如他过世后赞赏他的人所说的——为增进全民福祉的政府作为。比方说，他对于从事大量生产的劳工其单调工作的后果，有如下的看法：“人类大部分的理解力，都是在工作中形成的。一辈子只操作几个简单动作的人……往往变得极端愚昧而无知。”他还预言，劳工会趋于堕落，“除非政府努力预防此事”。

亚当·斯密没有反对政府采取任何行动。事实上，他还特别强调，在一个自然自由的社会中，政府必须做三件事：第一，政府应该保护社会，不受其他社会的“暴力侵略”，这并不意外；第二，它应该为所有人民提供一个“严格的司法机构”；第三，政府有义务“设立并维护公共设施，以及那些对一个伟大社会来说，能提供最大好处的公共事业”，但这些事务“在本质上，其利润不得足以偿付任何个人或一小群人为此所做的开销”。

用今天的语言来说，亚当·斯密明确承认，政府对于私人部门无力执行的项目进行投资是有用的。他举出了道路和教育这两个例子。从那时起，这个概念的范围便大幅地扩张，这点无须多言。防洪、环保、科学研究等项目，都有人想到。但是这个观念本身，就和许多其他的观念一样，潜藏在亚当·斯密根本的愿景中。

亚当·斯密真正反对的，是政府对市场机能的干预。他反对限制进口、奖励出口，反对使产业免于竞争的法律，反对政府将金钱投注于非生产性的事务。值得注意的是，这些政府活动都有碍于市场机能的正常运作。后来的知识分子，为了政府的社会福利法律是否会弱化或强化市场体系而苦恼。亚当·斯密无须面对此一问题。因为在他那个时代，政府除了救济贫民外，根本没有任何关于社会福利的法律。那时政府明目张胆地与统治阶级结盟，而政府内部最大的纷争，在于究竟应该让地主还是产业阶级得到最大的利益。当时的显贵人士完全没想过，劳工阶级应否拥有对经济事务的发言权。

亚当·斯密体系的大敌不是政府本身，而是任何形式的垄断。亚当·斯密说：“同业之人很少碰面，但是他们之间的对话，总是以妨害公共利益的阴谋，或是如何抬高售价作结。”这种行径的问题，不是在道德层面——毕竟那只是人类自利本性的必然后果而已。真正的问题在于，他们妨碍了市场运作的流动。当然，亚当·斯密是对的。假如市场运作确定能够以最低的可能价格，生产最大量的商品，那么对于市场的任何干预都会减损社会福利。假如像亚当·斯密的时代一样，英格兰的帽商在哪里都不能雇用两个以上的学徒，或者谢菲尔德的刀具商不能雇用一个以上的学徒，市场体系就不可能产生充分效益。假如像亚当·斯密的时代一样，不准乞丐离开家乡到外地找工作，市场就无法将劳工吸引到需要劳工的地方。假如像亚当·斯密的时代一样，大公司获准垄断对外贸易，大众就无法充分享受到廉价外国产品的好处。

因此，亚当·斯密说，所有这些障碍都必须扫除。市场要能够自由地寻找自身价格、薪资、利润与生产的自然水平。对于市场的任何干预，都只会牺牲国家真正的财富。但是连要求清洗工厂，或不让童工操作机器的法律，都可能被解释成妨碍市场的自由运作。人们大量引用《国富论》来反对最初的人道法规。所以，警告18世纪贪得无厌的工业界人士“往往会借由蒙蔽甚至欺压大众而获利”的人，不公平地被扭曲成是他们的经济守护神。即使在今天，不了解亚当·斯密真正哲学的人，往往误以为他是保守的经济学家。其实他对商人动机的公开敌意，比大多数当代的自由派经济学家更高。

18世纪的人相信，理性与秩序终将战胜独断与混乱。就某种意义来说，亚当·斯密的愿景，是这种信念的证明。亚当·斯密说，不要试着为善。善事会以自私自利之心的副产品的面目自然出现。这多像一个哲学家！他将这样的信念，放到巨大的社会机器中，并且论证自私的本能有助于社会道德！亚当·斯密对他哲学信念的后果坚信不疑。他极力主张，让诉讼当事人而非政府来支付法官的薪水，而法官们的自利心就会使他们加速审理案件。他不看好被称为合股公司的新兴商业组织，因为这种不具人性的机构缺乏足够的自利心，来从事复杂艰巨的工作。即使对于像废除奴隶制度这种最伟大的人道主义运动，亚当·斯密也用他自己的词汇来辩护：最好废除奴隶制度，因为如此或许将使得奴隶变得更便宜。

由此，复杂而又不合理的世界，就被化约为某种合理的结构。其中的人们就像铁粉一样，被磁力吸引到有利可图的一端，而远离亏损的一端。这个伟大体系之所以能够运作，不是因为人们有心为之，而是因为自利心和竞争让事物井井有条。人们所能做的，至多就是帮助这个自然的社会磁铁独立运作，扫除一切有碍此社会物理原则自由运作的事物，不要错误地试图逃出此一藩篱。

尽管亚当·斯密的世界充满18世纪的风味：相信理性、自然法则，以及人类行为与反应的机械式链锁，但是它还有更温暖的价值。别忘了，此一体系中最大的预期受惠者乃是消费者，而不是生产者。在日常生活的哲学中，消费者第一次登上首位。

自利与竞争之间的互动

整体而言，他的理论中有哪些存留至今呢？

不是伟大的演进体制。我们将会看到，后来的大经济学家们对此进行了大幅更动。但是，不要只把亚当·斯密的世界，当成他想企及其无法理解之运作规律的初步尝试。亚当·斯密是前工业资本主义时代的经济学家，并没有亲见50年后市场体系受到许多企业的威胁，或是社会发展扰乱他的资本累积律和人口律。当亚当·斯密在世写作时，可能被称作“商业周期”的现象尚未出现。他所描述的世界确实存在，而他对那个世界的系统化论述，则是对其扩张倾向的精彩分析。

然而亚当·斯密的概念必然有所疏漏。虽然他看见了社会的演进，却没有看见一场革命——工业革命。亚当·斯密并没有在丑恶的工厂体系中，在尝试性的公司形式商业组织中，或在熟练工人组织自保团体的脆弱尝试中，看见一种新颖而且具有破坏性的强大社会力量出现。就某种意义而言，他的体系预设了18世纪的英国将永远不会改变，而只会在数量方面有所增长：更多人口、更多商品、更多财富，但是其本质仍然不变。他描述的是一个静态社群的动态，这个社群会成长，但永远不会成熟。

虽说这个演进的体系已经被大幅修改，但是将市场伟大的全貌勾勒出来，仍然是一项重要成就。亚当·斯密当然没有“发现”市场；其他人也早已点出自利与竞争之间的互动，能够提供社会所需的物品。但是亚当·斯密是第一个理解到这样的概念所需之行动的完整哲学；他是第一个以广泛且系统化的方式，阐述这整个结构的人；他是让英国，乃至整个西方世界，理解到市场如何将社会凝聚在一起的人，也是第一个以其所理解的为依据，打造社会秩序大厦的人。后来的经济学家将会润饰亚当·斯密对于市场的描述，探究后来浮现的严重缺陷。然而亚当·斯密对于这个世界所提供之丰富多彩而又充满活力的描述，没有一个人比得上。

对于亚当·斯密渊博的见识，我们只能表示钦佩。唯有在18世纪，才可能写出这样一本无所不包、立论稳当、严苛而又深刻的鸿篇巨制。的确，《国富论》和《道德情操论》，以及亚当·斯密其他的一些文章显示出，他不仅仅是一名经济学家。他是一位想出了包含人类动机、历史阶段以及经济机制，以之表述出伟大自然造化（亚当·斯密这样称呼它）的哲学家、心理学家、历史学家与社会学家。就这个观点而言，《国富论》不仅仅是一部政治经济学杰作，它是人类历程本身之宏伟概念的一部分。

更有甚者，《国富论》深刻的观察总是让我们感到惊讶。亚当·斯密写道：“对于大多数有钱人来说，财富所带来的主要乐趣，就在于炫耀。在他们眼中，唯有秀出只有他们自己才有足够财力拥有的事物，方能充分发挥财富的效用。”他比凡勃伦早了150年预见此事。亚当·斯密写道：“假如大英帝国的任何省份，无法对于支持整个帝国作出贡献，那么大不列颠就不该支付费用，在战时防卫这些省份，或在平时支援其军民机构，或努力协调自身对未来的观点和设计，以配合这些实际上很平庸的省份。”这时，他是超越自身时代的政治家。

或许不会再有任何一位经济学家，能像亚当·斯密一样充分掌握自身的时代。当然，也不曾有过任何一位经济学家，像他那样稳重、平和，深入地批评却又不带仇恨，乐观却又不流于空想。他固然也拥有那个时代的信念，事实上他出力去镕铸那些信念。那是一个人道主义与理性的时代。但是当这两者都可能为最残暴的目的所扭曲时，亚当·斯密却绝不自大、决不妥协，也不为既得利益者辩护。他在《道德情操论》中写道："这个世界的辛苦奔忙，究竟是为了什么？贪婪、野心，追求财富、权势与卓越，其目的是什么？"《国富论》提供了答案：所有对于财富与荣誉的巧取豪夺，都有助于百姓的福祉，终能得到正当的理由。

亚当·斯密在晚年极受尊重。柏克[1]到爱丁堡去看他；他在曾经任职的格拉斯哥大学被选为名誉校长；他眼见《国富论》被译为丹麦文、法文、德文、意大利文、西班牙文。只有牛津大学忽视他，始终不愿意颁给他荣誉学位。有一次，当时的首相小皮特[2]与阿丁顿[3]、威伯福斯[4]和威廉·格伦维尔[5]会晤，也邀请亚当·斯密与会。当这位年长的哲学家步入房间时，所有的人都起立致敬。他说："诸位先生，请坐。"小皮特回答："不。我们要等您入座后才坐下，因为我们都是您的学生。"

1790年时，亚当·斯密过世，享年67岁。奇怪的是，他的谢世并没有引起多大的注意。或许人们正忙着担心法国大革命，以及它可能对英国造成的影响。他葬在坎农格特教堂墓园。不起眼的墓碑上写着，《国富论》作者亚当·斯密长眠于此。很难想出比这更隽永的墓志铭了。

1 柏克（1729—1797），爱尔兰政治家与哲学家，英国下议院辉格党议员，保守主义代表人物。

2 小皮特（1759—1806），24岁出任英国首相，为英国历史上最年轻之首相。

3 阿丁顿（1757—1844），英国政治家，小皮特的幼时玩伴，1801至1804年出任英国首相。

4 威伯福斯（1759—1833），英国政治家与慈善家，提倡废奴，与小皮特为知交。

5 威廉·格伦维尔（1759—1834），1806至1807年出任英国首相。

第四章

马尔萨斯和李嘉图的阴暗预感

马尔萨斯在智识方面的一记重击，毁灭了一个时代迈向自足、舒适的进步前景的希望。但是这一击似乎还不够。同时还有另一位完全不同的思想家，也在准备打击18世纪末、19世纪初的另一个美好而虚幻的假设。异常成功的证券经纪人大卫·李嘉图，很快就要提出一个经济学理论。它虽然不像马尔萨斯的人口泛滥说那么惊人，却将以它自己不声不响的方式，对亚当·斯密抱持的进步观点给予同样具有毁灭性的打击。

除了无所不在的贫穷问题外，在18世纪的大部分时间中，英国都在担心：英国人究竟有多少呢？从不列颠的观点来看，英国在大陆上的天敌人口大增，而资源不足的英国人口数量却在下降。这就是令人担心之处。

英国并不能确定自己到底有多少人口，但宁愿像忧郁症患者一样，在没有事实根据的情形下穷担心。直到1801年，英国才举行第一次真正的人口普查。但是该普查却被称为是对“英吉利最后自由遗风的彻底破坏”。因此，关于不列颠早期人力资源状况的知识，有赖于业余统计学家的努力：普莱斯博士，一位不信奉英国国教的牧师；霍顿，一位药剂师与咖啡和茶叶的交易商；以及格列高利·金，一位制图业者。

金在1696年，根据户口税与洗礼登记记录，算出英格兰与威尔士的人口将近550万。这个非常准确。但是他关心的不只是现状。关于未来，他写道：“英格兰下次人口倍增的时间，很可能是在600年后，公元2300年之际……再下一次的人口倍增，很可能在1200年或1300年之内，即公元3500年或3600年时。那时全国将有2200万人……”这位制图业者谨慎地说，“假如这个世界可以持续到那时的话。”

但是到了亚当·斯密的时代，另一种见解取代了金对于人口将温和成长的预测。普莱斯博士在比较了18世纪与更早期的货币户口税记录后，断定英格兰的人口自王政复辟后，下降了超过30%。他的计算显然有问题，而且其他的研究者强烈质疑其研究成果。然而，尽管当时的政治正处于危急存亡之秋，当时的人们大都认同这个非常令人不悦的事。神学改革者威廉·佩里悲叹："人口衰退是国家所能遭遇到的最大灾难。对于这个问题的改善，应该凌驾于其他任何政治目的之上。"首相小皮特甚至还提出一项着眼于增加人口的新济贫法案，提供孩童大量的津贴。因为对小皮特来说，显然，让一个人有小孩可以增进国家财富，即使其后代变成乞丐也一样。

我们现在并不关心当年英国人口是否真的在减少。我们感兴趣的是，对人口问题的任何一种观点，如何与相信自然法则、理性与进步的愿景调和。人口在下降？那就该鼓励人口成长，因为它"自然"会受到亚当·斯密所提出的自由市场经济原则的良性预期所引导。人口在成长？再好不过。因为人人都同意，成长的人口是国家财富的源泉。不论从哪一个角度切入，对社会的前景都很乐观。换言之，人口问题不能动摇人们对未来的信心。

或许没有一个人像威廉·葛德文那样，天真而又彻底地总结了此一乐观的展望。这位牧师兼小册子作家，对他那时的冷酷世界感到气馁，却对未来很乐观。在1793年，他出版了《政治正义论》一书，痛批现状，却对长远的未来寄予厚望："那里将不再有战争，不再有罪恶，不再有法院，不再有政府，也没有疾病、痛苦、忧郁或怨恨。"多美妙的愿景！这当然极具颠覆性，因为葛德文的乌托邦需要完全平等与最彻底的无政府共产主义：甚至连关于婚姻的财产契约都将被废除。但由于该书的售价高达3基尼[1]，所以枢密院没有起诉其作者，而葛德文先生的大胆观念，就成为当时

1　1663至1813年英国使用的金铸货币，约等于20先令。

贵族沙龙中的流行话题。

在距离吉尔福德[1]不远的奥伯里宅邸中，也在进行上述辩论。那里住着一位奇特的老绅士。当他于1800年去世时，《绅士杂志》将他说成“一位地地道道的怪人”。这个怪人就是丹尼尔·马尔萨斯，他是休谟的朋友与卢梭的热情拥护者。他曾与卢梭一起采集地方植物，并获得这位法国哲学家某次分送的植物标本簿和一套书籍。丹尼尔·马尔萨斯和当时许多悠闲而又颇具求知欲的绅士一样，最喜欢从事具有刺激性的智识对话。而他的谈话对象，通常是他那天赋异禀的儿子，托马斯·罗伯特·马尔萨斯牧师。

他们很自然地考虑到葛德文的乐园。可以预料得到，怪异的老马尔萨斯很同情那个极为理性的乌托邦。但是小马尔萨斯却不像他父亲那么乐观。事实上，他已经在辩论时发现，现存的人类社会，和永远和平富饶的想象乐土之间，存在着不可逾越的鸿沟。他把反对意见写下来，以说服他的父亲。丹尼尔·马尔萨斯对其子的观念印象深刻，因此建议他将该论文出版，公之于众。

于是，一篇5万字的匿名专著在1798年问世了。它的标题是《影响未来社会进步之人口论》[2]，并对和谐宇宙的美好期望给予致命一击。小马尔萨斯以简短的篇幅，就驳倒了当时那些自满的思想家，并以一个贫乏、阴郁而又令人寒心的未来，取代了进步的前景。

这本关于人口问题的著作点明人口数量倾向于超过维生所需的所有可能资源。社会绝不会攀升到更高的水平，而会陷入绝望的陷阱：人类强烈的生殖欲望，将无可避免地把人们逼到仅可糊口的边缘。人类不会朝向乌

1 英格兰东南萨里郡郡治。

2 此为初版书名，二版时更名为《人口论》。此书演绎人口增长造成社会贫穷的理论，对达尔文的天择说影响深远。

托邦迈进。在大量增加的饥饿人口，与不论如何努力也无法使之充裕的自然食物数量的争斗中，人类注定要失败。

难怪卡莱尔[1]在读了马尔萨斯的文章后，将经济学称为“忧郁的科学”，而可怜的葛德文则抱怨，马尔萨斯将数以百计的进步派友人转变成了反动派。

农业是一桩生意

马尔萨斯在智识方面的一记重击，毁灭了一个时代迈向自足、舒适的进步前景的希望。但是这一击似乎还不够。同时还有另一位完全不同的思想家，也在准备打击18世纪末、19世纪初的另一个美好而虚幻的假设。异常成功的证券经纪人大卫·李嘉图，很快就要提出一个经济学理论。它虽然不像马尔萨斯的人口泛滥说那么惊人，却将以它自己不声不响的方式，对亚当·斯密抱持的进步观点给予同样具有毁灭性的打击。

亚当·斯密认为，每个人都可以同步地发展。李嘉图却预见了该理论的终结。若以升降梯来类比，李嘉图发现，社会进步的升降梯，对不同的阶级会产生不同的效果。有些人可以平步青云，有些人却在上升数级之后，被一脚踹到底下。更糟的是，让升降梯移动的那些人，不能随之上升，而那些步步高升的人却只是坐享其成。更进一步地仔细观察那些高高在上的人，就会发现他们也不好过，他们得为了在升降梯上争得一席之地进行激烈斗争。

对亚当·斯密来说，社会是个大家庭；对李嘉图来说，它却是一个内

1 卡莱尔（1795—1881），维多利亚时期苏格兰社会评论家。

部分裂的阵营。他的看法不足为奇。在《国富论》出版后的40年间，英国分裂成两个敌对派别：其一为新兴工业家，忙着经营工厂，并且为了获取国会代表权和社会声望而奋战；其二则是有财有势、根深蒂固的贵族大地主，对那些暴发户的步步紧逼感到愤恨。

让地主感到愤怒的，并不是资本家在赚钱，而是后者一再强调粮价过高。在亚当·斯密之后的一个短时期内，向来能够出口谷物的英格兰，被迫要向海外进口粮食。尽管普莱斯博士仍在抱怨英国人口迅速减少，实际上的人口成长使得对谷物的需求超过了供给，并让以蒲式耳[1]为计量单位的小麦价格涨了4倍。农业利润也随价格同步上升。在苏格兰的东洛锡安，投入资本可获得的利润与地租平均可达56%。在另一个典型中等规模的300英亩农场，1790年时的利润为88镑，1803年时为121镑，10年之后则成为160镑。大致上，所有观察家都同意，过去20到25年来，这个国家的地租至少涨了一倍。

粮食价格大涨，使得积极进取的商人开始购买海外的小麦等谷物，并将它们运回国内。地主当然不喜欢这种事。对贵族来说，农业不仅仅是一种生活方式，也是一桩生意——一桩大生意。比方说，在1799年，约瑟夫·班克斯爵士在林肯郡里维斯比的办公室，就需要两个房间，而且用一道防火墙和一扇铁门加以区隔。他对于需要156个抽屉来分类存放关于农场的文件一事，感到自豪。虽然这样的一位地主住在他的土地上，热爱他的土地，每天和他的佃农碰面，并一起讨论谷物的轮作与不同肥料的优点，但他没有忘记，他的收入取决于其谷物的售价。

因此，地主们难以忍受海外廉价谷物的涌入。对他们来说很幸运的是，手边就有对抗这种灾难性发展的工具。控制着国会的地主只要立法建

1 英制干货容量单位，等于8加仑。

立一个铜墙铁壁般的保护体系即可。地主通过的《谷物法》，按照进口谷物的价格课税。国外价格愈低，要课的税就愈高。该法实际上将廉价小麦永远逐出了英国市场。

但是到了1813年，局势已失去控制。农作物歉收，加上对拿破仑的战争，使得谷物价格高涨到和饥荒时一样。每夸脱小麦的售价为117先令，大约每蒲式耳14先令。因此一蒲式耳小麦的价格，近乎一名工人全周薪资的两倍。（比较之下，20世纪70年代之前美国小麦的最高价格，为1920年的每蒲式耳3.5美元，而当时的平均周薪为26美元。）

谷物价格显然已高得惊人，而如何应对此问题，就成为国家的当务之急。在对局势进行仔细研究之后，国会认为应该再提高谷物的进口税！其理由是，短期内更高的价格，将刺激长期英国小麦的生产量。

工业家们受不了这种事。他们需要廉价谷物，因为工资大体上取决于粮食价格。所以，工业家与地主的立场不同。工业家们为了廉价粮食而奋战，并不是出于人道动机。伦敦的大银行家亚历山大·巴林在国会中声称："工人对这个问题不感兴趣。无论一夸脱的价格是84先令或105先令，反正他都能拿到不涂奶油的面包。"他的意思是说，无论面包的价格如何，工人就是会得到恰好足以糊口的工资。但是那些要发放薪水与追求利润的人，对于谷物以及工资的价格是高是低，就有很大的差别。

于是商界组成了利益团体，而国会则发现，前所未有的大量请愿信函如潮水般涌入。看起来，仓促地提高谷物进口税，是行不通的。于是在下议院与上议院分别指派了新的委员会，而此议题也被暂时搁置。所幸拿破仑于次年战败，谷物价格又跌回比较正常的水平。然而《谷物法》仍是地主阶级政治权力的指标。还要再等30年，该法才会被废除，而让廉价谷物自由进入不列颠。

在这个危机期间进行撰述的李嘉图，对经济学的看法远比亚当·斯密悲观，这点不难理解。亚当·斯密认为世界十分和谐，李嘉图却看见激烈的斗争。《国富论》的作者有很好的理由相信，人人都能分享神的恩典；那位约在半个世纪后写作，喜欢追根究底的证券经纪人，不仅认为社会分裂成彼此敌对的团体，而且理应获胜的勤勉工业家，似乎将无可避免地落败。这是因为李嘉图相信，除非能够打破地主对于粮价的掌控，否则他们将是唯一可能从社会进步中得利的阶级。

他在1815年写道："地主的利益，总是与社会其他一切阶级的利益相对立。"这个毫不含糊的主张，使得一场未经宣告的战争，变成在成长中的市场体系内，争夺决定性政治权力的斗争。而这个公开敌对的宣言，使得这个世界终将成为所有可能出现的世界中的最佳者这一最后希望，也随之破灭。现在看来，社会纵使没有陷入马尔萨斯的泥淖，也会在李嘉图危险的升降梯上分裂。

马尔萨斯与李嘉图的背景差距

我们必须更仔细地观察，这位阴郁的牧师以及抱持怀疑论的交易员非常使人心神不宁的观念。但是让我们先看一下，他们是什么样的人。

很难想象有哪两个人之间的背景与生涯差距，像马尔萨斯与李嘉图之间的差距那么大。我们已经知道，马尔萨斯是英国上层阶级中的一位怪人的儿子。李嘉图则是从荷兰移民来的犹太工商银行家之子。马尔萨斯在具有哲学心灵的父亲引导下，接受许多教师体贴的指导，准备进入大学（其中一位教师，曾因表示希望法国革命者入侵并征服英国，从而入狱）；李嘉图则在14岁时便为其父亲工作。马尔萨斯毕生从事学术研究，是第一位专业经济学家，在东印度公司为训练年轻行政人员而创办于海利贝里的学院任教；李嘉图则在22岁就建立了自己的事业。马尔萨斯始终没有富裕起来；而以800镑资本起家的李嘉图，26岁时就已能财务自主，1814年他42岁退休时，财产约在50万到160万镑之间。

奇怪的是，学院派的马尔萨斯，对真实世界的事实感兴趣；而要接触实际事务的李嘉图，却是个理论家。这位商人只关心看不见的法则，而那位教授担忧的是，这些法则是否与他眼前的世界相符。最后一个矛盾是，中等收入的马尔萨斯替有钱的地主辩护；富裕的李嘉图后来也成为大地主，却反对地主的利益。

他们的出身背景、所受训练以及职业生涯都不一样，因此遭遇也截然不同。传记作者詹姆斯·波纳尔说："不幸的马尔萨斯是在他的时代里被批评得最厉害的人，连拿破仑也比不上。这个人为天花、奴隶制与杀婴辩护，谴责布施、早婚与教区津贴。他'在指控家庭的邪恶之后，自己却厚脸皮地结了婚'。"波纳尔还说，"马尔萨斯从一开始就受到瞩目。30年来，对他的驳斥像雨水一样持续洒落。"

这样的批评必然会不幸地降临在一个主张道德自制的人身上。然而，马尔萨斯既不是假正经（就当时的标准而论），也绝非吃人的怪物。诚然，他主张废除济贫，甚至反对为工人阶级施行的住房建筑计划，但是，所有这一切都是发自内心的对贫民阶级利益最真诚的关怀。某些与他同时代的社会理论家，和蔼地提议让贫民平静地死在街头。马尔萨斯和他们的观点大相径庭。

因此，与其说马尔萨斯心肠刚硬，不如说他逻辑清晰。按照他的理论，世界的根本难题就是人口过多。任何促进"早期依附关系"的做法，都只会加重人类的苦难。虽说上天有好生之德，施舍的善举可以救活一个人，但是这个人活下去之后，又会繁衍子孙，因此这样的善举其实很残忍。

但是逻辑不一定受欢迎。一个指出社会阴暗结局的人，很难指望受人尊敬。没有任何学说受过这样的痛斥。葛德文说："马尔萨斯的著作所明示的目的，是要证明那些我认为致力为人类社会作出重大且必要的改善的人，犯了多么致命的错误。"所以马尔萨斯不被认为是正派思想家，并不令人惊讶。

另一方面，李嘉图从一开始就得到幸运女神的青睐。生为犹太人的他，为了娶所爱的教友派[1]女孩为妻，而与家庭决裂，改信唯一神教派[2]。在那个鲜少有宗教宽容的时代，李嘉图既赢得了社会地位，也广受人们尊敬。他晚年进入下议院，受邀对两院发表谈话。他说："当我听到自己的声音时，我会感到惊慌。而我无意压制那股惊慌。"当时在场的某人，说他的声音尖锐刺耳；另一人则说它甜美悦耳，但是音调非常高。不论如何，当他说话时，议会就倾听。他诚挚热心而又才华洋溢地阐述，无视于事件的反复变化，只将焦点集中在社会最基本的结构上，"好像他是从另一个星球上掉下来的人"。于是他便以教育了下议院著称。尽管他很激进（强烈支持言论与集会自由，反对国会腐败与天主教迫害），也无碍于人们对他的尊敬。

值得怀疑的是，赞赏他的人阅读其文章时，究竟了解多少，因为李嘉图是最难理解的经济学家。但是，他的文章虽然错综复杂，其含意却很清晰：资本家和地主注定针锋相对，而地主的利益对社会有害。因此，不论是否了解李嘉图，工业家们让他成为他们的斗士。于是政治经济学在他们之中大行其道，连征聘女家庭教师的仕女们，也要询问对方会不会教小孩政治经济学原理。

---

1 又称贵格会，基督新教一教派，主张和平与宗教自由。

2 主张上帝只有一位，而不同于圣父、圣子、圣灵之三位一体论。

在经济学家李嘉图被敬若神明之际（尽管他是最谦逊且低调的人），马尔萨斯却受到贬抑。他关于人口的论文一再被人们阅读、称赞，尔后反驳。单凭反驳程度的强烈，就足以令人不安地证明其论点是多么有力。当李嘉图的观念受到热烈讨论时，马尔萨斯对经济学的贡献（除了他的人口论之外），大致只能受到善意的容忍或是忽视。马尔萨斯感觉世上有什么事情不对劲，却完全无法以清晰明确的逻辑形式加以表述。他甚至更为离经叛道地暗示，不景气（他称之为“普遍性的过度供应”）可能扰乱社会，而李嘉图却轻易地证明了此一观念是不合理的。现代的读者为此感到多么愤愤不平啊！直觉性强而又注重事实的马尔萨斯，敏锐地嗅到了问题的所在，但他混乱的说明，在那位只把世界视作宏伟抽象机制的金融业者光彩照人的才华面前，毫无招架之力。

因此，他们对所有事务都有所争执。当马尔萨斯于1820年出版其《政治经济学原理》时，李嘉图不厌其烦地以220多页的注解，指出这位牧师论证的缺失。马尔萨斯确信，李嘉图的观点有着与生俱来的谬误，并断然地在他的书中揭露出来。

最奇怪的是，这两人是最亲近的朋友。他们相遇于1809年。在李嘉图于《晨报》上发表了一系列关于金银价格问题的精彩书信，并驳倒了鲁莽提出反对观点的博桑基特先生后，詹姆斯·穆勒[1]与马尔萨斯先后开始寻找这些书信的作者。于是他们三人建立了终生不渝的友谊，鱼雁往返不绝，还不断相互造访。同时代的作家玛丽亚·埃奇沃思，在她迷人的日记中说：“他们一起寻找真理，并且在发现真理时欢呼雀跃，毫不在乎是谁先发现的。”

1　詹姆斯·穆勒（1773—1836），苏格兰历史及经济学家，李嘉图的追随者，其子约翰·斯图亚特·穆勒为集古典经济学派之大成者。

这位埃奇沃思值得一提。身为经济学家之女，她或许是第一位对经济运作表达意见的女性。起初，它们以讲给孩子听的道德故事形态出现。但是她于1800年，出版了小说《拉克伦特堡》，这本书讲述一个大致上不关心佃农的需要，而得以挥霍其财富的地主家族。此后“拉克伦特”一词就被大家用来指涉这种行径。玛丽亚或许因而更有兴趣与李嘉图定期通信，并敦促他到爱尔兰来，亲自观察他从高高在上的位置撰写地租问题的现实面。他并没有接受邀请。附带提一句，要到100年后，这个世界才出现许多重要的女经济学家。

他们也是人，不会一直从事严肃的讨论。不论马尔萨斯是为了遵从自己的理论，还是出于其他原因，他很晚才结婚，但他很喜欢社交活动。在他过世后，有个认识他的人回想他在东印度学院的生活情况时说：“那个年轻人表面上很恭敬，心里却在窃笑，偶尔还会起来造反；年轻女士的射箭活动，那位波斯教授奇特的礼数……以及夏夜宴会有些过时的礼仪，如今都已远去。”

一些小册子作者将马尔萨斯与撒旦相提并论，但他其实是个高大英俊而且性情温和的男士。他的学生在背后叫他“阿爸”。他有一个从远祖那里遗传下来的缺陷——腭裂，他的话有时会使人难以听懂，特别是无法正确地念出“l”这个字母。某次他曾对着一位耳聋女士的助听器说：“难道您不想看一看基拉尼湖吗？”这件事成为一桩笑谈。他的某个熟人将这个毛病，以及他的名字与人口过剩牢不可破地联结在一起：

> 哲学家马尔萨斯上周在此。我为他安排了一场未婚人士的欢宴……他的本性善良，只要没有讨论到生育问题的迹象，他会对每位女士都彬彬有礼……马尔萨斯是位真正的道德哲学家，假使能让我的思维举止像他一样明智，我几乎愿意让自己像他一

样说话口齿不清。

李嘉图在家里也喜欢招待客人，他的早餐是有名的，他似乎很爱好猜谜之类的游戏。埃奇沃思小姐的《生活与信函》中谈到了他生活的一个侧面：

> 花花公子斯密先生、李嘉图先生、芬尼、哈丽雅特和玛丽亚聚在一起。这些人在梳头发。李嘉图先生，独自昂首阔步的花花公子，很可笑。

他深具经商的天赋。他的兄弟写道："他赚钱的才能并没有受到多大重视。但其经商能力，或许最能显示他超凡的才干。他无所不备业务上一切错综复杂的知识，计算速度快得惊人。无须特别努力，他就能办妥他所关切的巨额交易。他的沉着与判断力，使他远远超越在证券交易所的同侪。"约翰·宝宁爵士[1]之后表示，李嘉图之所以成功，是因为他观察到，人们通常会夸大事件的重要性。"因此若要像他那样操作股票，就会在有小利多时买进，因为他确信非理性的上涨会让他获利。他在股票正在下滑时卖出，因为他相信情况即使没有很糟，担忧和恐慌情绪也会造成下跌。"

这是个奇怪的颠倒安排——一个重理论的证券经纪人与一个重实际的神学家。特别奇怪的是，这位理论家对金钱世界很内行，而那位注重事实与数据的人，对此却全无头绪。

在拿破仑战争期间，李嘉图在一个财团中承销财政部发行的政府债

1　约翰·宝宁（1792—1872），英国政治经济学家，功利主义创立者边沁的追随者。

券，将其提供给公众认购。李嘉图常常帮助马尔萨斯，让他买一小批债券，使这位牧师能赚点利润。到了滑铁卢战争前夕，马尔萨斯发现他的证券有些许获利，但他难以承受这股沉重的压力。他写信给李嘉图，催他将证券卖出："除非这样不对或不便……还是趁早兑现您好心答应让我在证券上获得的小利。"李嘉图照做了。但这位定力更强的专业投机商全力做多。阿瑟·韦尔斯利[1]获胜了，李嘉图大杀四方，而可怜的马尔萨斯则相反。李嘉图曾若无其事地写信给这位牧师："这次上涨的获利之丰，正如我所预期或希望的。此次借款让我大赚一笔……现在来谈一下我们的老话题。"于是他继续讨论物价上涨的理论意义。

他们通过信函与互访无止境地辩论，直到1823年。李嘉图给马尔萨斯的最后一封信里说："亲爱的马尔萨斯，此刻我的话已说尽。像别的争论者一样，我们在多次讨论后仍各持己见。然而这些讨论从未影响我们的友谊。即使您同意我的意见，我对您的喜爱也不会更进一步。"他突然于该年死去，享年51岁。马尔萨斯则一直活到1834年。他对李嘉图的看法是："除了自己的家人外，我从未这样爱过任何人。"

1 阿瑟·韦尔斯利（1769—1852），首位阿瑟·韦尔斯利公爵，与普鲁士联军于1815年滑铁卢战役中击败拿破仑。1828年至1830年间担任英国首相。

土地无法像人口一样快速增长

虽然马尔萨斯和李嘉图几乎在每件事上都有争执，他们都同意马尔萨斯对人口的看法。因为马尔萨斯似乎在他1798年著名的《人口论》中，彻底阐明了问题，而且还厘清了困扰英国社会可怕而持久的贫困现象。其他人也曾模糊地感受到，人口与贫穷之间有某种关联。当时有一则广为流传但或许是虚构的故事，说某位叫胡安·费尔南德斯的人，把两只山羊运到智利外海的一个岛上，希望将来有肉可吃。重回该岛时，他发现山羊的数目意想不到地猛增。于是他又带去两只狗。狗的数量也大幅增加，而山羊的增长则被削减。作者詹姆斯·汤森牧师写道："这样就恢复了一种新的平衡。两个物种之中，较弱的先偿还积欠大自然的债务，而最有活力、最健壮的则能活下去。"对此，他还补充说，"人类的数量受制于食物的数量。"

这个范例虽然认识到，自然必会强制达成平衡，但它仍未得出隐含在此问题之内的最后的惊人结论。这被留给马尔萨斯来完成。

他从着迷于倍数概念中的数值可能性开始。他对生殖方面惊人的倍数成长能力评估，得到其他后进学者的充分支持。一位生物学家曾计算，一对动物每年增殖10对，在20年后将有7×10^{19}个后代。哈夫洛克·埃利斯提到，若一个微小的有机物不受阻碍地分裂，在30天之内将从一个小不点变得比太阳还大100万倍。

但是对我们而言，自然快速增产能力的例子并无意义。关键问题是，人类的正常生殖力有多大？马尔萨斯假设，人类倾向于25年内数量倍增。在他那个时代，这算是相对审慎的假设。它要求每户平均6人，其中两人活不到结婚年龄。马尔萨斯指出，在先前150年，美洲人口事实上每隔25年便增加一倍。在某些生活更自由、更健康的边远地区，人口每15年就增加一倍！

马尔萨斯指出一项残酷的事实：土地无法像人口一样地快速增长。这与人口倍增的倾向相对，而和人口加倍的时间究竟是25年或50年无关。努力工作可以开垦荒地，但是进度缓慢。土地不像人口一样可以繁殖。因此，当人口以几何级数成长时，可耕地仅以算数级数成长。

于是逻辑上无可避免的结论，当然就是人口成长迟早会受到食物数量的限制。马尔萨斯在《人口论》里写道："假设世上有10亿……依1、2、4、8、16、32、64、128、256、512这样的比率增加，而维生物资依1、2、3、4、5、6、7、8、9、10的方式增加。在225年内，人口与维生物资的比例为512:10；在300年内变成4096:3。2000年后，其差距将无法计算。"

对未来的这样一个可怕的观点，足以使任何人感到沮丧。马尔萨斯说："这个观点具有忧郁色彩。"这位为难的教士不得不断言，这种人口与粮食间根深蒂固而又不可调和的歧义，只会让大部分人永远陷于某种苦难之中。这个巨大而且还会持续加宽的鸿沟，必须透过某种方式弥缝：毕竟人要靠食物过活。因此原始社会有杀婴的习俗，从而有战争、疾病以及最重要的贫困。

如果这还不够，"饥荒似乎是大自然最后也是最可怕的手段。人口的力量超过地球提供维生物资的力量如此之多……人类必然会遇到某种形式的夭折。人类的恶行能够有效减少人口……若这还不够，那么易致疾病的时令与各种疾疫会接踵而至，横扫成千上万的人口。若这还不够，其后还有无可避免的大饥荒，给予人类重重一击，以恢复人口与世上食粮间的平衡"。

难怪可怜的葛德文抱怨马尔萨斯把进步的友人变成了反动派，因为此说的确让人绝望。除了脆弱的道德约束，没有任何事物能让人类免于自行向下沉沦的持续威胁。然而道德约束怎能对抗强大的性欲？

马尔萨斯的观点是正确的吗？

直到20世纪70年代初，至少在世界上发展程度较低的地区，人口成长的前景似乎与他所预见的一致。当时人口统计学家谈到，若不抑制人口成长之势，50年后世界人口可能变为200亿——1970年人口的5倍。

如今，钟摆又有点往回摆荡。事实上，关于人口问题的想法总是在两种极端意见间摆荡：引人注目的是，马尔萨斯自己在其著名论述出版后短短5年，便于第二版中变得较为乐观，希望劳工阶级学会自愿晚婚。

当代审慎的乐观主义则是基于大幅的技术创新，尤其是所谓的绿色革命。在印度这样的国家中，绿色革命已戏剧性地提高了粮产。今日的印度粮产充足，可供出口。所以，虽然农学家在每年收成前仍屏息以待，人们已不再认为马尔萨斯从供需面算出的全球饥荒的恐怖前景会成真。在20世纪80年代，电视机前的观众为埃塞俄比亚和漠南非洲骨瘦如柴的人们的画面所惊惧。但这并不意味着马尔萨斯的预言成真，而是诸如干旱与缺乏适当运输网络等地方性条件的结果。

但是粮食增产仍不足以驱散马尔萨斯的幽灵。专家们提出警告：即使全球饥荒似乎不再迫在眉睫，人口压力仍非常巨大。在1981年，一场关于人口问题的诺贝尔研讨会中，人口统计学家谈到一个浮现的威胁：低度开发国家中出现大约15个超过2000万人的巨型城市。一位观察家表示：“这些拥挤的居住区域粗野地成长，势必构成对世界最大的政治挑战。”“如何防止这些都会群众变得冷漠无情，或变得混乱失序？”

或许更重要的是，我们不能忘记，马尔萨斯正确地主张，人口指数性的成长能够凌驾农业生产力的增长。因此，除了供给面之外，需求面也仍须控制，必须像增产粮食那样努力地节育。

可能从事世界性的人口控制吗？令人惊讶的是，答案似乎是肯定的。这个答案之所以令人惊讶，是因为人口统计学家长期以来都怀疑，“人口疾病”最严重的国家能否克服诸如农民无知、有组织的宗教反抗，以及政治冷漠等阻碍。如今前景较为乐观。在过去数年内，像墨西哥和中国这样不同的国家，对节育的态度都从漠不关心或充满敌意，转而为热烈的支持。即使在印度这个长期让人口统计学家感到绝望的国家，也决心采用家庭计划，有时甚至到了冷酷无情的地步。

此努力开始得到回报。尽管阴暗情绪在1970年至1975年间盛行，人口增长率却是史上第一次趋缓。无论如何，人口成长还未停止。联合国专家预测，现今世界大约50亿的人口，会成长至90亿到100亿之间才停止。但至少增长率终于在减缓，而且可能比10年前所能想到的时间更早达成平衡。麻烦的是，不是每个地区都同样成功。比方说，扣除移民因素的欧洲，已接近人口零成长。如今美国约有2.75亿人，50年后将超过3.9亿，其中包括80万移民。这样的数目必然使得城市更为拥挤，但不太可能使我们感到资源不足。

但在世上最穷困、粮食最匮乏的地区，前景就没那么乐观。虽然出生率也在缓慢降低，但比西方世界慢得多，而且原本的出生率就很高。在很长一段时间内，马尔萨斯的幽灵都不会消散。

奇怪的是，马尔萨斯本人并没有将矛头指向当世问题最严重的地区。他关心的是英格兰和西方世界，不是东方和南方的大陆。幸运的是，马尔萨斯关于西方的预测彻底错误。在1860年的大不列颠，大约60%的夫妻拥有四个以上的家人。到了1925年之际，只有五分之一的夫妻如此；反之，在同一时期仅有一两个小孩儿的家庭数，却从10%增加到超过50%。

什么因素使得西方的人口，不像马尔萨斯所预测的那样迅速成长呢？节育无疑扮演着核心角色。这原本被称为新马尔萨斯主义。这个名称会让马尔萨斯退避，因为他反对这种做法。实际上，有史以来上层阶级似乎一直在节育。这是为何富人愈多金而穷人愈多子的原因之一。英国与西方渐趋富裕，而穷人不仅仅提升吃穿的水平，也学会了较富裕的阶级限制生育的做法。

大规模的都市化，是使得马尔萨斯的预言在西方落空同样重要的原因。孩子在农村可以作为资产，在城市则是负债。于是经济考量加上对于节育做法的知识渐增，防止了可怕的人口爆炸。

所以该预测的最坏结果并未发生在英格兰。马尔萨斯计算的恐怖逻辑，被局限在世上较贫穷落后的地区。当然，在马尔萨斯的时代完全料不到这一点。尽管有着严重的军事独裁前奏的疑虑，不列颠还是在1801年实施了第一次人口普查。身为政府文官和统计学者的约翰·里奇曼算出，英国人口在30年内已增加了25%。这远称不上加倍增长，但群众若非困于疾病和贫穷，人口成长无疑将一发不可收拾。没人预见未来出生率会下降。反之，由于人类大量繁殖以及食物供应不足，不列颠似乎将永远面对难以控制的贫困问题。贫困似乎不再是意外或上帝所造成的，甚至也不是人们漠不关心的结果。人类好像被某种邪恶的命运所诅咒，注定永远不得翻身，而大自然的吝啬也使得人类所有自我改善的努力，都显得滑稽可笑。

这一切都十分令人丧气。佩利这位曾敦促让增加人口“凌驾于其他任何政治目的之上”的神学家，现在也不得不改投到马尔萨斯旗下；小皮特这位曾想以更多孩童来增进国家财富的首相，现在也遵从这位牧师的意见，撤回他提高贫民救济金的法案。柯勒律治[1]对这忧郁的前景加以总结："最后，看看这个强大的国家，其统治者和聪慧之士听命于培力和马尔萨斯！可悲！真是可悲！"

地租不仅是使用土地的代价

假如马尔萨斯还不够令人沮丧，那就来看李嘉图。

乍看之下，李嘉图的世界并不特别可怕——至少在看过马尔萨斯的世界之后是如此。李嘉图于1817年出版的《政治经济学及赋税原理》中所提出的世界，既枯燥贫乏而又简单扼要。其中没有活力，也没有亚当·斯密栩栩如生的细节。这里有的只是原理，由一位将注意力集中在比日常生活的流变更为恒久稳定处的智者，所详细述说的抽象原理，就和欧几里得的原理一样基础、空洞、朴素而又结构严谨。但这一体系与一套纯几何命题的不同之处，在于它的人性寓意：这是个悲剧性体系。

为了了解那出悲剧，我们得花些时间介绍剧中的主要角色。如前所述，这些角色并不是人物，而是原型。这些原型也不像日常用语所言般活着，而是依循着"行为法则"。亚当·斯密世界中的喧嚣，在那里并不存在。我们看到的只是一出出傀儡戏，真实世界中的一切都被抽丝剥茧，剩下的只有经济动机。

我们会遇上谁呢？首先是工人，是经济活力一致的单位，其唯一有人性的层面在于无可救药地耽于"家庭之乐"（这是委婉的说法）。此一强烈兴趣，使得人口与工资同步上扬。正如巴林所言，工人能够得到足以维

1 柯勒律治（1772—1834），英国浪漫派诗人及文学评论家。

生的食物以传宗接代。但长期来看，他们受制于自身的弱点，因此仅能糊口。李嘉图和马尔萨斯一样，认为“自制”是劳动群众唯一的出路。虽然他希望工人的处境能得到改善，却对其自制力没有多大信心。

然后是资本家。他们不是亚当·斯密笔下被纵容的商人，而是灰暗且始终如一的一群人，在世上的目的全然在于积累——把利润省下来再投资，雇用更多人为他们工作。他们就这样一成不变地做下去，但是资本家们可不轻松。某个幸运者可能因为发明一种新程序，或发现某个不寻常的获利管道，而得到过高的利润。然而资本家之间的竞争，很快就会使这过高的利润化为乌有。另外，其利润大致上取决于他们要支付的工资。我们将看到，这会把它们引入重大的困局中。

但是到目前为止，这个世界与亚当·斯密的差不多，只是它缺少现实细节的部分而已。当李嘉图论及地主时，才有所不同。

李嘉图将地主视为社会组织中唯一的受益者。工人工作，从而得到工资；资本家经营，因此得到利润。但地主的利益来自土地，而其收入——地租——却不是出于竞争或人力。事实上，他是损人利己。

我们得停下来理解一下，李嘉图如何得到这个结论，因为他对社会的阴暗看法源于其对地租的定义。利息是使用资本的代价，而工资则是劳工的价格。但对李嘉图而言，地租不仅仅是使用土地的代价，而是源自土地生产力显而易见的差异所产生的非常特殊的报酬。

李嘉图说，假设有两个相邻近的地主。一个土地肥沃，由100个人使用定量的设备耕作，可以生产谷物1500蒲式耳。另一个土地不太肥沃，同样的人力和设备只能生产1000蒲式耳。这只是自然事实，却有经济后果：那个幸运地主的土地所生产的谷物，每蒲式耳的价格将较低。显然，由于两位地主支付的工资与资本支出相同，多收获500蒲式耳的人将比其竞争对手有利。

根据李嘉图的说法，此一成本差异就是地租的源泉。如果需求高到值得在那生产力较低的农地耕作，当然在生产力更高的农地种植谷物，将非常有利可图。两块农地的差异愈大，则依差别而定的地租差异当然也愈大。举例而言，若在一块瘠土上按每蒲式耳2美元的成本种植谷物仍有微利，那么能以每蒲式耳0.5美元成本生产谷物的幸运地主，当然能获得大笔地租。由于双方谷物的市场售价相同（比如说2.1美元），拥有较好土地者因此能将双方生产成本差距的1.5美元纳入囊中。

这一切似乎无伤大雅，但将其套用在李嘉图设想的世界，则其不利后果便非常显著。

对李嘉图而言，经济世界不断趋于扩张。资本家在积累时，建立了新商店和工厂。因此，对劳工的需求会增加。这会提高工资，但只是一时的现象。因为较好的待遇很快就会诱使不可救药的工人阶级沉溺于家庭之乐。这样会生产出更多涌入市场的工人，损及其自身利益。但这就是李嘉图的世界，与亚当·斯密充满希望的前景截然不同之处。李嘉图说，随着人口的增长，便有必要进一步开垦土地。人口愈多则所需谷物愈多，所需谷物愈多则所需田地愈多。新耕地的生产力自然不如原有的耕地，因为农人不会笨到让最好的土地闲置。

因此，增长的人口使得愈来愈多的土地被开发，而谷物的生产成本将上升。当然，谷物的售价也将上升，而坐拥沃土的地主其地租也跟着上升。工资也会跟着上升，因为工人必须支付较高的价格，才能买到足以维生的食物。

现在来看这出悲剧。负责推动社会进步的资本家被两面夹攻。第一，粮食涨价使他必须支付更高的工资；第二，由于愈来愈差的土地陆续投入生产，良田的地租在提高，使得地主的处境比从前好得多。地主于社会成果中的所得比例增加，而让出位子的只能是资本家。

这个结论和亚当·斯密所描绘的进步繁盛场面天差地别。在亚当·斯密的世界，随着分工的进展，社会日益富裕，每个人都会渐渐过得更好。如今我们发现，亚当·斯密没意识到土地是进步的瓶颈，这是症结所在。在亚当·斯密的愿景中，沃土并未短缺，因此人口增长不会提高地租。

与此相反，在李嘉图的世界里唯有地主获利。每次工资上涨都会让工人生一堆孩子，将其大部分的收益耗尽，因此工人永远只能糊口。工作、储蓄而又投资的资本家发现他白忙一场，其薪资成本变高，利润却变小。至于收租的地主则不劳而获，收入日益增长。

难怪李嘉图反对《谷物法》，还以将廉价谷物引进不列颠，证明自由贸易的好处。也难怪地主要倾全力奋斗30年，把廉价谷物挡在国外。新兴工业家阶级自然从李嘉图的阐述中看出，其理论正合他们所需。低工资该由他们负责吗？不，这是工人自己短视轻生所致。他们对社会有贡献吗？是的。那他们投注心力，存下利润并进一步冒险扩产，究竟得到了什么？他们努力换来的只是眼看着地租和货币工资上扬，而他们自己的利润却缩水。驱动经济机器的是他们，而地主只是懒洋洋地坐享其成。明智的资本家当然会自问，这样做是否值得。

这时挺身而出，说李嘉图对地主不公的，正是马尔萨斯牧师！

不要忘记，马尔萨斯不只是人口问题专家，更是第一流的重要经济学家。其实他在李嘉图开始研究地租理论并使之精练前，就已提出了“李嘉图式”的理论。但马尔萨斯得出的结论，和他朋友的不同。在李嘉图出书后三年，马尔萨斯在他的《政治经济学原理》中说：“地租是现时勇气和智慧以及过往气力和技巧的报酬。土地往往连同勤勉与天赋的果实一同被买入。”马尔萨斯还在一个脚注中补充，“事实上，李嘉图本身就是地主，是我所言的一个好榜样。”

这不是个十分令人信服的反驳。李嘉图并没有把地主描绘成图谋不轨的恶魔。他很明白，地主经常改善其田地的生产力，虽然他指出地主这样做，其实是履行资本家的功能，但是他用无可反驳的逻辑证明，土地所有者即使忽视其土地，仍能享有高谷价之利。纯然是经济成长的力量让利益流入地主囊中，无须任何人有意为之。

我们不能停在这里去追溯他们反复难辩的细节。重要的是，李嘉图对地租所设想的那些可怕含义从未实现。工业家终于击溃了地主的力量，输入廉价粮食。在李嘉图时代，不祥地蔓延到山坡上的麦田，在短短几十年内就变回牧场。同样重要的是，人口增长并没有快到将国家资源吞噬殆尽的地步。因为根据李嘉图的理论，地租起于优劣土地间的不平等。如能控制人口问题，则两者间的差距显然不会发展到使地租收入引起社会惊慌的程度。但是，假设英国今天被迫纯以国内作物养活一亿人，而原本的《谷物法》也没有被废止，李嘉图所描绘的由地主控制的社会，将成为令人恐惧的现实，这还有人会怀疑吗？在现代西方世界，地租问题几乎已成为学界的枝节议题，但这不是因为李嘉图的分析有误。我们免于陷入李嘉图所述的困境，纯粹是因为迅速发展的工业生活，将我们从马尔萨斯的困境中拯救出来：工业化不仅能减缓出生率，还大幅提升了我们所控制的土地粮食生产力。

同时，马尔萨斯还担心另一件事，他称之为“普遍过剩”——商品充斥而乏人问津。

我们对这种观念并不陌生。但对李嘉图来说，这愚不可及。英国遭遇过商业风波，但它们都好像能追溯到某些特定原因——银行破产、无担保的投机泡沫破裂，或是战争。更重要的是，对李嘉图的数学头脑而言，“普遍过剩”的概念在逻辑上是不可能的，因此绝不会发生。

年轻的法国人让–巴蒂斯特·萨伊[1]曾发现了李嘉图的证据。他有两个很单纯的命题。首先，他相信对商品的欲求是无限的。亚当·斯密曾说，对食物的欲求可能受到一个人胃容量的限制，但是对服装、家具、奢侈品和装饰品的欲求似乎大得无法计算。萨伊说，不仅需求无限大，而且购买能力也肯定没问题。因为每件货品都有其生产成本，而每项成本都是某人的收入。不论该成本是工资、地租或利润，其售价自会增加某人的收入。如此怎会有普遍过剩？有对货品的需求，也有收入来购买这些货品。唯有短暂的误判，才会让市场找不到出清存货所需的买主。

从表面看来，李嘉图接受了此一观点，但马尔萨斯却不这么认为。此论证在逻辑上似乎无懈可击，很难找出破绽。然而马尔萨斯看透了商品与收入交换的过程，并提出一个奇特的观念：难道储蓄不会让货品供过于求吗？

在今天看来，这似乎又是一个极有成效的研究方向。但李嘉图表示这毫无意义。他在一处指责性的注记中说："马尔萨斯先生似乎忘了，储蓄就是花费，跟他专门称之为开销的花费一样确定。"他的意思是说，无法想象一个人不厌其烦地把他的利润存起来，而不是用它来买更多劳力与设备，以赚取更多利润。

1 让–巴蒂斯特·萨伊（1767—1832），法国经济学家，宣扬斯密自由放任的经济思想，知名的古典学派萨伊法则即以其命名。

科技的影响

这让马尔萨斯陷入困境。他和李嘉图一样，相信储蓄就是为了花费，当然是用在产业上。但他的论证中似乎仍有某些事物——只要他能够将其指明。他没做到这点。例如，他要证明积累并不如李嘉图所想的那样必要，于是写道：

> 虽然在赚钱期间，或许每年都增加在奢侈品、娱乐以及布施方面的开支，许多商人还是赚了大钱。

李嘉图对此用铅笔写下了毁灭性的评论：

> 对，但一个同业商人取得相同利润，却没有增加在奢侈品、娱乐和布施方面的开支，财富会增加得更快。

可怜的马尔萨斯！他在辩难中从未居于上风。或许他知道自己的论证混乱。他曾经写道："当我仍未被李嘉图先生的推论说服时，有时几乎被他的权威动摇了，因为我对他身为政治经济学家的天赋评价极高，并深信他对真理的诚意与热爱。"对后人而言很可惜的是，马尔萨斯未能让他自己的推论使人信服或使人彻底了解。因为他偶然发现了一个日后吸引经济学家主要注意力的现象——繁荣与萧条的问题。反之，李嘉图却全力处理分配这个全然不同的问题。对马尔萨斯而言，至关重要的议题是"有多少？"；对李嘉图而言，最具爆炸性的议题是"谁得到什么？"。他们谈论的话题不同，难怪永远没有共识。

最后一个有待检验的问题是，如何解释马尔萨斯与李嘉图这两人，与亚当·斯密在愿景与分析方面的改变？这个答案，不仅限于将认知到的原始材料化约为思想结构的过程而已。尽管这两方的预测与建议大相径庭，但是基本上马尔萨斯与李嘉图，和亚当·斯密的愿景并无差别。

这个基本愿景是什么？就是将“社会”看作一个受到牟利的需要所驱动、受到无所不在的竞争所约束的伟大社会机制，同时也谨慎地给予政府运作的领域，并将政府限缩在该领域内。既然如此，他们的结论为何大不相同？毋庸置疑，个性的差异总有影响。但还有一个更实在的解释：亚当·斯密观察到的社会运作情形，与马尔萨斯和李嘉图所见不同。他们对利润动机、市场角色与政府地位的看法一致，差别来自科技的影响。

对亚当·斯密而言，分工代表着科技的影响。我们还记得，虽然亚当·斯密对这种改变的社会影响有些疑虑，但对其能够为别针之类的物品生产带来好处大加赞扬。但是我们也想起，在亚当·斯密的评价中，他对于分工一旦替生产某特定产品创造奇迹后，将会扩散到新产品（纺织、制铁等）一事，并未提及。科技方面的原因，会使一个已经获得“全数财富”的国家陷入停滞甚至衰退。

对于半个世纪后的马尔萨斯与李嘉图而言，新兴工业科技没有这种限制。多轴纺织机、蒸汽机、炼铁术等，早已迅速被视为经济成长的新途径。于是亚当·斯密扩张有其极限的观点寿终正寝，但新问题也随之而来。经济扩张没有限度，使得人口成长也不再受其限制，从而成为严重得多的威胁。另一方面，工业经济成长的前景更为宽广，意味着地主获得的好处更多。所以，科技进步造成了愿景的改变，这似乎可以解释为什么马尔萨斯与李嘉图的经济学中充斥着难题。

本章的两位主角，在某些层面非常相似，在其他层面却又极为不同。该如何总结他们的贡献呢？

李嘉图给世人的礼物很明显。他剥除世界的表相，露出本质让大家检查，让大家看见这部机器的内部运作情形。正是在这个非现实的世界中，它的力量才可以显示出来，因为大幅简化而无所遮蔽的社会结构，不仅可以显示地租的法则，还可以阐明对外贸易、货币、赋税和经济政策等极其重要的问题。李嘉图通过建造一个模型世界，赋予经济学一个有力的抽象工具，如果要洞察日常生活的底蕴，了解它的潜在机制，这个工具必不可少。正如与李嘉图同代的一些观察家所说，抽象工具也能用来撇开棘手的事实与不总是合乎理性的行为。这种做法被称为李嘉图恶习。然而正是由于李嘉图的简化，经济学才被视为一门科学；或许也正是由于这个过度简化的强烈倾向，使这门科学有些瑕疵。

马尔萨斯从未如此成功地建造一个抽象世界，所以在学术上长久性的贡献较小。但他点出了骇人的人口问题，只凭这点就足以扬名后世。而且，他虽未能加以解释，却意识到了他出书100年后才占据经济学家心思的普遍萧条问题。

然而回想起来，他们两位的主要贡献也许在他们的技术成就之外。马尔萨斯和李嘉图无意间做出了一件惊人之举，把当时的乐观看法转为悲观态度。此后再也不可能把人类世界看成一个社会的自然力量，必然会使大家的生活逐步改进的场域了。相反，那些一度认为似乎带有目的论意义的企图，要使世界享受协调与和平的自然力量，现在看来，似乎变成不怀好意和含有威胁性的力量。人类即使没有陷于大量饥饿人群的呻吟痛楚中，似乎也将遭受到商品泛滥成灾而乏人问津之祸。不论处于哪一情况，为争取进步的长期斗争，其前景都是阴暗的，结果工人只能勉强糊口，资本家的心血被骗走，地主则幸灾乐祸。

亚当·斯密、马尔萨斯和李嘉图，都接受被我们称为资本主义经济的结构。除此之外，他们的愿景中还有一个共通点，就是具有消极本质的劳动阶级。他们都没有暗示，贫穷的工人是否可能想到要去改变体系，甚至建立一个他们自己的新体系。我们将在下一章中，看到一个这样的新愿景，指引俗世哲学的道路。

第五章

乌托邦社会主义者的梦想

“乌托邦”不仅是一个空想的目标，也是手段的关键。这些改革者和共产主义者截然不同，他们希望说服上层阶级，社会改革符合他们自己的最终利益。共产主义者为了达成目标而诉诸群众，并主张在必要时使用暴力；社会主义者为了实现计划而呼吁自己的同类——知识分子、小资产阶级、抱持自由思想的中产阶级或理智上已获解放的贵族。

马尔萨斯与李嘉图，将世界设想得如此阴暗，其实不难理解。19世纪20年代的英国，就是个阴暗而不易谋生的地方。它在欧洲大陆的长期斗争中取得胜利，如今似乎却受困于本土更为险峻的斗争中。迅速发展的工厂体系，正在制造严重的社会问题。对任何留心到这一点的人来说，这些问题显然有一天会爆发。

的确，那时工厂工人的惨况，会让现代读者毛骨悚然。当时立场激进的杂志《狮子》，于1828年刊载了一篇关于罗伯特·毕林柯的骇人故事。80名穷孩子被送到在洛德姆[1]的工厂，而毕林柯是其中之一。这些10岁左右的男孩和女孩每天早晚都被鞭打。这不仅是因为他们犯了什么小错，而且也是为了激起他们消沉的工作情绪。后来毕林柯被送到利顿的工厂。和那里相较，洛德姆的环境还算比较人道的。在利顿，孩子们和猪在同一个水槽中，争夺稀薄的汤汁；他们被拳打脚踢，还被性虐待。他们的雇主艾利斯·尼丹有一种让人恐惧的怪癖：他会拧小孩的耳朵，直到指甲穿过耳肉为止。该厂领班甚至更恶毒。他把毕林柯的手腕绑在一台机器上，将他吊起来，使他双膝弯曲，然后又在他的肩膀上堆放很多重物。这个孩子和

1 英格兰诺丁汉郡的一个村镇。

他的同伴们，在寒冷的冬天衣不蔽体，而且（似乎纯粹只是为了凸显出残酷的程度）连他们的牙齿都被用锉刀锉下来。

这种可怖的残暴情形，无疑只是特例。其实我们还有点怀疑，改革者们的热诚可能导致他们添油加醋。不过，即使将夸大不实之处排除，这则故事仍足以说明，冷酷无情的非人道措施，在当时被视为天经地义；更重要的是，没人关心这种事。工人们早上6点拖着沉重的脚步上工，直到晚上10点才蹒跚回家，一天工作16小时并不稀奇。最侮辱人的是，许多工厂经营者不准工人佩戴自己的钟表。工厂里唯一的钟却很奇怪，会在短暂的用餐时间走得特别快。最富裕和最有远见的工业家，可能不同意这种过分行径，但他们的工厂经理，或感受到强大压力的竞争者，似乎对此视若无睹。

工作环境的恐怖并非造成动荡的唯一原因。机器正在大行其道，而这意味着运用从不叫苦的钢铁来取代劳工。早在1779年，就有8000名暴乱的劳工，把一座工厂烧成平地。这是对机器冷酷无情的效率所作的非理性反抗。到了1811年，这种反科技抗议横扫整个英国。乡村地区到处都是被摧毁的工厂，上面还有“内德·卢德到此一游”的字样。谣传有某位卢德王或卢德将军，指挥暴民行动。当然，这并非事实。这些被称为卢德分子的人，将工厂视为监狱，而且更为鄙视领薪水的工作。他们对工厂的仇恨之火，纯然是自发性的。

然而这些动乱的确让国人忧虑。在所有知名人物中，几乎只有李嘉图一人，承认机器也许并不总是与工人的切身利益相符。人们还认为向来聪敏的李嘉图，在这个议题上犯了错误。大多数观察者都没想这么多，只认为下层阶级正失去控制，应严加处置。对上层阶级来说，目前情势意味着充满暴力与恐怖的末日将至。诗人骚赛[1]写道：“此刻唯有军队，能在一场

1　骚赛（1774—1843），英国浪漫派诗人。

穷人反抗富人之最可怕的大灾难中保护我们。我简直不敢自问，到底能依赖军队多久。”司各特则悲叹：“……我们的脚下埋着地雷。”

白手起家的欧文

但在这晦暗不安的时期，不列颠的某处却像暴风雨中的灯塔一样闪耀光芒。在苏格兰的阴郁山区，距离格拉斯哥一日路程之处，有一个原始乡村。那里把守关卡的人连金币都没见过，所以一开始曾拒绝接受金币。那边有个叫作新拉纳克[1]的小社区，孤零零地耸立着几座七层楼的砖造厂房。沿着山路，从格拉斯哥来的访客川流不息。从1815年到1825年，在新拉纳克访客登记簿上签名的就有两万人。其中还有尼古拉斯大公，也就是后来的俄国沙皇尼古拉一世[2]，以及奥地利亲王约翰和马克西米利安[3]等显贵，还有成群结队的地方代表、作家、改革者、多愁善感的仕女与抱持着怀疑眼光的商人。

他们来到这里所看见的，是活生生的证据，显示出工业生活的肮脏与堕落，并非无可避免的社会现象。在新拉纳克，工人的家宅整齐排列，每户都有两个房间。待处理的垃圾整齐地堆放在路边，而非脏乱地散落各处。对访客来说，工厂里的独特景象更让他们眼前为之一亮。每位雇工都挂着一个小小的木方块。方块的每一面都涂有颜色：黑、蓝、黄、白。由浅到深的颜色代表不同程度的表现：白色是杰出，黄色是良好，蓝色是普

1　苏格兰南拉纳克郡的一个村镇。

2　1825年至1855年担任俄国沙皇，独裁专制。

3　马克西米利安（1832—1867），原为奥地利哈布斯堡王朝成员，1864年受法皇拿破仑三世怂恿，接受了墨西哥王位，后因颠覆墨西哥之罪名而被枪决。

通，黑色是不佳。工厂经理一眼就能看出工人的表现。大多数人的方块都是黄色或白色。

另一件让人惊讶的事，就是工厂里没有童工（至少没有10或11岁以下的）。他们也仅须辛苦工作10小时45分钟。而且，他们也绝不会被处罚，唯有少数有长期酗酒等恶习，而且屡劝不听的成年劳工会被开除。纪律之所以能发挥影响力，似乎是因为其宽大温和，而不是让人恐惧。工厂经理的大门敞开，任何人都能对任何规范表达反对意见。事实上也真有人这样做。工人拥有什么颜色的方块，是由其工作绩效而定。人人都可以检阅其工作绩效的详细报告。假如觉得对他评分不公，还可以申诉。

最值得注意的是小孩子们。访客们发现，孩子们并没有在街上横冲直撞，反而认真地在一所大校舍里做功课与玩游戏。最小的孩子们，在学习他们见到的岩石与树木的名称。稍微大一点的孩子，则透过建筑物上的雕刻装饰来学习文法："名词将军"与"形容词上校"和"副词下士"展开竞赛。做功课似乎让人感觉愉快，但也有课余时间。孩子们经常在年轻仕女的指导下，集合起来唱歌跳舞。这些仕女们被告知，一定要回答孩子们的问题、小孩不会无缘无故使坏、绝不能虐待小孩，而且若要让小孩们学得更快，则言教不如身教。

这真是美妙而又能激励人心的景象。那些具有生意头脑的绅士，不像心软的仕女那样容易被快乐儿童的景象所打动。然而新拉纳克能够获利，而且是不可思议地获利。这是无可否认的事实。该企业的经营者不仅是位圣人，也十分务实。

负责新拉纳克事业的，不仅是位务实的圣人，还是个不可多得的人物。就和许多19世纪早期的改革者（我们现在称之为"乌托邦社会主义者"）一样，罗伯特·欧文——"新拉纳克仁慈的欧文先生"，是务实与天真、大起与大落、常识与愚蠢的奇妙组合。他主张用铲子代替犁，从一文不名变成大资本家，又从大资本家变成强烈反对私有财产的人。他拥护慈善事业，因为慈善事业可以获利，然后他又极力主张废除货币。

很难相信一个人的一生会发生这么多转折。起初是个白手起家的故事，就像霍雷肖·阿尔杰[1]的小说一样，1771年，双亲都很贫困的欧文出生于威尔士。他9岁时离开学校，成为一名亚麻布商的学徒。这位布商的名字很古怪，叫作麦克古弗格。他原本可以成为一名亚麻布商，得见那家店的名字被改为“麦克古弗格和欧文”。但是他就像其他在商界事业有成的人物一样，18岁时前往曼彻斯特，他在那里凭着向哥哥借来的100镑，自立为一名生产纺织机的小小资本家，但是最好的事发生在后头。某天早晨，拥有一家大纺织企业的德林科沃特先生，发现他缺少一名厂务经理，于是便在地方报纸上刊登招聘广告。欧文对纺织厂一无所知，却得到了这个职位。他成功的方式，可以用来测试那些曾撰写关于“勇气和运气”之好处的无数作家。欧文在半个世纪之后写道：“我戴上帽子，直接走向德林科沃特先生的账房。‘你多大年纪了？’‘今年5月就20了。’这就是我的答复。‘你一个星期喝醉几次？’对这个出乎意料的问题感到尴尬而脸红的我说：‘我这辈子从没喝醉过。’‘你要求多少薪水？’‘一年300镑。’这就是我的答复。‘什么？’德林科沃特先生有点惊讶地重复这些字眼，‘一年300镑！今天早上不知道有多少人来应征这份工作，但他们要求的薪水加起来也没有你要的多。’我说：‘其他人的要求管不着我，而且我不接受更低的数目。’”

这就是欧文特有的姿态，而它成功了。他在20岁时，就成了纺织界的少年奇才。这位有魅力的年轻人，长长的面庞上有着颇为挺拔的鼻梁，以

1　霍雷肖·阿尔杰（1832—1899），美国作家，以描写贫童出人头地的小说闻名。

及坦诚的大眼睛。在六个月内，德林科沃特先生给了他该企业四分之一的股权。但这只不过是一场传奇人生的序幕而已。几年后，欧文听说有一批在新拉纳克穷乡僻壤中的工厂待售。巧的是他刚好爱上了厂主的女儿。不论是要得到工厂或是厂主的女儿，看来都不大可能。厂主达尔先生是个热情的长老派[1]教徒，他绝不会认可欧文激进的自由思想观念。而且如何筹措资金以购买这些工厂也是问题。不畏艰难的欧文走向达尔先生，就像从前走向德林科沃特先生一样。结果不可能的事被办妥了，他在协议中借到钱、买到厂，还赢得了厂主的女儿。

事情至此，大可告一段落。一年之内，欧文改变了新拉纳克；5年内它彻底改头换面；10年后，它已举世闻名。对大多数人而言，这样的成就已经足够了。除了在欧洲赢得有远见和善心的声誉之外，欧文自己至少赚得了6万镑的财富。

但是事情还不止于此。虽然欧文迅速发迹，他却自认为是一位有理想的人，而不是只会采取行动而已。对他来说，新拉纳克从来就不是一个慈善事业，而是一个机会，以测试其为了人类整体进步所发展出的理论。欧文相信人类受环境制约。若能改变环境，就可能实现人间天堂。他可以在新拉纳克的实验室中测试自己的想法，并且大为成功，似乎没有理由不将之推行到全世界。

1　长老派，根据卡尔文教义生成之基督教派别，极力主张上帝的主权，并以圣经为最高权威。

人是环境的产物

他的机会很快就出现了。拿破仑战争结束后，困难随之出现。一连串会被马尔萨斯称为“普遍过剩”的问题，对国家造成严重伤害。从1816年到1820年间，生意都非常难做，只有一年例外。恶劣情势一触即发：出现了高喊“面包与鲜血”的暴乱，整个国家陷入某种歇斯底里的状态。约克公爵、肯特公爵等显贵组成一个委员会，以调查这场危难的起因。他们理所当然地邀请了慈善家欧文先生，来发表他的看法。

结果委员会得到的结果出乎意料。由于欧文先生缩短工时与废除童工的主张，早已广为人知，所以委员会自然预期收到关于工厂改革的请求。然而这些显贵们看到的，却是全面重组社会的蓝图。

欧文所建议的是贫困问题的解决方案：让穷人变得有生产力。为此，他主张组织“合作村”，其中包含800到1200人，一起在农场与工厂工作，以形成一个自给自足的单位。家人们则群居在平行四边形的宅邸，其中每户人家都有自己的房间，但是共享客厅、书房和厨房。三岁以上的孩童被隔开来单独膳宿，以接受最能陶冶他们未来人格的教育。学校的四周有花园，由稍微大一点的孩子照料。花园外面则是种植作物的田地——不用说，要用铲子而不是犁来耕种。远离居住区之外的是工厂单位。实际上，这将是个计划性的花园城市，一个基布兹[1]，一个公社。

委员会诸公大吃一惊。在不受限制的自由放任时代，他们完全不打算采用有计划的社会团体制度。欧文先生被谢绝，他的想法被审慎地搁置。

1 源自希伯来语，指聚集之意。

但是欧文不肯罢休，坚决要求委员会审查他的计划是否适用，这时解释他观点的一些小册子如潮水般地涌入议会。他的决心再次赢得胜利。1819年一个特别委员会成立（成员包括李嘉图），其目的在于试行募集所需的96,000镑，来建立一个完备的、试验性的合作村。

李嘉图对这个计划感到怀疑，却愿意让它试一试；国人对它则是连怀疑都没有，只对这个想法表示厌恶。一位社论撰写者说："罗伯特·欧文先生是个慈善的纱厂主……认为世上所有的人都是失根几千年的植物，需要被重新栽种。因此他决定挖些新潮的方洞，将他们埋进去。"

因为思想激进而流亡到美国的威廉·科贝特[1]，出言尤其不逊。他说："这位先生主张建立一个贫民公社！结果得到的是令人惊奇的和平、幸福和国家利益。让这些黑眼睛、红鼻子、拉扯帽子的人被安置的小事，要如何完成呢？我完全看不出来。怎么说，欧文先生的方案都极为新奇，因为我相信没人听说过贫民公社这种东西……再会了，新拉纳克的欧文先生。"

欧文当然没有什么贫民公社的幻想。相反，他相信贫民若有工作机会，就能变成财富的生产者；在正派环境的影响下，他们那些可悲的恶习也很容易被改正。因此获益的不只是贫民而已。合作村显然远胜于工业化的骚乱生活。其他社群自然会学习这种榜样。

但是显然只有欧文这样想。心态严肃的人从欧文的计划中看到，它对固有的社会秩序是个扰乱因素；思想激进的人只把它看成一场闹剧。结果，这个试点村从未筹得所需的资金，但是这位不屈不挠的资本家不肯罢休。他曾是个人道主义者，现在成了一位专业慈善家。他曾赚了一大笔

1　英国作家与记者，笃信改革国会与废除腐败选区能够终结农工阶层的贫穷问题，并强烈抨击《谷物法》。

钱，如今要用它来实现理想。他卖掉在新拉纳克的股权，于1824年建立他自己的未来社区。他很自然地选择到美国发展。有什么地方比人们已经熟悉政治自由50年的美国，更适合建立一个乌托邦呢？

他从被称为拉比特斯[1]的日耳曼教派手中买得3万英亩之广的土地，该地位在印第安纳波西郡的沃巴什河畔。他于1826年7月4日举行落成典礼，并发表了一篇“精神独立宣言”，独立于“私有财产”“非理性宗教”和“婚姻”之外。在将该地取了“新和谐”这个充满希望的可爱名称之后，他便让它自行运作。

它不可能成功，事实上也没有成功。欧文所设想的是将一个乌托邦原封不动地带到现世，却没有准备将它与旧社会的不完美环境隔绝。他没做好计划。800名移民在数周内仓促涌入，甚至也没有最起码的反诈骗措施。欧文的一位伙伴在该地设立威士忌酿造厂，让欧文背了黑锅。欧文不在当地，于是与之竞争的社群开始繁衍。威廉·麦克卢尔设立了“麦克路尼亚”，而其他持不同意见者也设立了别的社区。光靠理想无法对付强大的坏习惯。事后回想起来，该社区能够存在那么久，才是令人惊讶之事。

到1828年之际，此一事业的失败已很明显。欧文把地产卖掉（在此一冒险中，他损失了全部财产的五分之四），先后向杰克逊总统和墨西哥的桑塔·安纳[2]谈他的计划。但这两位绅士最多只是在礼貌上敷衍一下而已。

如今欧文回到英国。或许稍微受了点打击，他仍是那位仁慈的欧文先生，而其生涯即将出现最后一次意外的转折。大多数人都嘲笑其合作村的观念，但社会中却有一个阶层深受其教诲的影响，那就是劳工阶级。这正

1 和谐社会（1757年创立，原位于德国，因遭受路德教派的迫害，而于1803年迁至美国）的成员。

2 桑塔·安纳（1794—1876），墨西哥军事及政治领袖，墨西哥独立、得州革命的主要人物。

是第一个工会出现的时代，而纺纱工、制陶工与建筑工的领袖们都认为欧文可以替他们的利益发言，甚至当他们的领袖。和欧文的同侪不同，这些工人认真看待欧文的教诲——当权贵的委员会仍在讨论合作村时，基于其理念而组成的规模较为适中的真正的劳工合作社，已经散布全国。其中有生产合作社、消费合作社，甚至还有少数依照欧文先生观念的字面意义，而放弃货币的不幸尝试。

这些生产合作社全部失败，而不用钱币的交易所最后也一文不名地破产。但合作运动却有一个方面奠定了根基。28位自称为“罗奇代尔公平先锋社”[1]的热心人士，开创了消费者合作运动。对欧文而言，这不过是一时的兴趣，但后来它却发展成大不列颠工党重要的力量源泉之一。奇怪的是，这桩他最不在意的运动，却能持续得比那些他尽心尽力推行的计划更久。

欧文没时间顾虑合作社，因为他从美国回来时，想出了一个巨大的道德运动，并以其一贯的精力全心投入。他一度是个穷孩子，一度是个资本家，一度是个社会建筑师，现在则把劳工运动的领袖们招到身边。他为他的计划取了一个让人印象深刻的名字——生产与有用阶级全国道德联盟”。此一名称很快就简化为“全国团结工会”。这个名称还是太拗口，最后再简称为“全国工会”。工会诸领导人团结在此旗帜下，于1833年正式发起了英国劳工阶级运动。

它是个全国性的联盟，是今日产业工会的前身。其会员达50万，在当时是个庞大的数字。实际上，全英国所有重要的工会都被包括在内。但它和现代工会不同，其目标并不以工时、工资甚至管理权为限。全国工会是一个改善社会，甚至推动深刻社会变革的手段。因此其纲领在要求改善工

1 创立于1844年，为早期的消费合作公社。

资与工作条件外，还继续详述了合作村、废除货币，以及欧文著作中许多其他观念的大杂烩。

欧文为了他最终的目标向全国进行游说，结果彻底失败。美国无法接受地方性的天堂，英国也无法接受全国性的工会。地方工会无法控制其会员，而地方性的罢工又削弱了全国性的组织。欧文和他的助理们发生了争执，后者指控他不敬神，而他则指责他们煽动阶级仇恨。于是政府介入，尽全力以武力报复，瓦解了这个成长中的运动。雇主阶级在全国工会听到了私有财产的丧钟声，要求彻底执行反工会法。没有一个新兴运动受得了这样的打击。这个伟大的工会在两年内便灭亡，而64岁的欧文最后的历史性角色也告终。

这位伟大的劳工老兵，在其后的20年间仍在极力主张其合作观念、对铲子的偏好，以及他对货币天真的怀疑。尽管有一群称为“和平抑制不信神者协会”的好人抗议，欧文仍于1739年获维多利亚女王的接见。但是他已然思想终结。他在最后的岁月里，从唯灵论[1]、无数相同的宣传短文以及他非常精彩的《自传》中求得慰藉。已87岁但仍满怀希望的他，于1858年过世。

多么浪漫而又了不起的故事！回想起来，他的故事比他的观念更有趣。欧文绝不是真正有创见的思想家，也绝非懂得变通的思想家。一个与他同时代的作家挖苦地说：“欧文不是一个读书之后能有己见的人。”一听到他的声音就要逃走的麦考莱[2]称他为“温和的讨厌鬼”。

无论怎么牵强附会，都不能说他是个经济学家。但是他有甚于此，是个经济改革者，重塑了经济学家必须处理的原始资料。和一切乌托邦社会

1 唯灵论，认为灵魂为存于身体之内的独立实体，人类各种情意表现均是灵魂作用的结果。

2 麦考莱（1800—1859），英国诗人、历史学家与政治家。

主义者一样，欧文要改变世界，但是别人只是有力或无力地写作，而他却勇往直前，实际尝试推动改革。

再想一想，或许他身后的确遗留了一个伟大的观念。在他儿子罗伯特·达尔·欧文的自传中很生动地阐述了这则轶事：

他的父亲罗伯特·欧文说："我亲爱的卡罗琳，当孩子发脾气而哭闹时，就把他放在育儿室的地板中间。除非停止哭闹，否则绝不把他抱起来。""但是亲爱的，他会哭上一小时的。""那就让他哭。""这可能伤到他的小肺脏，或许还会引起痉挛。""我想不会的。无论如何，这总比使他变成一个无法管教的男孩好些。人是环境的产物。"

"人是环境的产物。"但是，除了人自己之外，还有谁来制造环境呢？世界并非必然好或不好，要看我们努力到什么程度而定。欧文身后留下了这个希望的哲学，要比他关于铲子和犁、货币，或者合作村的空想更为有力。

一个产业宗教

在19世纪反对原始资本主义的一群人中，欧文肯定最为浪漫，但绝不是最独特的。纯以性格乖僻而论，首推圣西门伯爵，若说到观念之反常，则夏尔·傅立叶绝对无与伦比。

圣西门，单看他一长串的名字就知道是个贵族，号称系出查理曼。他出生于1760年，从小受的教育就使他意识到祖先的高贵，以及保持其家族荣耀的重要。在青少年时期，他的仆人每天早上唤醒他时总要大喊："起来吧，伯爵先生，今天您有大事要办。"

知道自己身负历史使命这件事，会对人造成奇怪的影响。圣西门便借此为其过分的任性找到借口。他在小时候就分不清坚守原则与冥顽不灵有何不同。据说，某次一辆路过的马车妨碍孩子们的游戏时，他躺到路上，固执地不肯离开——谁敢把小伯爵扔到沟里去呢？后来他父亲叫他去领圣餐，他同样顽固抗命——但他父亲或许更了解儿子顽固的个性，而且当然不像别人一样怕这个，于是立刻把他关起来。

他的任性可能使他投身到最放纵的政治团体——路易十六的宫廷。幸而这位年轻伯爵热爱民主——与宫廷差距最远的观念——而于1778年到美国，在革命战争中打响了名号。他参与了五次战役，获得了辛辛纳提勋章，最重要的是，他成了自由与平等这些新观念的热情信徒。

但这还称不上大事。战后他留在路易斯安那，再到墨西哥敦促总督造一条运河。这条比巴拿马运河更早的运河可能以他的名字为名，但这想法落空了。当然，其中空想的成分占十分之九，计划的成分只占十分之一。于是这位年轻的革命贵族回到了法国。

他刚好赶上法国大革命，并满怀热情地投入革命。他的故乡佩隆的福尔维的市民请他担任市长，他拒绝了，说选一个旧贵族当市长将开启恶例。后来市民执意选他参与国民议会，他便提议放弃头衔，自称为普通公民包诺姆。他对民主的偏爱并非出于伪装；圣西门对他的同胞有真挚的感情。在大革命前的某一天，当他正体面地前往凡尔赛时，碰见一位农夫的货车陷在泥泞里。他于是下车，将他优美的披肩垫在车轮下。后来他又发现这位农夫的话很有意思，就遣走自己的座车，和这位新结交的农民朋友一起乘车到奥尔良。

革命对他的影响很奇怪。一方面他机敏地从事教会地产投机买卖而赚了一笔；另一方面他忙于一个庞大的教育计划，使他与外国人接触而为人所忌，结果让他受到保护管束。他逃脱了，但是当他发现旅馆老板被不公平地指控为共犯时，他又出于浪漫和真正高贵的精神而自首。

这次他进了监狱。但在某种意义上，他一生所期待的天启就出现在囚房中。圣西门对这场梦有如下描述：

> 革命最残酷的时期，我被关在卢森堡的某晚，查理曼突然现身说："自从世界开始以来，从没有一个家族有荣幸既孕育出第一流的英雄，又孕育出第一流的哲学家。这份荣耀被留给我的家系。我的孩子，你作为一个哲学家所取得的成就，将和我作为一个战士和政治家所取得的成就相等。"

圣西门别无所求，获释后就把积累的钱财倾注在惊人的知识追求活动上。他真的想知道应该知道的一切，便邀请了科学家、经济学家、哲学家、政治学家等全法国的学者专家到家里，提供研究经费，并不停地向他们请教，以吸纳世上所有的知识领域。这种努力很不寻常。他有一次从事社会研究时，因为缺乏对家庭生活的直接了解，他结婚了——期约三年。结果一年就受够了：他的妻子话太多，他的客人吃太多，而圣西门断定，婚姻作为一种教育制度，有其局限。他又转而追求欧洲最出色的女子斯塔尔夫人[1]。他宣称她是唯一能了解其计划的女子。他们的会面让人大失所望：她认为他充满活力，但绝非世上最伟大的哲学家。于是他的热情也烟消云散。

追求百科全书式的知识固然刺激，却是财务上的灾难。他的开支毫无节制，婚姻也出乎意料地昂贵。他发现自己先变成小康，然后沦于真正的贫困。他被迫从事文书工作，然后要仰赖一位老仆好心提供膳宿。同时他在写作，愤怒地写出一连串短文，包括对社会的观察、劝诫与调查。他把作品送给当时主要的赞助人士，并附上一张可怜兮兮的便条：

1　斯塔尔（1766—1817），瑞士籍法语作家，引介并评论浪漫主义作品的标的人物。

先生：

请救救我，我快饿死了……十五天来只靠面包和水过活……为了支付印书费用，我把衣服以外的东西全卖了。出于对知识和公共福祉的热情，渴望找到解决占据全欧洲社会的可怕危机的和平手段，让我陷入了这样的困境……

没人捐钱给他。尽管家族给了他一点津贴，他还是于1823年在绝望中举枪自杀。但他总是事与愿违，只弄瞎了一只眼睛。他又活了两年，贫病交加却仍专注而自豪。临终时，他招来少数几个门徒到身边说："记住，要做大事就得有热情！"

他究竟做了些什么，足以合理化这场戏剧性的结局呢？

一件怪事：他创立了一个产业宗教。这不是透过他卷帙浩繁但乏人问津的著作、他的演说或所谓的做"大事"而达成的。不知怎的，此人激发了一小群追随者，形成一个教派，并提供社会关于未来的一个新形象。

这是个怪异、有点神秘而缺乏组织的宗教。这点并不奇怪，因为它建立在一个未完成且不平衡的观念大厦上。它甚至不是有意要成为这样的宗教——尽管圣西门死后真的出现了圣西门教会，在法兰西有六个分会，在日耳曼和英格兰也都有支部。也许比较适合将其和兄弟会相比，他的门徒都穿蓝色服装，彼此间依"父与子"的关系排序。它的创立者曾主张一种服装，颇具象征意义。他们穿着这种特别的背心，不论在穿上或脱下时，都必须靠旁人帮忙，以此强调人人都要依靠其兄弟。但此教会很快便退化成几近迷信的机构，因为近代的圣西门分子设计出他们自己的道德规范。在某些案例中，这只不过是将邪恶合法化而已。

圣西门鼓吹的福音不会让现代人感到惊讶。它宣称，人若要分享社会成果，“他就必须工作”。但和从这个前提导出的结论相比，欧文平行四边形宅邸的社会本身就很清楚了。

圣西门写道，“我们假设法国突然丧失了50名最重要的物理学家、50名最重要的化学家、50名最重要的生理学家……数学家、机械专家”，等等。直到3000名专家学者、艺术家和技工都计算在内（圣西门的文风并不以简约著称）。这样会如何？无疑这是一场让法国失去灵魂的大灾难。

圣西门说，现在假设法国丧失的不是这一小群人，而是在一击之下损失了所有上层人士：国王的弟弟兼王位继承人、贝利公爵、某些公爵夫人、王室官员、国务大臣、法官，以及一万名最富裕的地主——总计三万人。结果呢？圣西门说，太可惜了，因为他们全都是好人，但这虽然令人感伤，国家却没什么损失。谁都可以取代这些可爱的装饰品。

这个寓意很清楚。应当受到社会中最高报酬的是一切类型的劳动者——工业家，懒汉的所得应当最少。但是我们所看到的情况怎样呢？由于奇特的不义安排，结果适得其反：那些做得最少的，得到的最多。

圣西门建议把金字塔摆正。其实社会组织就像一间大工厂，逻辑上应当遵循工厂原则。政府应当是经济性的，不是政治性的；应当安排事物，而不是指挥人。报酬应按人对社会的贡献比例分配，应该给工厂的积极成员，而非懒惰的旁观者。圣西门宣扬的不是革命，甚至也不是我们所理解的社会主义。它是对产业过程的一种赞颂，是对忙碌社会中，安逸之人反而获得超乎比例的财富一事的抗议。

对于如何实现此理想，圣西门未置一词。后来的圣西门分子比创立者向前一步，主张废除私有财产。但即使如此，也只不过是社会改革的模糊纲领。这是工作的宗教，但它缺乏适当的教义解说。它指出社会财富分配不公，但对那些要拨乱反正的人而言，它却没有指点迷津，令人失望。

乌托邦社会主义者

或许正是由于缺乏纲领，使得一位与圣西门恰恰相反的人会成功。这位贵族出身的人由于对伟大观念的热情而得到激励，而傅立叶则由于对琐碎细节的热情而被激励。傅立叶和圣西门同样相信，这个世界已绝望地陷于混乱，但他提出的对策明确地从最小的细节着手。

圣西门是生活的冒险家，傅立叶是想象的冒险家。他的传记没什么内容：生于1772年，是贝桑松市[1]一个商人的儿子，大部分时间都是个不成功的商旅。就某种意义而言，他一事无成，甚至没有结婚。他热爱的是花和猫。唯有在人生的最后阶段，他才展现魅力。在他最后的岁月中，他准时于公告时间坐在他的小房间里，等候某位资助他重整世界计划的大资本家来访。毕竟，这个小售货员曾写道："我一个人扫除了两千年来的政治愚昧，而且现代和后世的人们无穷幸福的起源也都仰仗我一人。"肩负如此重任的他，必须等候命定的救主与资本家，带着钱包驾临。可是没人上门。

客气地说，傅立叶是个怪人；准确地说，他大概是个疯子。他的世界是空想的产物：他相信，地球已有八万年的生命，前四万年期间向上摆动，后四万年向下摆动。在这两个时期的中间（在算术上不必认真计较），存在着8000年的"至福期"。我们已经过了混沌期、蒙昧期、族长期和野蛮期，现在生活在八个上升阶段中的第五阶段。在我们前面的是保证期（这倒是不错的洞见），然后上升到和谐期。然而在到达极乐世界

1　位于法国东部，邻近瑞士。

后，这个跷跷板将倾覆，我们将回头经历先前的所有阶段，直到起点。

但是，当我们深入和谐期时，事物将纷然迸呈：

北冕星座[1]将回绕北极，缓缓地流出露水。海水变成柠檬汁。六个新的月亮将取代原本孤独的那颗卫星。更适合和谐期的新物种将出现："反狮"，一种容易驯服而且最有用的动物；"反鲸"，可以被拴在船上；还有"反熊""反虫"与"反鼠"。我们将能活到144岁，其中有120年将用来无止境地追求性爱。

所有这些，再加上他对外星居民的第一手描述，让读他书的人觉得他疯了。也许是的。但是当他将其满天星斗的愿景转到这个地球上，他看见了混乱与不幸，也看见了重组社会的方法。

他的处方十分精确。社会应该由一些排列整齐的大型旅馆（有点像欧文合作村的"法郎吉"[2]）组成。他对旅馆的描写很详尽：有一个大型核心建筑（其各种房间及其尺寸都被仔细考虑到了），环绕其周围的是田地和工业设施。可以依财力挑选一等、二等或三等的旅馆房间。可以依个人意愿保有隐私（包括在房内用餐），也可以适当地发挥文化影响力。

通过集中处理可以提高效率，傅立叶这个老单身汉，对于集中烹调的成就，描绘了一幅令人馋涎欲滴的图画。

每个人当然每天得工作几小时。但没有人会偷懒，因为每个人做的都是他最喜欢的事。这样，肮脏的工作可以叫喜欢做的人去做——当然是孩子们。于是孩子们会高高兴兴地走向屠宰场或是去修路，度过快乐的时光。少数不想从事肮脏工作的孩子，将去照料花草，或纠正他们父母的发音。工作者间展开友好的竞赛，看看谁做得最好：有种梨比赛、种菠菜比

1 北天星座之一，以其形似冠冕而名之。

2 一种乌托邦社会的建筑形式，以方阵为概念建造，可容纳千人。

赛，最后（等法郎吉原则广及全球，建好所需的2,985,984个法郎吉时）还有煎蛋厨师大战和香槟装瓶师大战。

这整件事极其有利，利润将达30%。但这是公共利润，5/12属于劳动，4/12属于资本，3/12属于“能力”。人人都会被劝告，既要当一个工作者，也要成为部分所有权人。

傅立叶的观念似乎荒诞不经，但即使在务实和以常识为重的美国，它也小有成就。这个国家在一段时期内曾有40个以上的法郎吉。如果把欧文式的公社和各种宗教机构合并计算，实际上至少有178个乌托邦团体，其人数从15到900不等。

它们种类繁多：某些虔诚，某些则否；某些守贞，某些放荡；某些采资本主义，某些采纳无政府主义。俄亥俄有“楚伦布尔法郎吉”，长岛有“摩登时代”，新泽西有“奥奈达”、“布鲁克农场”、“新伊卡里亚”与“北美法郎吉”。其中北美法郎吉特别值得注意，从1843年持续到1855年，然后以半旅馆、半公社的形式撑到20世纪30年代晚期。评论家亚历山大·伍尔科特[1]就出人意料地在那里出生。

这些梦幻社群都没有坚实的基础。梦想世界很难和现实竞争。在所有的乌托邦计划中，法郎吉最远离现实，但也最令人着迷。谁不想住进法郎吉呢？傅立叶指出了他生活世界的不幸，这是毁灭性的事实。他想治好这个致命的疾病，但他的处方却混入了太多来自天国的成分。

这些乌托邦主义者看来很荒谬？的确，他们都是梦想家；但正如阿纳托尔·法郎士[2]所言，如果没有梦想家。人类至今还住在山洞里。他们每个人都有点疯狂。即使圣西门也曾严肃地想过，作为最聪明之动物的海狸，

1　亚历山大·伍尔科特（1887—1943），美国评论家，长期为《纽约客》杂志撰写评论。

2　阿纳托尔·法郎士（1844—1924）的笔名，法国诗人及小说家。

有朝一日会否取代人类的地位。但值得注意的不是他们古怪的个性，或丰富而又动人的幻想，而是他们的勇气。为了对其勇气做出正确评价，必须评估并理解他们所处的智识氛围。

他们生存的世界不仅残酷无情，而且还在经济法则的包装下，将其残酷行为合理化。法国财政家和政治家内克尔[1]在世纪交替时说："假使能找到一种食物，不及面包可口，但营养却多一倍，那么人们的食量就可以减少到两天只吃一餐。"这种感叹或许听来刺耳，却有某种道理。残酷的是世界，不是世人。世界依经济法则运行，而经济法则不是人可以或应该加以操弄的。它们就是在那里。若对其作用之不幸后果导致的不公加以抱怨，就跟为了潮起潮落而悲叹一样愚蠢。

法则虽少，却是决定性的。我们已看到亚当·斯密、马尔萨斯和李嘉图如何详述经济分配的法则。这些法则似乎不仅解释了社会产品倾向于如何分配，还论及应该如何分配。这些法则显示出，竞争使得利润平均化，并受到控制；工资总是受制于人口压力；地租会随着社会的扩展而流入地主之手。事实就是这样。人们未必喜欢此结果，但此结果显然是社会动力的自然结局，并未涉及个人的恶意或操纵。经济法则就像重力法则一样，对它进行挑战似乎毫无意义。因此，一本初级经济学原理课本写道："百年前只有专家才能探索它们（经济法则），如今它们已童叟皆知。唯一真正困难的是，它们太简单了。"

难怪这些乌托邦人士如此极端。这些法则俨然不可侵犯，但它们造成的社会状态却无可容忍。于是他们勇敢地说，实际上必须改革整个体系。假如是资本主义容许将毕林柯绑在机器上，就换个什么别的吧——合作村、道德准则，或拥有可爱休闲气氛的法郎吉。乌托邦人士（还包括很多

1 雅克·内克尔（1732—1804），路易十六时期的财政大臣。

本章没提到的人）的改革，凭借的是心肠而非头脑。

这是他们被称为乌托邦社会主义者的原因之一。“乌托邦”不仅是一个空想的目标，也是手段的关键。这些改革者和共产主义者截然不同，他们希望说服上层阶级，社会改革符合他们自己的最终利益。共产主义者为了达成目标而诉诸群众，并主张在必要时使用暴力；社会主义者为了实现计划而呼吁自己的同类——知识分子、小资产阶级、抱持自由思想的中产阶级、或理智上已获解放的贵族。即使欧文也希望得到和他一样的工厂主人的理解。

但还要注意到他们是乌托邦社会主义者，这意味着他们是经济改革者。从柏拉图开始已有乌托邦的打造，但乌托邦人士所回应的是政治上的不义。

他们直到法国大革命才开始对经济上的不义作出回应。既然他们对早期资本主义造成的恐怖情景反感，很自然地便会反对私有财产，也反对追求私人财富。他们之中很少有人想到体制内的改革。要记着，当时七折八扣的工厂法才刚刚出现，而且那些辛苦挣得的不情愿的改革，还常常遭到破坏。乌托邦人士要的不只是改革，而是一个全新的社会，以某种方式落实“爱邻如己”的理想，而非以邻为壑。他们可以借由财产公有，找到人类进步的试金石。

他们都是很好的人。然而尽管拥有善意和最诚挚的理论，乌托邦人士却未能赢得尊重。他们需要一位在感情上与他们一致，但地位更稳固之人的认可。意想不到的是，当时公认的最伟大的经济学家，最后却转向社会主义。他就是约翰·斯图亚特·穆勒。

《政治经济学原理》

本章中的每个人都有某些让人难以置信的性格，但穆勒也许是其中最卓越的。他的父亲詹姆斯·穆勒是个历史学家、哲学家、小册子作家，是李嘉图和杰里米·边沁[1]的知交，19世纪初期最主要的知识分子之一。詹姆斯·穆勒几乎对任何事物都有明确的想法，尤其在教育方面。他的儿子约翰·穆勒就是他教育出来的非凡成果。

约翰·穆勒生于1806年。他于1809年开始学习希腊文，7岁时已读了柏拉图对话录的大部分，次年开始学拉丁文，同时吸收希罗多德、色诺芬、第欧根尼·拉尔修以及卢西恩的部分作品。在8岁到12岁时，读完了维吉尔、霍拉斯、李维、撒路斯特、奥维德、特伦斯、卢克莱修、亚里士多德、索福克勒斯和阿里斯托芬的作品；精通了几何、代数和微分，写了一部罗马史、一部古代通史节略、一部荷兰史，还有几首诗。他在著名的《自传》中说："我从未用希腊文写作，即使连诗也没有。拉丁文作品也非常少。这不是因为家父不重视这种练习的价值……实在是没有时间。"

穆勒在成熟的12岁时，开始研究逻辑和霍布斯的作品。13岁时已对政治经济学领域的一切，做了全面性研究。

这是种奇特的教养方式。依我们的标准而言，这令人生畏。没有假期，"免得破坏了工作的习惯，养成偷懒的恶习"，没有男性玩伴，甚至也没有真正意识到，他所受的教养方式很不正常。日后穆勒写出了伟

1　杰里米·边沁（1748—1832），英国经济学家、法学家与哲学家，倡议法制及社会改革不遗余力，主张功利主义与动物权利。

大作品并不令人惊讶，他的人格没有全面崩溃才是奇迹。他在二十几岁时，的确精神衰弱，对曾滋养他的那个微妙而枯燥的理智工作世界，突然感到了无生气，无法令人满足。当其他年轻人必须去发现，理性活动中也可能存在的美妙之处时，可怜的穆勒必须在美妙的事物中找到美妙之处。他长期为忧郁所苦，然后他阅读歌德、华兹华斯以及圣西门的作品。这些人在谈论感情时，全都像他父亲谈论理性时一样严肃。然后他遇上了哈里特·泰勒。

不幸的泰勒先生被忽略了。哈里特·泰勒与穆勒陷入爱河，在整整20年间，鱼雁往返，一起旅行，甚至住在一起，但是全然清白（假如他们的书信可靠的话）。哈里特的先生过世后，障碍消失，两人终于结成连理。

这是天作之合。哈里特（以后还有她女儿海伦）填补了穆勒晚熟的情感空缺。这两位女性一起让他正视女权，以及更重要的人权。当他在哈里特死后回想她的生平，忆及她们对他共同的影响时写道："无论现在或以后，若有人想到我和我的作品时，要记得这不是出于一个人，而是三个人的理智和良心。"

我们已经看到，穆勒13岁时就通晓了当时的政治经济学。直到30年后，他才撰写了两大册出色的巨著《政治经济学原理》，好像他就是为此而积累了30年的知识。

这是一部全面性的概括论述，包括地租、工资、价格和赋税，再次踏上亚当·斯密、马尔萨斯和李嘉图开创的路径。但他不仅仅是将那些已被当作教条的理论刷新而已。穆勒自认为在该书中提出了一个重大创见。它和许多其他的伟大洞见一样，非常简单，指出了经济法则真正的管辖领域，是在生产而非分配方面。

穆勒的意思很清楚：生产的经济法则与自然有关。劳力用在何处的生产力较高，不能任意决定；土地生产力递减这类现象，也不能随意改变。

自然界就是这样匮乏与无情，而教我们如何将劳动成果极大化的经济行为法则，就和气体膨胀定律或化学物质的交互作用一样客观且绝对。

但是经济法则与分配无关，这也许是经济学中最重大的一条但书。当我们尽力生产出财货后，就可以依我们的喜好处置。穆勒说："物品一旦出现，人类便可个别或集体地对其为所欲为，以任何条件处置……即使一个人不靠他人帮助，辛辛苦苦地制造出一件物品，还是需要得到社会同意，才能拥有它。社会若未付出人力财力保障人的财产，那么不仅是社会，甚至连个人都可以，而且也将会取走他人的财物。因此财富分配依社会的法律和习俗而定。规则由社会统治阶层的意见和感情决定，在不同时代、不同国家都有很大的差异。只要人们想要，差异还可以更大……"

对于将李嘉图的客观发现僵化成社会束缚的李嘉图信徒而言，这是一记重击，因为穆勒说得很清楚，不用担心社会会"自然"地压低工资、均分利润、提高地租等。假如社会不喜欢其活动的"自然"后果，只要把它们改过来就行了。社会可以抽税与补贴，可以征收财物与重新分配。它可以把所有财富献给君王，也可以经营一个庞大的慈善事业；它可以适当地留意诱因，也可以对其置之不理（风险自行承担）。但无论如何，至少就经济学而言，无所谓"正确的"分配。没有任何"法则"能证明社会该如何分配其产物，只要人们觉得合适就好。

实际上，穆勒的发现并不像他所信的那样千古不朽。保守派经济学家很快地指出，当人们介入分配过程时，同时也介入了生产过程。例如，对利润课征100%的税金，不仅和谁得到它有关，也会对这笔金额的大小造成巨大冲击。马克思也从另一角度指出，分配和生产无法像穆勒所想的那样清楚划分，因为社会的支付模式是其生产模式密不可分的部分。例如封建社会中没有"工资"，而资本主义社会中也没有封建权益。

如此，左派和右派都批评到，社会调整其分配的自由有其限度，其幅度比穆勒所暗示的要狭窄得多。然而穆勒的洞见也不宜低估，因为限制的存在就表示有调整空间，所以资本主义有可能被改革。美国的“新政”和斯堪的纳维亚的福利资本主义，的确都直接展示出穆勒的愿景：社会可以依其价值观，试着扭转其“自然”运作的后果。即使改变受到限制，谁又能说这没有导向重要的社会改变呢?

穆勒的发现，当然是他那时代的清流。在自满与伪善当道之日，穆勒的声音在道德上非常清晰。例如在他在《政治经济学原理》中将“生产”和“分配”加以区分后，他继续检视当时许多不同的乌托邦改革者提出的“共产主义”方案（先不要急着将穆勒不熟悉的马克思共产主义加进去）。

穆勒考虑了这些对“共产主义”方案的各种反对意见，并发现其中有许多可取之处。但是他随后将其意见，总结在这个石破天惊的短评中：

> 如果……要在有风险的共产主义，以及带来痛苦和不义的社会现状之间作出选择；如果私有财产制必然导致现今的产品分配，即所得几乎总是与劳动成反比例——最大部分落入完全不劳动之人手中，第二大部分落入只从事微不足道工作的劳动者之手，如此递减，工作愈困苦，报酬愈少，最后，最劳累的体力劳动者连糊口都成问题；如果要在这种状态与共产主义之间作选择，那么无论推行共产主义的困难有多大，在对比的天平上都微不足道。

但穆勒继续写道，这并非真正的选择。因为他相信，这对私有财产原则不公平。穆勒相信，落实他所写出的原则即可展现出改革精神，而当时欧洲的法律与制度所反映的并非那种精神，而是昔日残暴的封建制度。

因此他在最后并未主张真正革命性的变革。这有两个原因。其一，他发现日常生活的粗野斗争，是人类精力的必要宣泄管道。

他写道："有人认为人类生活的正常状态，就是要奋发向上；当前社会上互扯后腿，踩着别人肩膀往上爬的生活方式，最值得人们向往，或是工业进步面向的一种难堪症状。我承认，自己并没有被这种生活典范所迷惑。"

但是对汲汲求利之心的厌恶，并没有使得穆勒盲目否定其功用："人类的精力必须用来奋力求财，就好像它们从前用于奋力求战一样，直到人类的心智能够成功导引他人变得更好为止，毫无疑问，与其让人类的精力停滞腐朽，还不如任其追求财富。正因为人类的心智是粗俗的，他们才需要粗俗的刺激，既然如此，让它们去追求粗俗之物又有何妨。"还有第二个也许更有力的理由。在对想象中的共产社会得失进行评估后，穆勒将其所见的困难表述如下：

> 问题在于个人特性是否仍能独立存在；人民能否自由表达意见；个人对整体的绝对依赖，以及整体对个人的监视，会否将所有人的思想、感情与行动都磨成温驯单调的样子……会责备异常行径的社会，绝对不健康。

这是作为"政治学家"的穆勒的言论。后来他还写了《论自由》这本小书，这或许是他最伟大的作品。但我们感兴趣的是作为经济学家的穆勒，因为他的《政治经济学原理》绝不只是在探索社会改革的可能性。它也是阐明资本主义体系发展轨道的大规模社会模型，就和从前亚当·斯密和李嘉图的模型一样。但穆勒模型的目标与前人不同。正如我们所见，穆勒最大的特色，便是他相信社会行为有可能改变。对李嘉图而言，人的本能使得劳动阶级不可能有任何实质的改善。穆勒不再接受这个阴暗的主要机制，而认为劳动阶级可以被教导，从而了解他们面临着马尔萨斯所言的危险，于是便会自愿控制人口成长。

当工资不再受制于人口压力后，穆勒的模型便与亚当·斯密和李嘉图的模型有别。如前所述，积累趋势受限于上涨的工资，而现在不会再有大群孩童来帮忙抑制工资，维持利润。因此工资会上涨，而资本积累终将停滞。从而穆勒的体系接近一个停滞的高原。若将残酷的人口压力排除，亚当·斯密的或李嘉图的体系也会如此。

另外一点不同之处，在于穆勒不将停滞状态视为资本主义和经济进步的终结，而将它视为良性社会主义的第一阶段，人类将把精力用在正义与自由的庄严问题上，而非只求经济成长。在这个即将到来的停滞社会中，可以出现伟大的变革。政府将课征遗产税，也将禁止地主不劳而获。工人协会将取代让人隶属于老板的企业组织。工人合作社纯凭其竞争优势，将可大行其道。原本的老板会将企业卖给工人，自己领取退休年金，而资本主义也将随之逐渐消失。

所有这些只是乌托邦的幻想吗？回顾《政治经济学原理》最后一版发行以来，经济在一个世纪内大幅拓展。当我们了解到，穆勒相信英国（以及世界资本主义）距离停滞状态只有一步之差时，只能报以微笑。然而眺望未来一两代资本拓展将面临的问题，并且重新思考荷兰与斯堪的纳维亚三国等资本主义国家，已将高度社会责任引进其经济架构一事，我们就不能把穆勒的愿景当成维多利亚时代一厢情愿的想法而置之不理。也许正因为他是维多利亚时代的人，即使其冷静的论文颇具说服力，现代人还是不会为其语调吸引。然而穆勒在退出第一线之后，仍有办法从后门回来。

所以，让我们恭敬地向他道别。这个受人尊敬到几乎被崇拜的人，活到1873年。由于他的远景充满希望，且扫除了马尔萨斯和李嘉图的绝望气氛，使其温和的社会主义倾向得到谅解。毕竟他的主张并不骇人听闻：开征地租税、遗产税，组织工人合作社，等等，都能让许多非社会主义者欣然接受。他对工会的可能性并没有非常乐观，但只要是好的意见，他都希望能够成功。这在骨子里就是正统英国式的主张：渐进主义、乐观、务实而不激进。

《政治经济学原理》一书非常成功。在他生前，昂贵的二卷本发行到第七版。而且像穆勒这种个性的人，又自费印行了一种廉价本，让劳动阶级买得起。在他过世前，五版廉价本皆销售一空。穆勒成了那时的“大经济学家”，当时被说成李嘉图理所当然的继承人，也不逊于亚当·斯密本人。

他在经济学以外的领域也深受敬重。除了《论自由》之外，穆勒也是《逻辑体系》、《论代议利政府》和《功利主义》的作者。这些都是各自领域内的经典。他不只才华横溢，而且人品几乎超凡入圣。当他在哲学领域的劲敌赫伯特·斯宾塞[1]发觉自己贫困到无法完成计划中的一系列社会演化研究时，提供金援的就是穆勒。他写信给他的对手说：“恳请您不要把它当作私人的恩惠。即使如此，仍希望您能接纳，但它纯粹是关于一项重大公共目标的合作提议。您为此付出劳力，也牺牲了健康。”

这就是穆勒。他只关心两件事：他的妻子，热爱的程度让朋友认为已近乎盲目；对知识的追求，他始终坚定不移。他被选入国会后，替人权辩护，但由于超前时代太多而失败。他对此毫不介意。他仍将所见的世界，用文字语言表述出来，唯有爱人哈里特的看法会对他有所影响。

1　赫伯特·斯宾塞（1820—1903），英国哲学家与社会学家，因将进化论之最适者生存学说应用至社会学上，而受人尊为社会达尔文主义之父。

她去世后，女儿海伦变得同样不可或缺。他在《自传》里感激地写道："肯定没有人像我一样，在遭受如此的损失后，还能在生命中抽中另一次大奖。"这位极其睿智而伟大的人，退休后和海伦一起在亚威农哈里特的坟墓附近度过余生。

最后有一件巧合之事。他那本提及进步信息与和平改革机会的经济学杰作，出版于1848年。或许那并非开创时代之作，但绝对是代表时代之作。由于难以理解的命运拨弄，另一本篇幅小得多的书在同一年出版了。书名被称作《共产党宣言》，它用犀利的言辞，在短短几页里就毁灭了穆勒送给这个世界的沉着向上的理性。

第六章

马克思的思想体系

这是一位读尽所有经济学家著作的经济学家，一位一丝不苟的日耳曼学究，一位会诉诸情感的批评家，他会把资本写成“渴求劳工鲜血的吸血鬼”，告诉我们资本问世后，“从头到脚，每一个毛孔中都溢出鲜血和污垢”。

《共产党宣言》一开头的字句就很耸动："一个幽灵，共产主义的幽灵，正笼罩着欧洲。教皇和沙皇、梅特涅[1]和基佐[2]、法兰西的激进派和日耳曼的警探等一切旧欧洲势力，已组成神圣同盟来驱除此幽灵。"

这个幽灵确实存在。对欧洲大陆的旧秩序而言，1848年是恐怖的一年。空气中弥漫着革命的热情，脚下回荡着人民的怨气。曾有一刻，就是那短短的一刻，旧秩序看来就要垮台。在法国，肥胖的中产阶级国王路易·菲利浦[3]摇摇欲坠的政权，在一场危机之后瓦解；他退位后流亡到萨里的别墅藏身，巴黎工人则在没有协调的情形下蜂拥而起，在市政厅上升起红旗。在比利时，惊惶的国王自请退位；在柏林，重重路障已设置，子弹呼啸而过；在意大利，群众动乱；而在布拉格和维也纳，人们仿照巴黎的范例起事，控制了整座城市。

《共产党宣言》大声疾呼："共产党人不屑隐瞒自己的观点和意图。他们公开宣称：只有强行推翻所有现存的社会关系，才能达到他们的目的。

1　梅特涅（1773—1859），奥地利外交家，保守主义的代表人物。

2　基佐（1787—1874），法国历史学家与政治家，于平民国王路易·菲利浦在位时位居要职，官至法国首相，保守派人士。

3　路易·菲利浦（1830—1848）年担任法国国王，二月革命时下台。

让统治阶级在一场共产主义革命中颤抖吧！除了他们的枷锁之外，无产阶级没什么好损失的。一整个世界等着他们去赢取。”统治阶级真的在颤抖，他们到处都看见共产主义的威胁，而其恐惧并非毫无根据。在法国的铸造厂里，工人们唱着激进歌曲，伴随着大锤敲击的声音。正在参访这些工厂的日耳曼浪漫诗人海因里希·海涅[1]记述着说："我们这种真正过着绅士生活的人，对这些歌中恶魔般的口气毫无概念。"

尽管《共产党宣言》的措辞掷地有声，这恶魔般的口气却不是对共产主义革命的召唤，而是挫折与绝望的呐喊。此时整个欧洲大陆都在反动派的控制之下，只有英国的情形比较好。穆勒曾批评法国政府"丝毫没有改革精神……几乎全凭人类更卑劣、更自私的冲动来运作"。当然不只有法国如此恶名昭彰，日耳曼的情况更糟，到了20世纪40年代，普鲁士甚至没有国会，没有言论自由，没有集会权利，没有出版自由，没有陪审制度，对于陈腐的国王神权统治这个概念，丝毫不得背离。意大利是一群过时诸侯国的大杂烩。统治俄国的尼古拉斯一世虽然一度参访过欧文的新拉纳克，该国仍被史学家阿历克西·德·托克维尔[2]称作"欧洲专制的基石"。

若能对这股绝望之情加以管理和引导，那恶魔般的口气也许会变成一场真正的革命。但这些自发性的暴动既无纪律也无目标；在他们赢得初步胜利，犹疑下一步行动时，革命旧势力便卷土重来，将其击溃。革命的热情消退了。在热情持续之处，则被无情地镇压。在死伤一万人后，巴黎群众被国民卫队制服，路易·拿破仑接掌政权，很快地将第二共和国改为第二帝国。比利时决定最好还是请国王留下来。国王废止了人民集会的权

1　海因里希·海涅（1797—1856），19世纪德国重要诗人与文评家。

2　阿历克西·德·托克维尔（1805—1859），法国历史学家与政治思想家，知名著作包括《论美国的民主》《旧制度与大革命》等。

利，以答谢这份献礼。维也纳和匈牙利的群众被炮轰。在日耳曼，曾大胆讨论共和政治问题的制宪会议，已陷入派系纷争，还屈辱地将国家献给普鲁士的弗雷德里克·威廉四世。更加屈辱的是，这位君王声称他不接受卑贱百姓所献上的皇冠。

这场革命结束了。当时来势凶猛，染满鲜血，但是没有成果。欧洲出现了几个新面孔，但政策大致和以前一样。

不过对刚组成共产主义联盟[1]的一小批劳动阶级领袖而言，这并没有让他们绝望。诚然，他们曾寄予厚望的革命已然退潮，而欧洲各地的激进运动甚至受到比以往更残酷的迫害。但他们对这一切皆泰然自若。根据他们对历史的了解，1848年的暴动，不过是未来预定之大规模行动前的小型彩排，伟大的最后胜利必然会出现，毫无疑问。

这个联盟才刚出版了它的目标声明，称之为《共产党宣言》。但是《共产党宣言》里所有的口号和犀利的措辞，不仅仅是要激发革命情绪，或是在一片喧哗声中再增添另一种抗议之声而已。《共产党宣言》还蕴含了一种历史哲学：共产主义革命不仅为民心之所向，且为大势之所趋，无人能阻挡。乌托邦主义者也想建设理想社会，但共产主义者和他们不同，不诉诸人们的同情心，也不沉迷于建造空中楼阁。他们给人们一个机会，将命运系于一颗星星之上，然后看着这颗星坚毅地穿越历史的黄道带。无须争论哪一方会基于道德或情感的理由，或因为认定现状已恶劣至极，而获得胜利；反之，冷静的分析指出，只有一方必然会胜利，而那一方就是无产阶级。他们的领袖只要等待，最后绝不会失败。

《共产党宣言》是为了未来而撰写的纲领，但有件事会使它的作者们感到惊讶。他们准备好等待，却没想到要等上70年。他们审视欧洲以找寻

1 初创于1836年的巴黎，尔后成为第一个国际性共产组织。

可能性最高的革命温床，却从未朝俄国看一眼。

人人皆知《共产党宣言》乃是那位愤怒的天才马克思的智慧结晶。更准确地说，这是他和他的卓越伙伴、同胞、支持者和同事弗雷德里希·恩格斯合作的成果。

他们让人很感兴趣，当然也是极重要的人物。麻烦的是他们很快就变得不仅仅是个人，更是个形象。至少在苏联瓦解前，马克思广被视为与基督或穆罕默德并列的宗教领袖，而恩格斯则像圣保罗或圣约翰。在莫斯科的马克思–恩格斯研究所里，学者们以在街尾反宗教博物馆时嘲弄的偶像崇拜心态，钻研他们的作品。

共产党宣言隶属于一系列伟大的经济观点，相继为我们厘清、阐明、解释了这个世界。就像书架上其他伟大的作品一样，它也并非完美无瑕。世人只把马克思当成革命家，但世上即使没有马克思，也会有其他的社会主义者跟新社会的先知。马克思和恩格斯对这世上真正的和持久的影响，不是来自其革命活动。在他们有生之年，这些活动并无重大成果。资本主义必须在最后加以控制的，是马克思这个“政治经济学家”的愿景。他在历史上留下的最后印记，便是预言资本主义必将崩溃。共产主义就是在这个预言的基础上建立其大厦的。

马克思与恩格斯

让我们来看看这两个人。

他们外表大不相同。马克思看起来就像革命家。他的孩子称他为“摩尔人”[1]，因为他黝黑，眼睛深陷而有神。他健壮结实，留着很有威严的胡子。他不爱整洁，家里散布着满是尘埃的纸堆，而不修边幅的马克思就走在刺目的香烟雾气中。另一方面，恩格斯看起来就像他所鄙视的资产阶级。他高大俊美，喜欢击剑与骑马打猎，还曾一口气在威悉河两岸游了四趟。

他们不仅外表不同，连个性也迥然不同。恩格斯爽朗而敏锐，心思灵巧流畅，据说粗通20种语言。在生活中，他喜欢资产阶级式的享乐，包括美酒在内。

马克思要沉闷得多。他是出类拔萃的日耳曼学者，乏味，严谨，是费尽心思到几近病态的完美主义者。恩格斯下笔如行云流水，一气呵成；马克思却总是斟酌再三，殚精竭虑。只有阿拉伯语中的4000个动词字根才能难倒恩格斯；而马克思经过20年的练习，却仍说着生硬的条顿式英语[2]。当他写到让他大感震惊的事件时，我们几乎可以听到他的声音。尽管马克思比较迟钝，但仍比恩格斯伟大。恩格斯具有广度和冲劲，而马克思却有深度。

1844年，他们在巴黎二次会面，而其一生的合作也由此开始。恩格斯

1　主要由柏柏尔人、北非阿拉伯人后裔与西非黑人组成，为中世纪时伊比利亚半岛的居民，肤色较一般欧洲白人黝黑。

2　指德式英语。条顿人为古日耳曼民族之一，后世常以此指称德国人。

只是来拜访马克思而已，他们却相谈甚欢，对话持续10天之久。此后，他们的作品几乎都是合作编辑、重写，至少也是与另一人辩论之后才定案，彼此间往来的书信足可成册。

他们朝向巴黎会合的路途截然不同。恩格斯的父亲是个心胸狭隘，过于虔诚的卡尔文教徒，在莱茵兰从事制造业。小恩格斯年轻时非常喜欢诗，他父亲卡斯帕·恩格斯把他送到不来梅去学习出口业务，与一位牧师住在一起：卡斯帕认为宗教和赚钱可以纠正浪漫的心灵。恩格斯尽职地做生意，但他所见都蒙上一层反叛色彩，其随遇而安的个性与他父亲的严格标准并不兼容。他在经商过程中下到码头，敏锐的眼光不只注意到“以镶金桃花心木装饰”的头等舱，也注意到拥挤的统舱。他开始阅读那时的激进著作，在22岁之际便转而投入“共产主义”的理想。那时共产主义一词并无明确定义，只是反对以私有财产作为组织社会的经济手段。

然后他去曼彻斯特，参与父亲的纺织生意。对恩格斯而言，曼彻斯特就像不来梅的船一样虚有其表。舒适的街道上商店林立，城市的郊区围绕着舒适的别墅。但其背后隐藏着另一个曼彻斯特，工厂主人们在往返他们办公室的途中绝不会看见。这里住着一群发育不良的人，生活肮脏而绝望。他们寻求酒与福音，并以鸦片来麻醉自己和子女，以度过无望而又严酷的生活。恩格斯在莱茵兰家乡的工业城镇中，也曾看过类似景象，但如今他准备探索曼彻斯特，直到他对每个贫民窟都一清二楚为止。他打算将调查结果写成《英国工人阶级状况》出版，以对工业化之下，贫民窟的世界做一个最恐怖的裁决。有次他和一位绅士朋友谈到这地方的惨况，并强调他从未看过如此“败坏的城市”。他的同伴静静地听完之后说：“可是许多钱就是从这边造出来的啊！再见，先生。”

他那时正在写作，以证明那些伟大的英国经济学家不过是现存秩序的辩护者而已。其中一篇文章，使得在巴黎编激进哲学杂志的年轻人马克思印象深刻。

与恩格斯不同，马克思来自一个自由到有些激进的家庭，1818年生于日耳曼特里尔[1]的富裕犹太家庭，是海因里希·马克思的次子，这个家庭不久后便改信基督教，让律师海因里希执业时少受点限制。海因里希颇受尊敬，甚至曾被任命为“司法顾问”——这是只授予卓越律师的荣衔。但他曾参加非法聚会，举杯敬贺共和制的德国，也常将伏尔泰、洛克和狄德罗[2]的思想灌输给他的小孩儿。

老马克思希望儿子学法律。但在波恩大学和柏林大学里，年轻的马克思发觉自己沉迷于当时伟大的哲学辩论中。哲学家黑格尔提出了革命性的体系，而那些保守的日耳曼大学为此公开地表示与之决裂的信心。黑格尔认为，变动是生命的规律。一切的观念、一切的力量，都无可避免地引起它的对立面，尔后这两者融合成一个“统一体”，接下来再引发自身的矛盾。黑格尔说，历史只不过是此一观念与力量之冲突和解决的流动表现。变动——辩证的变动——蕴含于人类事务中。唯有论及普鲁士政府时，此规律才不再适用。黑格尔说，普鲁士政府就像“人间的上帝一样”。

这对年轻学者是有力的刺激。马克思加入了以黑格尔辩证法讨论诸如无神论、纯理论性的共产主义等大胆议题的知识分子团体——“青年黑格尔”[3]，并决定成为一位哲学家。要不是上帝一样的政府加以阻挠，他可能会成功。马克思最喜爱的教授布鲁诺·鲍威尔[4]，热心地替他在波恩谋职。但鲍威尔因为支持立宪和反对宗教的观念（显然这两者一样糟）而被解聘，年轻的马克思博士的学术生涯也化为乌有。

---

1 德国历史最悠久的城市，位于德境西南摩泽尔河畔。

2 狄德罗（1713—1784），法国哲学家与作家，启蒙时代重要人物，编纂发行当时之《百科全书》。

3 或称为黑格尔左派，由普鲁士知识分子组成，承继并阐发黑格尔的学说，主张无神论及民主自由，马克思和恩格斯都曾加入。

4 德国神学家与历史学家。

他转而投身新闻业。他常投稿的小型中产阶级自由派报纸《莱茵报》[1]邀他担任编辑。他接受了，而此工作整整维持了五个月。马克思本来就是激进派，但是是在哲学而非政治方面。当恩格斯慕名来访时，马克思对这个洋溢着共产主义观念的轻率年轻人不以为然。当马克思自己被指控为共产主义者时，他的答复很暧昧："我不懂共产主义，但不能轻率地谴责旨在保卫被压迫者的社会哲学。"尽管他这样否认，执政当局还是无法容忍他的评论。政府颁布法令，禁止农民在森林中采集枯枝，而这是他们自古以来就享有的权利。马克思对此加以痛斥，因此被指责。他撰写社论哀叹住房情况，因此被警告。当他跨越界限，批评俄国沙皇时，《莱茵报》因此被查禁。

马克思前往巴黎接掌另一激进刊物，但它几乎和《莱茵报》一样短命。如今他的兴趣转向政治和经济。普鲁士政府毫不掩饰的自私态度、日耳曼资产阶级全力反对减轻日耳曼劳动阶级的痛苦、欧洲富裕和统治阶级近乎可笑的反动态度——这一切在他心里联合起来，形成一种新历史哲学的一部分。当恩格斯造访时，双方一拍即合，此一历史哲学便开始正式成形。

这一哲学常被称为"辩证唯物论"，称其辩证是因为它包含黑格尔的内在变动观念，称其唯物论乃是因为它不立足于观念世界，而是植根在社会和物质环境的领域。

恩格斯在多年后针对日耳曼教授卡尔·欧根·杜林[2]撰写的著名文章

1　19世纪德国自由派报纸，为莱茵地区的工业家们所赞助，以对民主的诉求反抗普鲁士政府的极权制度。

2　卡尔·欧根·杜林（1833—1921），德国哲学家与经济学家，虽为社会主义者，却强烈抨击马克思的思想。

《反杜林论》[1]中说："历史的唯物概念始于一个原则：生产和产品的交换是一切社会秩序的基础。在历史上出现的每个社会中，产品分配以及与之相关的社会阶层划分，由社会生产什么、如何生产和产品如何交换所决定。根据这个概念，应该在生产与交换模式的改变中，而非人们的心智中，或人们对永恒真理与正义愈来愈深刻的理解中，寻求所有社会变动和政治革命的最终原因；它们存在于当时的经济学之中，而非哲学之中。"

经济基础与上层建筑的矛盾

这是一个有力的推论。马克思说，每个社会都建立在一个经济基础上，此即人类必须为自己安排食、衣、住等活动之无可置疑的事实。不同社会、不同时代的组织安排会有很大的差别，可以是田园式或狩猎式，可以分组为手工艺单位或构成复杂的工业整体。但无论人们采取何种形式来解决他们的基本经济问题，社会都需要一套非经济性的活动和思想之"上层建筑"——它需要以法律约束，由政府管理，受宗教和哲学激励。

但是关于思想的上层建筑无法任意选择，而必须反映其基础。没有一个狩猎社群会发展出工业社会的法律架构，也不可能使用那种架构。同样地，没有一个工业社会能使用原始村落的法律、秩序和政府概念。要注意的是，唯物论并未将观念的催化作用和创造力弃之不顾。它只是主张，即使思想和观念的目标在于改变环境，它们仍是环境的产物。

唯物论本身会将观念公约成仅是经济活动的衍生物。但马克思从未如

1 源于报刊连载，批驳杜林的社会主义观点，后以《欧根·杜林先生在科学中实行的变革》之名出版单行本。

此主张。这个新的理论不但是唯物的，也是辩证的。它所设想的是变动，恒久与内在的变动。在这无穷无尽的流动中，源自一个时代的观念，将有助于形塑另一个观念。马克思在评论1852年路易·拿破仑政变时写道："人们创造自身的历史，但并非随心所欲地创造。他们不是在自己挑选的环境下创造，而只能在过去所建造、给予、留传下来的环境中创造。"

但是此理论的辩证性（即内在变动性）并非仅仅依靠观念和社会结构的互动。另外还有一个重要得多的因素在起作用：观念结构所立足的经济世界，本身也在变动。

比方说，中世纪的孤立市场，在海外探险和政治统一的冲击下被淘汰，一个新的商业世界因此诞生。在新发明的冲击下，旧式手工作坊被蒸汽作坊取代，一种称作工厂的新社会组织形式出现了。在这两种案例中，经济生活本身的决定性架构改变了自身的形式，从而迫使置身其中的社群采用新的社会调适措施。马克思写道："手工作坊带给社会的是封建领主，而蒸汽工厂带来的则是工业资本家。"

这样的变革一旦发生，就会带来一连串后果。市场和工厂虽然起源于封建生活方式，却与那种方式不兼容。它需要新的文化和社会脉络以资配合。他们借由产生自己新的社会阶级，来帮助他们从艰难的诞生过程中解套：市场创造新的商人阶级，工厂则创造工业无产阶级。

但社会的变动过程，并不仅仅是一个新发明压迫旧制度的问题，而是产生了一个新阶级取代旧阶级。马克思说，因为社会是由阶级构成，不论赞同与否，人们在现存的生产形式中，都因某种共同关系而结合。经济变动对这一切都构成威胁。当生产的组织及技术力量改变，例如工厂摧毁了手工业，生产的社会关系也会改变；在上位者可能发现他们失去了立足点，而在下者的地位可能有所提高。在李嘉图时代的英国，我们就曾看到社会阶级相对地位翻转的情况，那时资本家乘着工业革命的浪潮，威胁着要夺取乡绅地主们由来已久的特权。

于是冲突随之发生。地位受威胁的阶级会与新兴阶级斗争：封建领主对抗新兴商人，同业工会领袖对抗新兴资本家。

但历史进程无视人们的好恶。情况逐渐改变，而社会阶级也会逐渐但确实地重组。在一片混乱和痛苦中，财富分配改变了。因此历史就是阶级间为了瓜分社会财富，而不停斗争的一场大戏。只要社会在变迁，现有的财富分配必然会被挑战。

对马克思和恩格斯的时代而言，这个理论预示着什么？它指向革命——无可避免的革命。因为依此分析，资本主义必然也包含着“生产力”与“生产关系”——一个技术和组织的基础，以及一个法律、政治权利和意识形态的结构。假如其技术基础正在发展，其上层建筑必然也会受到愈来愈大的压力。

这正是马克思和恩格斯在1848年之所见。资本主义的经济基础——其现实的支撑点，乃是工业生产。其上层建筑为私有财产制，使得部分社会产出归于拥有大型技术装置的人。此基础与上层建筑不兼容，于是产生了冲突。

为什么？因为工业生产的基础，亦即商品的实际制造，是一种组织整合得更为紧密的互赖过程；而私有财产的上层建筑则是社会体系中最富个人主义色彩者。因此上层建筑和其基础发生冲突：工厂需要的是私有财产制所痛恨的社会计划。资本主义已复杂到需要加以管理，但资本家坚持要求灾难性的自由。

结果是双重性的。其一，资本主义迟早会自毁。缺乏计划的生产将使经济活动陷入持续的混乱——危机、衰退与萧条的社会混乱。这个体系太过复杂，经常不协调、步骤错乱，对某一产品生产过剩，对另一产品生产不足。

其二，资本主义必然会不自觉地培育出后继者。它在其庞大工厂内，不仅创造出社会主义的技术基础——合理计划的生产，还将创造出一个训练有素且纪律严明的阶级。这愤怒的无产阶级将成为社会主义的代表。资本主义内部的动力会使它垮台，并在此过程中滋养自己的敌人。

对历史来说，这是极重要的洞见。不仅由于它预示了未来，而且更开启了对过去的全新观点。我们对历史的“经济诠释”已然熟悉，对于重新评估像新萌芽的17世纪商人阶级和重视土地与世系的贵族间的斗争历史，可以平静地接受。但是对马克思和恩格斯来说，这不仅是在重新诠释历史而已。辩证法指向未来，而《共产党宣言》所揭示的未来，指出资本主义正朝向革命的结局前进。《共产党宣言》声明：“现代工业的发展……连根铲除了资产阶级生产与占有产品的基础。所以，最重要的是资产阶级在自掘坟墓。它的垮台与无产阶级的胜利，同样无可避免。”

这份对历史作出炮声隆隆的严酷诠释的《共产党宣言》，不是在巴黎写成的——马克思在那个城市的生涯很短暂。他编辑一份讽刺性的激进杂志，再次惹恼了普鲁士政府，因此被逐出法国首都。

他于1843年，和青梅竹马的燕妮·冯·威斯特华伦结婚。燕妮是一个普鲁士贵族和枢密顾问官的女儿，但她父亲威斯特华伦男爵却是个人文主义者及自由派思想家。男爵曾跟年轻的马克思谈论过荷马和莎士比亚，甚至谈到圣西门的观点，而不顾当地主教的异端宣告。燕妮则是镇上的美女。她被很多人追求，可以轻易找到比隔壁的黝黑年轻人更“匹配”的丈夫。但她爱马克思，两家人也欣然同意。对马克思家族来说，这场婚姻大大提高了他们的社会地位；对男爵来说，这也许是他人文主义观念的愉悦证明。假如他预见女儿的遭遇，或许未必会同意这桩婚事。因为燕妮后来被迫在监狱里跟妓女共享一张床，还向邻居乞讨钱财购买棺木，来埋葬她的一个孩子。在特里尔生活舒适，也享有社会声望的她，即将在伦敦贫民区两个阴暗的房间里，和丈夫一起面对一个充满敌意的世界的毁谤。

然而他们是一对恩爱夫妻。马克思对外人并不友善，但他却是个快乐的父亲和深情的丈夫。威斯特华伦家的女佣琳蘅，无偿地和他们住在一起。很久以后，当燕妮垂死时，马克思也生了病，他的女儿目睹了这感人的场景：

> 我们亲爱的母亲躺在前面的大房间，而摩尔人则躺在毗连的小房间……我从来不曾忘记，他觉得有力气可以走到母亲房间去的早晨。当他们在一起时，好像恢复了青春——她是年轻的女孩，而他是深情的青年，正要一起面对人生，而不是疾病缠身的老先生和病危的老太太正要诀别。

马克思一家于1849年迁居伦敦。自从四年前被逐出巴黎后，他们便搬到布鲁塞尔，并在那里写出《共产党宣言》，待到1848年革命爆发为止。然后，当比利时国王将摇摇欲坠的宝座稳住后，就开始逮捕首都内的激进领袖，于是马克思匆匆搬到日耳曼。

同样的模式再度上演。马克思接管了一家报社的编辑职务，但政府没多久又将该报社关闭。他将最后一版报纸用红字印出，然后避居伦敦。

此时，马克思经济拮据。这时恩格斯在曼彻斯特过着奇异的双重生活（他在曼彻斯特证券交易所里颇受尊重），而他源源不绝地对马克思一家提供财务援助。假如马克思的开支有所节制，这个家庭可以过着体面的生活，但马克思从不量入为出。所以孩子们有钱学音乐，但家里却连取暖的钱也没有。他们随时都会破产，被财务问题压得喘不过气。

马克思一家共有五人，还包括琳蘅。马克思从不间断地从每天早上10

点到下午7点，待在大英博物馆内，此外别无工作。他试图为《纽约论坛报》撰写关于政治情势的文章来赚点钱。这份报纸的编辑查尔斯·达纳是傅立叶主义者，不反对抨击欧洲政治。这帮助了他一阵子，虽然很多文章都是恩格斯代笔的。那时马克思写信建议恩格斯："你必须在跟战争有关的文章中多加着墨。"停止供稿后，马克思曾应征铁路办事员，但由于写字过于潦草而被拒。之后，他典当了身边所有的东西，至于家里的一些银器等比较值钱的物品早就被卖掉了。有时为了应急而把外套甚至鞋子也典当了，因此他不得不窝在家里；有时没钱买邮票，而无法把作品寄给出版者。更糟的是，他还染上了最痛苦的疔疮。某次，他忍痛在博物馆中写作一整天，晚上回到家之后说："我希望活着的资产阶级将有理由想起我的疔疮之苦。"那时他刚刚写好《资本论》中描写"劳动节"那恐怖的一章。

只有恩格斯可以依靠。马克思一直写信给他，论及经济、政治、数学、军事战术，以及太阳底下的一切事物，但以他自己的处境为最。兹摘录具代表性的一篇如下：

> 我太太病了。小燕妮也病了。琳蘅在发烧，而我没有请医生，因为没钱。将近有八到十天的时间，我们全家只靠面包和马铃薯度日，以后能不能继续得到这些食物都成问题……我没帮达纳写东西，因为身无分文，无法买报纸……我该怎么摆脱这种窘境？最后也最可恨的是，在过去的八到十天里，我向几个日耳曼同胞讨了一些零钱，否则就活不下去了……

只有到最后几年才略有好转。一个老朋友留给他一小笔遗产，让他可以过得舒服点，甚至还能到外地疗养。恩格斯最后也得到一笔遗产而退休，于1869年最后一次走进办公室，然后大老远跑来见马克思的女儿，

“边挥舞手杖边唱歌，笑容满面”。

燕妮于1881年过世。在她的五个子女中，有两个先她而去，其中包括她的独生子。她那时又老又疲惫。马克思在三月的某个下午，悄然逝去。

剩余价值

他在长年的困苦生活中，完成了些什么呢？

至少他缔造了一个国际劳动阶级运动。马克思在年轻时就写着：“到目前为止，哲学家们只是用各种不同的方式来诠释这个世界，但重要的是如何改变它。”马克思和恩格斯在其历史诠释中赞扬无产阶级，他们现在要领导这些无产阶级，让他们在历史上发挥最大的力量。

这并没获得太大成就。在《共产党宣言》出版时，“共产主义联盟”成立了，但这充其量不过是个名义上的组织；《共产党宣言》作为这个组织的党纲，甚至不曾公开出售。革命在1848年告终，这个联盟也寿终正寝。

随后于1864年，“国际工人协会”成立了。这个国际组织号称有700万会员，所推动的罢工浪潮足以横扫欧陆，因此更让人敬畏。这个组织的组成分子，并不是一支坚毅且纪律严明的共产主义大军，而是由一群欧文主义者、蒲鲁东主义者[1]、傅立叶主义者、不太热心的社会主义者、偏激的民族主义者和工会人士拼凑而成，对任何革命理论都抱持着怀疑态度。马克思很有技巧地把他的人马团结在一起五年，后来还是四分五裂；一部分人追随了真正具有革命背景且曾被流放到西伯利亚的巴枯宁[2]（据说他的演

1 法国工人阶级中的激进主义分子，得名自法国政治哲学家与社会主义者皮埃尔–约瑟夫·蒲鲁东，他自称无政府主义者，并扬言“财产就是盗窃”。

2 巴枯宁（1814—1876），俄国革命分子，出身贵族世家，言辞激进，倡议集体无政府主义。

讲非常感人，如果当众要求听众割喉自杀，听者也会照办）。其他人则把注意力转回国内的事务。这个国际组织的最后一次会议于1874年在纽约举行。这是令人哀伤的失败。

蒲鲁东是法国木桶匠之子，自学成功的杰出社会主义者，著有《什么是财产？》一书，震撼了法国知识分子。蒲鲁东回答说，财产就是盗窃。他虽然不主张废除一切私有财产，但呼吁终结庞大的私有财富。马克思曾和他见面、会谈与通信，然后又邀他与自己和恩格斯联手。蒲鲁东的回答是如此深切动人，如此富有先见之明，值得详加引述：

> 如果您乐意，让我们一起去寻求社会的规律、这些规律的运转方式，以及发现它们的最好方法；但看在上帝的份上，在我们推翻一切先验的教条后，不要换成我们梦想着向人们灌输信仰……我全心全意地赞成您关于寻求一切意见细微差别的想法；让我们继续着善意而忠诚的辩论，让我们向世人展现出有教养、有远见的度量，但是正因为我们是一场运动的领袖，不要让我们陷入新的偏执，不要摆出新宗教的使徒姿态，即使这是逻辑的宗教、理性的宗教也一样。让我们召集并鼓励所有的不同意见，让我们谴责一切排他主义、一切神秘主义，让我们永远不要停止对一个问题的讨论，即使在最后一次辩论后，若有需要，仍可以再次开始——要雄辩与嘲讽皆可。如此，我将欣然加入；否则，免谈！

马克思的回答是：用《哲学的贫困》一书，痛批蒲鲁东所写的《贫困的哲学》。

这种不容异己的模式始终存在。接在第一国际之后的是温和与善意的第二国际——包含萧伯纳、拉姆齐·麦克唐纳[1]和毕苏斯基[2]。

假如马克思在他长期的放逐生涯中，除了发起劳工革命运动外别无所为，在当世就不会如此重要。他决定性的贡献是在历史的辩证唯物论，甚至更重要的是，他对资本主义经济前景的悲观分析。

我们在1929年被采用的《共产国际纲领》——《共产党宣言》的某种近代重述当中读到："资本主义的历史，已经完全证实了马克思关于资本主义社会及其矛盾发展规律的理论，整个资本主义体系正迈向毁灭。"这些规律是什么？马克思对其所知的体系有何预测？

答案就在那部巨著《资本论》中。以马克思极为严谨的作风而言，完成这本书实在是难得的成就。在某种意义上，这部书从未完成。它总共花了18年；1851年，在"五个星期内"就可完成；1859年，在"六个星期内"；1865年，"完成了"——其实只是一大堆难以辨认的手稿，花费两年时间才编成第一卷。马克思于1883年逝世时，还有三卷有待整理：恩格斯在1885年编成第二卷，1894年编成第三卷。最后的第四卷到1910年才问世。

任何有足够毅力读完《资本论》的人，都要看2500页之多！有些部分处理最细微的技术问题，而且过分地详尽叙述到像数学问题一样让人筋疲力尽；有些部分则在激情与愤怒中打转。这是一位读尽所有经济学家著作的经济学家，一位一丝不苟的日耳曼学究，一位会诉诸情感的批评家，会把资本写成"渴求劳工鲜血的吸血鬼"，告诉我们资本问世后"从头到脚，每一个毛孔中都溢出鲜血和污垢"。

然而我们不可就此认定，这只是一部痛骂缺德大亨的愤怒之书。它攻

1 拉姆齐·麦克唐纳（1866—1937），第一位工党出身的英国首相。

2 毕苏斯基（1867—1935），波兰建国领袖，1918年带领波兰重返独立。

击性的言辞，透露出作者与其论敌之间的牵连。但说来奇怪，这本书的伟大之处，就是它与所有道德考量彻底脱钩。书中的叙述充满怒火，其分析却冷静合理。因为马克思自己设定的目标，是要发掘资本主义体系本身的倾向，它的内在运动规律。仅对该体系的明显缺点进行详细叙述，是简易但比较没有说服力的做法。马克思避开这种做法，而建立了一个所能想象到的最严密、最纯粹的资本主义。在此一精粹的抽象体系中，所有现实生活中的明显缺点都被移除。他在这个领域中展开探寻。若他能证明，即使是尽可能完善的资本主义也会走向灾难，那就更容易推论出，现实的资本主义必然要走上同一条路，只是速度更快。

于是他布好了舞台。我们进入了一个完美的资本主义世界：没有垄断，没有工会，也没有人拥有特殊利益。每件商品都恰好依其适当价格出售。这个适当价格就是其价值——一个微妙的词。马克思说，商品价值是它含有的劳动量。若制造帽子所需的劳动是制造鞋子的两倍，那帽子的售价将是鞋子的两倍。当然，劳动不必然是直接的体力劳动，也可能是散布于许多商品的间接劳动，或一度用来制造机器，如今让机器慢慢地将它传递到其产品中的劳动。但不论其形式为何，这一切终可化约为劳动，而此完美体系中的一切商品，将依其所包含之直接或间接的劳动量定价。

在这场资本主义的戏剧中有两大主角：工人和资本家——如今地主已然失势。他们和先前我们在类似经济场景所见的角色不尽相同。工人不再是生殖冲动的奴隶。他是一个自由的叫卖者，可以进入市场处理他所拥有的唯一商品——劳动力，如果其工资有所提高，不会笨到用大量繁衍子孙的方法把自己打败。

资本家面对的是一个竞技场。在离开前述抽象世界，深入调查1860年英国的各章中，马克思刻薄地描绘了资本家的贪财之心。但值得注意的是，资本家之所以渴求钱财，不仅仅是出于贪念。身为企业主，他要与同行从事无止境的竞赛。他必须努力累积资本，因为他是在竞争的环境中营运，不是自己累积，就是被别人所累积。

舞台已布好，演员也就位。但现在第一个难题出现。马克思问道，这样利润从何而来呢？若一切事物都恰好按其价值出售，那么谁能得到不劳而获的增额呢？没人敢把价格提高到竞争性的价格之上，即使一个卖家想欺骗一个买家，该买家能花在此经济体内其他地方的钱就会变少——一人的利润就是另一人的损失。若一切事物都按其应有的价值进行交换，整个体系又怎么会有利润呢？

这好像自相矛盾。若我们假定，垄断者不受竞争影响，或承认资本家支付的工资低于适当价格，就很容易解释利润的由来。但马克思不这么做，将自掘坟墓的正是理想中的资本主义。

他在一个与众不同的商品中，找到此难题的解答。这个商品就是劳动力。劳工和资本家一样，将产品依其所值的价格，也就是其价值出售。这个价值就和其他销售品的价值一样，相当于投入其中的劳动量。就劳动力而言，这就是指“制造”劳动力的劳动量。换句话说，一个工人的可售劳力价值，就是让劳工在社会继续工作所必需的劳动量。亚当·斯密和李嘉图完全同意，一名工人的价值，就是他维生所需的钱财。这是他维生的工资。

到这里还没有问题，但利润的关键在此出现。契约劳工只能要求他应得的工资。如我们所见，这工资取决于维持一个人生存所需的劳动时间量。若维持一个工人的生存，每天需要6小时社会劳动量，那么（如果一小时工作定价1元）他的“价值”就是一天6元。仅此而已。

但劳动契约的每日工时不只6小时。那只够养活他自己。相反，他同意每天工作满8小时，或是在马克思的时代，一天10小时或11小时。因此他生产了足足10小时或11小时的价值，却只领有6小时的价值。他的工资可以维生，那就是他真正的“价值”，但他一整个工作日生产的价值都给了资本家。这就是体系中利润的由来。

马克思把没有报酬的这部分劳动称为“剩余价值”。这个词与道德义愤无关。工人应得的就是其劳动力的价值，而他已完整得到。但是，此时资本家却得到其工人整天工作的全部价值，而这低于资本家付给工人的价值。因此当资本家出售其产品时，可以按它们的真正价值出售，却仍有利润。因为他产品中的劳动时间，已经超过他必须支付的工资。

为什么会有这种事？因为资本家垄断了一件事物——生产工具。在私有财产法律制度下，只要资本家掌握男男女女工作所必需的机器设备，就“掌握”了工作。若不愿意接受资本家要求的工时，就找不到工作。和这体系中的任何一分子一样，一名工人无权要求比他自身的商品价值更多的东西。这体系完全“公平”，但所有工人都被骗，因为他们被迫工作的时间得比维生所需的时间更长。

听起来很奇怪吗？要记得，马克思描述的是一个工时很长的时代，有时长得难以忍受。而且那时的工资总的说来也仅可糊口。在“血汗工厂”几乎已然消逝的国家中，不容易理解剩余价值的观念。但在马克思写作时，它却不仅仅是理论概念而已。只要举一个例子就够了：1862年在曼彻斯特的一间工厂，以一个半月为期，工人平均每周工作84小时！在那之前的18个月期间，则是78.5小时。

但这一切都还只是布局而已。我们有主角，有他们的动机，也在发现“剩余价值”时得到情节的线索。现在好戏开演了。

资本主义危机

所有的资本家都有利润，但他们都在竞争，因此试图牺牲其他竞争者而累积资本，扩大其产出规模。但扩大并不容易，需要增加劳工。为此资本家必须彼此竞争。工资趋于上升，而剩余价值反趋下降。看来马克思描绘的资本家，将和亚当·斯密和李嘉图时代所描绘的资本家一样，让利润被上升中的工资所吞噬。

对亚当·斯密和李嘉图而言，劳工倾向在工资上升后多生子嗣，而这就是此难题的解决之道。但马克思像穆勒一样，排除了这个可能性。马克思对此并未争论，只是将马尔萨斯的学说称为"对人类的诽谤"。但他同样地把资本家救出这个困境，因为他说，他们会将节省劳力的机器引进工厂，来应对工资上升的威胁。这会让部分工人流落街头，变成"产业后备军"，而它与亚当·斯密和李嘉图理论中的人口成长一样，使工资回落到先前的"价值"——仅可维生的水平。

现在重大转折出现。看来好像资本家利用机器让工人失业，让自己解决了工资上升的难题。但没这么简单，就在他正希望摆脱一个困境的同时，已陷入另一个困境。

因为用机器取代人力，也就是用无利可图的生产方式，取代有利可图的生产方式。要记得，在马克思的理想资本主义世界模式中，没人能只靠精明地议价就能获利。不论一台机器对资本家值多少钱，他必须为其支付十足的价值。若一台机器在整个使用年限中，能生产出一万元的价值，我们的资本家则在一开始就得付清这一万元。他只能从现有劳工未获报酬的剩余工时中获取利润。因此，当他减少工人的数量或比例时，就是在杀鸡取卵。

然而，资本家不是魔鬼，只是被迫扮演这个令人不快的角色。他们只是遵循累积资本的冲动，并努力不要输给竞争者。工资上涨时，他们必须引进节省劳力的机器来削减成本，挽救利润——即使他们不这么做，他们的同行也会。但是，他们必须以机器代替劳工，也就必须缩小利润的基础。这就像一种希腊戏剧：不管愿不愿意，人人都走向他们的结局，而且他们都在不知不觉的情况下，合力自取灭亡。

现在命运已定。在利润缩水时，每一位资本家都会加倍努力，在其工厂中设置新颖省力、能降低成本的机器，只差一步就可以欢喜丰收了。但大家都在做一模一样的事，现有劳工（以及剩余价值）占总产量的比例将更进一步地缩减。利润率将一降再降。如今末日就在眼前。利润已经削减到使生产不再有利可图的程度。以机器取代人力后，消费随之下降，就业人数也无法配合生产量。工厂随之倒闭。厂商开始抛售，而较小企业的处境更惨。一场资本主义危机即将到来。

危机并不意味着游戏结束。正好相反。工人失去工作后，会被迫接受更低的工资。当机器也被抛售时，较强大的资本家就能以低于真正价值的价格取得机器。过了一阵子，剩余价值重新出现。前进的过程又重新开始。于是，每一次危机都有助于更新此体系的扩张能力。危机——在现代又称为商业衰退或萧条——是体系运行而非衰落的方式。

但这运行无疑非常奇特。每次更新都导向同样结局：竞相招募工人、提高工资、机器代替工人、剩余价值的基础缩小、更疯狂的竞争；每次危机比前一次更严重。在每次危机期间，较大的企业会并吞较小者，而当工业巨兽终于倒台时，其残骸远比小企业大得多。

最后终于落幕。马克思对这毁灭的景象，描绘得淋漓尽致：

> 在转变过程中，夺取与垄断一切利益的资本巨头不断减少，而群众所受的痛苦、压迫、奴役、羞辱和剥削则在增加；但是数量日增、有纪律、团结一致，而且正是在资本主义生产的作用过程本身机制下组织起来的劳动阶级，其反抗也随之增长……生产工具的集中化和劳动阶级的社会化，终于到了与资本主义外壳无法兼容的地步。这一外壳炸成碎片。资本主义私有财产的丧钟响起。剥削者要被剥削了。

这出戏以马克思凭辩证法所想出的顺序收场。此一体系——纯粹的体系——在运作过程中会把自身的能源（剩余价值）榨干，于是趋于崩溃。由于这个经济体在本质上无计划性，因此经常处于不稳定状态，从而加速崩溃。虽然有些力量会延缓其结局的降临，但最后必死无疑。

这与先前的观点截然不同！对亚当·斯密而言，至少在可预见的未来，资本家会持续向上攀升。对李嘉图而言，上升的运动受阻于缺乏足够田地来应对人口压力，而这既妨碍了进步，又让幸运的地主大发横财。对穆勒而言，由于他发现社会可以按照它认为合宜的方式分配其产品，无须受制于“经济法则”，因此对未来更具信心。但是对马克思而言，根本无药可救。因为唯物史观告诉他，国家只是经济统治者的政治统治机关，不可能成为其成员之间互相冲突之利益主张的仲裁者。辩证发展的逻辑无可避免，一个体系不仅会自毁，而且在这样做的同时，也会孕育出它的后继者。

至于那个后继者可能像什么样子，马克思几乎没提。当然，它将“没有阶级”。马克思的意思是说，一旦社会拥有了生产商品的所有工具，以财产为基础的社会经济划分将被移除。至于社会将如何“拥有”这些财产，“社会”的含义是什么，在管理者和被管理者之间，在政治领袖与一般人之间，会不会尖锐地对立，马克思都没有讨论。在“社会主义”的过渡时期，将有“无产阶级专政”；然后，就是“纯粹的”共产主义。

我们必须记住，马克思不是现实社会主义的建筑师。这个艰巨任务要落到列宁的肩上。《资本论》只是资本主义的“末日定罪书”，至于审判日以后的世界会是什么样子，在马克思所有的著述中几乎都没提。

资本主义体系的“运动规律”

我们要怎么了解他启示录般的论证呢？

首先，它不仅仅是另一种经济学“模型”。其实马克思赋予社会研究一种新任务，即经济学自身的批判。《资本论》中有很大一部分，用来表述早期的经济学家不了解对他们所从事之研究的真正挑战。例如，亚当·斯密和李嘉图都思考过价值问题。虽然成功的程度不一，他们都试图表明价格如何反映，或不能反映，不同商品中所体现的工时量。

但马克思指出，这不是真正使人困惑的问题。使人困惑的问题是，实际的男女劳动有那么大的差别，怎能把“劳动”称为价值的公约数呢？李嘉图曾用抓一条鲑鱼和杀死一头鹿所耗费的劳动时间，来建立其交换比率，也就是它们的价格。然而，没有鹿死在鱼竿之下，鲑鱼也不会在森林里被猎人抓到。那么人们怎能用“劳动”作为决定交换比例的公约数呢？

马克思说，答案在于资本主义社会创造了一种特殊的劳动——抽象劳动，一种撇开了前资本主义社会特殊个人属性的劳动，一种能像小麦和煤炭那样买卖的劳动。因此，“劳动价值论”的真谛不像亚当·斯密和李嘉图想的那样，在于决定价格，而在于确认劳动力成为商品的一种社会体系。这个社会是资本主义社会，在那里，历史的力量（如圈地运动）已创造了一个工人无产阶级，除了自身的劳力外，别无一物可卖。

因此，马克思发明了一种使经济学焕然一新的“社会分析”。除了这个非凡贡献外，马克思关于资本主义世界的模型虽然粗陋，但似乎也显出一种惊人的活力。依其基本预设，角色在舞台上的调度、他们的动机和他们的环境，展现出形势的变化，而且是以一种可预测的方式变化。我们已看出这些变化：利润如何下降，资本家如何寻求新机器，每一次景气如何以崩盘收场，小企业如何在每次崩溃中被较大的企业吞并。马克思称这些趋势为资本主义体系的“运动规律”——资本主义将踏上的道路。令人惊讶的是，有这么多预言已然应验。

资本主义经济中的利润确实趋于下降。这不是马克思发现的，利润下降的原因也不仅限于他所提出的理由。但正如亚当·斯密、李嘉图或穆勒曾指出的且任何商人都会同意的，那样竞争压力和工资上涨，确实会削减利润。除了少数不可动摇的垄断企业外，利润既是资本主义的标志，也是其罩门，因为没有企业可以使其利润永远保持在成本之上。只有一种情况可以使利润永久存在，那就是商业，或整个经济不断成长。

但是对成长的需要就牵涉到马克思模式的第二项预测：不断寻求新技术。工业资本主义始于工业革命，这并非意外。马克思已清楚表明，技术进步不仅伴随着资本主义而来，而且是它不可或缺的成分。企业要生存，就必须创新、发明与实验；在这富有进取心的世界中，企业不能仅凭过去的成就而长久生存。近来一家大型化学公司宣称，它大约有四分之三的收入，来自十年前还不知道的产品——虽然这是特别善于创造的产业，但工业发明与利润率间的关系，大致皆是如此。

此模型还料中了资本主义的另外三种趋势。我们几乎无须举证说明，近百年来，商业危机的存在或大企业的出现。但我们可以谈谈，马克思预测时的胆识。尽管后来的事件确实证明了马克思的预言，那时其他经济学家皆未认出资本主义的内在危机倾向，我们称之为景气循环。而且当《资本论》问世时，商界的大企业很少，仍然以小企业为主。在1867年，宣称大企业将支配商业舞台，就如同在今天宣称，50年后，美国的小业主将取代大公司一样惊人。

最后，马克思相信，那些小独立工匠与自雇工人，将无法抵抗大量生产的压力，于是更多人得在市场上出卖其劳动力，即变成“无产阶级”。这点实现了吗？在19世纪的前25年中，大约3/4的美国人在自有的农场或小店铺工作。如今只有大约1/10的劳动力是自雇者。我们不把办公室职员、巴士司机和银行出纳等当成无产阶级，但在马克思的词汇中，这些都是必须将劳力提供给资本家的工人，而与拥有自己生产工具的农场主或补鞋匠不同。

总之，此模型展示出非凡的预测能力。要晓得，只是检视马克思那时的世界，可能还无法揭露这些广大而惊人的变动。因为在马克思的愿景中，并没有一位代表人物，没有具远见的劳工领袖，没有即将到来的革命英雄。当然有核心角色，尤其是自取灭亡的资本家与终将获胜的工人，但这两者在戏里都是被摆布的棋子，其中一个最后走向失败，而另一个则走向胜利。在马克思的剧本中，具有代表性的不是一个人，而是一个过程。事物的辩证力量是其愿景的核心。

他的说法当然不可能精确无误。马克思认为利润不仅会在景气循环之中下降，还会呈现长期的下降趋势。前者被说对了，后者却没发生。尽管我们看见此模型有其缺点，但马克思关于资本主义如何运作的模型仍然极富预测能力。

迄今所提到的马克思的预言还完全无害。但读者要记得，该模式最后的预测，就是马克思“纯粹资本主义”的崩溃。

在开头时就曾说过，这一预言不能轻易抹杀。在俄国和东欧，资本主义曾被社会主义取代；德国和意大利曾陷入法西斯主义。虽然战争、蛮横的政治力量、命运的拨弄、革命者的坚决努力，都起了一些作用，这些变化发生的原因，大致正如马克思所预测的：资本主义崩溃了。这是无情的事实。

为什么它崩溃了？部分是由于它发展出马克思曾预言的不稳定性。一连串恶化的商业危机再加上战祸，使体系的中下阶级丧失信心。但这不是完整答案。欧洲资本主义失败的社会原因比经济原因更重要——这点马克思也料中了！

因为马克思承认，体系的经济困难并非不可克服。虽然那时还没有反垄断法或反景气循环政策，但这类活动并非不可想象：在马克思的愿景中，物质意义上没什么不能避免的。马克思对衰败的预测奠基于一个资本主义的概念上：要政府来纠正体系的错误，在政治上是不可能的；在意识形态上，甚至在感情上也是不可能的。要消除资本主义的缺点，就得有一个超越单一阶级利益的政府，这就得假定，人们能够不受他们当前经济利益的束缚。马克思的分析质疑这一点。

至少到第二次世界大战之后，由于缺少社会弹性而短视近利，都是欧洲的资本主义被削弱的原因。马克思坚决主张资本主义国家会走上败亡之路，而有这么多国家真如他所言，走上这条死路。对读过马克思著作的人而言，想到这无情的判决就会不寒而栗。这些政府好像在不知不觉中，为了要证明马克思的预言正确，而顽强地做着他认为它们会做的那些事。在沙皇统治下的俄国，一切民主工会主义都被残酷镇压；在英国和德国，独占和联合垄断都受到官方鼓励；马克思的辩证法不幸言中。在19世纪末和20世纪初，人们检视贫富悬殊现象，并发现富者对贫者毫不关心时，便会不安地感到，马克思为其历史剧所选定的心理原型栩栩如生。

美国在这期间的情况不同。它也有自己的反动派和革命者。美国经济史上的剥削和丑恶行为罄竹难书。但这里的资本主义，在不受贵族世系和古老阶级观念污染的土地上发展。在某种程度上，美国的社会风气比欧洲的更严酷，因为在个人已完全无望地被大规模工业主义环境压倒之后很长一段时间，美国人仍坚持“严格的个人主义”信条。但在欧洲，传统贵族与公开的阶级划分并存。在美国的背景中出现了对待公、私权力的某种实用主义，以及对民主观念的普遍赞成，因此引领这个政治体安然渡过令许多其他国家翻覆的礁石。

这些改变的能力，正是马克思分析的答案所在。实在地说，我们愈是深入检视资本主义史，特别是近几十年的部分，就愈加尊重他思想的洞察力，也愈加体认到其局限性。他诊断出的资本主义问题，有许多依然存在，尤其是经济不稳定与财富和权力的集中倾向。但我们在不同国家发现差别很大的应对之道。因此，尽管许多欧洲国家的失业率比美国的更高，它们却提供免费的普及教育（包括大专院校）、保健与退休津贴，以及一定程度的失业救济等令美国羞愧的措施。结果，美国贫困人口的比例是他们的三到四倍！

衡量马克思有力的愿景以及随之而来的分析重点，对于资本的优点、市场的向心性以及所有资本主义国家公私部门各自的角色，有一系列的观点跟价值，体现了这些明确的信念。必须在这一系列的制度、行为与态度中，寻找马克思愿景的后继者。

但是，撇开注定灭亡的弦外之音不谈，马克思的分析仍不可轻忽。它仍是资本主义体系所曾遭遇过的最严肃、最敏锐的检视。马克思主义的革命家，沿着道德路线摇头抨击利润动机的不义，但马克思主义的经济学家则不然。对其热情可以加以冷静评估，同理，其严峻的发现也依然中肯。

最后，我们必须记住，马克思不只是一个大经济学家。恩格斯在他的葬礼悼词中说：“就像达尔文发现了生物世界的演化律一样，马克思也发现了人类历史的演化律。”恩格斯正确地强调了马克思阶级斗争史观愿景的非凡重要性。马克思教我们，不要只是观察历史，而要看穿历史，就像弗洛伊德教我们看穿人的外表，直抵我们内心的历程，或像柏拉图教我们看穿未经检验的观念帘幕，直抵隐藏的哲学问题一样。

这就是马克思的名字像弗洛伊德与柏拉图一样历久弥新的原因。最好把马克思当成一位不可回避的伟大探险者，其足迹已不可磨灭地留在他所发现的社会思想大陆上。所有希望对此进一步探索的人，不论是否同意马克思的发现，都必须尊重这位人类的先驱。

第七章

维多利亚世界与经济学的地下世界

他们看到了资本主义的全新动向。事实上，他们把帝国主义视为资本主义本质变化的信号。更重要的是，他们在这新的不断扩张的过程中，预测到了资本主义前所未见的最危险趋势——朝向战争的趋势。

马克思在1848年的《共产党宣言》中，就宣判了资本主义的死刑。这个体系被断定罹患不治之症。尽管确切死期还不确定，但应该已为时不远。它的近亲——共产主义者——正在热切地倾听资本主义咽下最后一口气的声音，而这便意味着权力将移转到共产党人之手。甚至在《资本论》于1867年问世前，他们就已开始准备守灵。每逢病情发作，或遭遇产业萧条的袭击，那些希望资本主义断气的人，就会更靠近病床，并且告知彼此，“最终革命”的时刻已触手可及。

但资本主义体系并未死亡。许多马克思主义的运动规律，确实已被情势发展所验证：大企业的确愈来愈大，一再发生的萧条和失业使社会备受折磨。

实际上在马克思主义者之间，对于马克思的措辞究竟指涉什么内容，也有着长期的争论。倘若他只是说，愈来愈多的工人阶级，将体验到变成无产阶级（受薪工人）的“痛苦”，那么正如我们所见，他是对的。但他若是意指，他们身体上的痛苦将更加恶化，那他就错了。

实在地说，为了调查1886年的不景气而被召集的一个皇家委员会，对工人阶级的处境表示特别满意。这并非替资产阶级辩护的虚言。工人的处境明显且大幅改善了。罗伯特·吉芬爵士[1]从19世纪80年代回顾时写道："我们必须考虑的是，50年前，工人的薪水平均只有现在的一半，或略多一点，经常得对抗面包价格的波动，而面包涨价就意味着饥荒。其实在50年前，国内的劳动大众不时要面对饥荒。"但在吉芬写作的时代，物价虽比从前高，工资的增长速度却更快。英国工人第一次能赚到足以糊口的薪资，即将苦尽甘来。

除了工资上扬外，剩余价值的特定来源也已缩减：工时大幅减少。比方说，在贾罗造船厂以及纽卡索化工厂，一周工时由61小时下降到54小时。即使在操劳的纺织厂，工时也减到只有57小时。工厂主人确实抱怨，工资成本的涨幅已超过20%。然而，尽管这些进展价格不菲，却有很多无形的好处。随着生活条件的改善，1848年那种不满的声浪便销声匿迹。一位斯坦福郡的厂商，在说明其劳工态度时表示："只要他们都能好好地上班，就不会讨论政治。"

恩格斯在给马克思的一封信里悲哀地说："英国的无产阶级竟然愈来愈像资产阶级，因此这个最资产阶级化的国家，似乎终将向资产阶级靠拢，被资产阶级贵族与资产阶级化的无产阶级掌握。"

对忠实信徒而言，情况的转折虽出乎意料，但"无可避免"之事当然仍是无可避免。至于要经过一代还是两代的时间才会发生，这在漫漫的历史洪流中没什么差别。但是非马克思主义的研究者，对维多利亚时代的繁荣昌盛，却有不同看法。世界前途似乎愈来愈乐观，而马克思那种异议分子的不祥预言，就像是不满的激进派在胡言乱语。因此，马克思替学术界准备的震撼弹，几乎不声不响地报销了。马克思并未遭到激烈辱骂，而是

1 罗伯特·吉芬，苏格兰统计学家与经济学家。他发现当时英国面包的价格因进口麦价增高而上涨，但低收入的工人阶级却增加对面包的消费，而有价格愈高、需求反而愈增的看法。马歇尔在其著作《经济学原理》中便以吉芬物品的名称表示有上述情形之商品。

更令人难受的彻底忽视。

当经济学家时而是哲学家，时而是金融掮客，时而是革命家的时候，它似乎照亮了整个社会的行进方向。相较于这些早期经济学家广泛的烽火，专业人士的研究只投射出微细的光线，而经济学已成为这些教授们的专业领域。

数理经济学派

这是因为维多利亚时代的英国，已如我们所见，搭上了19世纪进步与乐观主义的顺风。四周洋溢着改进的气氛，自然没什么理由提出航行的本质这种恼人问题。因此，维多利亚时代的繁荣，导致一群阐释者的兴起。他们很细致地考察体系的运作，却不质疑其根本价值，也不对其最终命运提出恼人的预言。一个新的专业领域成为经济思想的主要支柱，其贡献往往很重要，但并非不可或缺。在阿尔弗雷德·马歇尔、威廉姆·斯坦利·杰文斯[1]、约翰·贝茨·克拉克[2]以及其周围许多大学教员的心中，经济世界里已经不再有狼，因此也没什么生死攸关的活动来让经济理论阐述。世人全都是和善的绵羊。

1881年（就是马克思过世前两年）出版的一本小书《数理心理学》，对这些绵羊描绘得最为清晰。在学者群中，该书作者并不是最伟大的，但或许是最具启发性的。这位古怪而害羞的教授名叫弗朗西斯·伊西德罗·埃奇沃思。他是那位曾和李嘉图玩猜字游戏的玛丽亚·埃奇沃思的

1　威廉姆·斯坦利·杰文斯（（1835—1882），英国经济学家与逻辑学家，应用数学方法至经济学上，详细述说了价值的边际效用理论。

2　约翰·贝茨·克拉克（1847—1938），美国新古典主义经济学家，美国边际学派的代表人物。

侄子。

埃奇沃思无疑是个优秀的学者。他在牛津的期末考试中被问到一个特别深奥的问题时，他问主考人："我该简答还是详答？"然后滔滔不绝地讲了半小时，还不时转而使用希腊语，让主考人目瞪口呆。

但是埃奇沃思并不是因为经济学可以为这个世界加以辩护、解释或谴责，也不是因为它指出了光明或阴暗的未来，才会迷上这门学问。这个怪人之所以被经济学迷住，是因为它处理的是数量问题，而任何数量问题都可以转译为数学！在转译过程中，要放弃早期经济学者那个充满张力的世界。但是它可以换得一个严整精确的世界，似乎足以补偿其所失。

要打造这样一个现实数学模型，显然得将世界简化。埃奇沃思简化的方法是，假设人人都是追求愉悦的机器。边沁在19世纪初便想出这个概念，并取了个有趣的名称——"幸福微积分"。这种哲学观，将人类视为许多活生生的损益计算器，而每个人都忙着安排他的生活，以将其心灵上的计算器愉悦值，拓展到最大限度。如今埃奇沃思为这个通用哲学添加了数学精确性，以创造出"所有可能的世界中最最理想的那一个"。

埃奇沃思实在不像是有这种社会观的人。他可能是造得最差的愉悦机器，极度害羞，倾向离群索居。大部分人都因拥有财产而感到愉悦，而他却对物质负担感到不悦。他家徒四壁，要到公共图书馆看书，没有餐具、文具，甚至连邮票也付之阙如。或许他最大的乐趣来源，就是建构他想象中可爱的经济天堂。

但不论他的动机为何，埃奇沃思对愉悦机器的假设，已经产生了美妙的知识成果。若将经济学定义为对于人类这种愉悦机械，竞逐社会中所拥有愉悦总量之比例的学问，那么它便能凭借无可辩驳的微分，显示出在完全竞争的世界中，每一部愉悦机器都能得到在社会所能分到最大量的愉悦。

换言之，即便这个世界还不是所有可能的世界中最好的那一个，它也可能成为那样的世界。不幸的是，这并不是完全竞争的世界。人们往往很愚昧，漠视坚持追寻己利所能产生的良好结果，而可悲地拉帮结派。比方说，工会就与人各为己的原则直接抵触，而财富与地位无可否认地不平等，使竞争的出发点有所偏颇。

但埃奇沃思说，不用担心，大自然也已安排好了。工会的联合行动也许在短期内有所得，但长远而言必然失败。这只是事物理想结构中昙花一现的瑕疵。如果出身高贵和家财万贯，似乎在一开始就造成经济竞赛的偏颇，那数理心理学也能加以协调。因为大家虽然都是追逐愉悦的机器，却有好坏之分。比方说，男性比女性更善于管理其心灵银行的账户，而“拥有专门技术与天赋的贵族”具有雅致的鉴赏力，比起天真的劳工阶级更能感受到良好生活的愉悦。因此，人类数学的计算仍能有利地运作。它甚至明确地证明了，现实世界中性别与地位分工的正当性。

但数理心理学不只能将保守主义信条合理化而已。埃奇沃思确信，他对人类活动的代数性洞察，能帮助有血有肉的世界。他的分析包含了像这样的用语：

$$\frac{d_2y}{dx^2}=\left(\frac{d\pi}{dx}\right)^2\left(\frac{d_2\pi}{dy_2}\right)-2\frac{d\pi}{dx}\cdot\frac{d\pi}{dy}\left(\frac{d_2\pi}{dxdy}\right)+\ldots$$

埃奇沃思写道：考虑得如此抽象，而不正眼瞧一下如同满潮一样的实际政治事务，当然很荒谬。但每一个行动路线都源自感情的涓涓细流，以及动机的秘密水泉。当我们溯溪而上时，未必不能找到实际政治事务的所在。

“感情的涓涓细流”，的确如此！亚当·斯密对于他事业心旺盛的商人、贪婪的雇工，以及数量愈来愈多的劳工阶级，被转化成各种灵敏的愉悦追求者，会作何感想？事实上，与埃奇沃思同时代的穆勒信徒亨利·西季威克[1]曾愤怒地声称，他吃东西是因为肚子饿，不是因为他计算过这样可以让他得到多大的满足，但是抗议没用。数理心理学系统是如此美妙、如此迷人，消除了人类恼人的固执，并且快乐地清除了人类斗争与社会冲突的动机，因而立刻成功。

埃奇沃思并非唯一一个试图将政治经济学非人化的人。甚至当马克思在世时，一个完整的数理经济学派便已成熟。日耳曼经济学家冯·杜能[2]想出了一个公式，他声称能据以算出精确合理的工资：

$$\sqrt{a \cdot p}$$

杜能很喜欢它，因而将其刻在自己的墓碑上。我们不知道工人对此有何想法。在法国，著名经济学者里昂·瓦尔拉斯[3]证明，可以用数学方法算出恰好能结清市场的精确价格。当然，对市场上的每一个经济商品，都得有一条方程式，然后要有能力解开这个拥有数十万甚至百万方程式的问题，才能做到这点。但不用把这些困难放在心上，理论上此问题可以解决。曼彻斯特大学教授杰文斯写了一部政治经济学专著，将生存竞争化约为“苦乐微积分”。杰文斯写道：“我的经济学理论……纯然是数学性的。”任何无法化约到他所设计的精密拼图中的经济生活面向，都不受重视。或许更值得注意的是，他计划写一本《经济学原理》（然而天不假年，他并未履行此计划）。重要之处在于，政治经济学如今被改称为经济

1 季威克（1838—1900），英国功利主义哲学家，追随边沁与穆勒。

2 冯·杜能（1783—1850），经济地理学的开创者，其著作《孤立国》分析了农业土地利用的影响因素，产生出杜能圈的设想。

3 里昂·瓦尔拉斯（1834—1910），法国经济学家，一般均衡理论的创立者。

学，这个用法被教科书接受。

尽管这种做法大多很愚蠢，但也不尽然。经济学毕竟关切人们整体的行动，而人类集合体就像原子集合体一样，确实倾向显示出统计规律性与概率法则。于是当这些专家转而探讨均衡观念时，确实阐明了某些社会整体的倾向。（均衡是指一种状态。趋向均衡时，市场会倾向当人人都追求自身效用极大化时，随机碰撞的结果。）瓦尔拉斯的方程式仍被用来描绘静态社会体系的特质。

问题是，一个“静态”体系真能描绘出社会整体实况——基本的实况吗？从亚当·斯密到穆勒，当然还有马克思等较早期的经济学家，心里都清楚地认定社会的本质是扩张性的。其扩张的确会遭遇阻碍、气力用尽，或碰上经济衰退，但经济世界的核心力量，仍与成长的政治与心理倾向密不可分。

在把均衡当作体系中最有趣、最具启发性的面向这个新焦点中，所欠缺的就是此基本概念。突然间，资本主义不再被视为一种持续紧绷的历史性社会工具，而变成一种静态，确切地说是非历史性的组织模式。曾让早期研究者着迷的体系驱动力，如今被轻视、忽略、遗忘。不论新看法点明了资本主义体系中的何种面向，其历史的使命都不包括在内。

对这个苍白的方程式世界的反动，使得经济学地下世界繁荣昌盛。这样一个经济学异端邪说的奇异边陲领地一直存在，但其学说未能登上大雅之堂。其中有一个压抑不住的伯纳德·曼德维尔，巧妙地证明了美德是恶上加恶，而震惊了18世纪。他不过是指出，当罪孽深重的富人恣意挥霍时会使穷人获得工作，而严守俭德、一毛不拔的人却不会起这样的作用。因此他说，个人的不道德有助于公共福利，而个人的正直也许是社会的负担。他在《蜜蜂的寓言》中那种复杂的训诫，无法在18世纪被接受。结果，米德尔塞克斯大陪审团于1723年判定他的书对社会有害，而他本人也被亚当·斯密等人痛斥。

虽然较早期提出古怪主张、不懂装懂的人，大多为亚当·斯密或李嘉图这类健全的思想家所逐斥，如今这个地下世界却由于另一个原因而注入了新鲜血液。正统经济学界不再容得下那些想探讨人类行为整体的人。若有人对社会的诊断可能产生道德疑虑，或似乎意味着需要激进改革，都难以见容于令人窒息的维多利亚世界。

于是地下世界重获新生。马克思属于此阵营，因为其学说不为人所喜。马尔萨斯属于此阵营，因为其“普遍过剩”的观念在算数上是荒谬的，而且他质疑储蓄的好处，和维多利亚时代的尚俭之风格格不入。乌托邦人士属于此阵营，因为其言论毫无意义，而且根本不是“经济学”。最后，凡是学说与学院派人士在课堂上所建立的优美世界不一致，而且被认定为圈外人者，都属于此阵营。

巴斯夏的经济讽刺

这个地下世界，比其上那个祥和的领域有趣得多。地下世界里充满精彩人物，从而萌生出光怪陆离而又丰富多样的观念大杂烩。例如这位在经济观念发展过程中，几乎已被遗忘的法国怪人弗雷德里克·巴斯夏，在其短促的一生中（其中写作生涯更只有短短六年），给了经济学一项最具毁灭性的武器——嘲讽。巴斯夏说，看看这个疯狂的世界，它努力在山底下开出一条隧道，以连接两个国家。然后呢？辛辛苦苦地想要促进货物流通，却在山的两侧设下关卡，尽一切力量阻止商品通过隧道！

巴斯夏擅长指出事务的荒谬之处。他的小书《经济学诡辩》，是经济学中最幽默的作品。比方说，当法国国会在讨论巴黎—马德里铁路问题时，有个叫西米奥的人主张，在波尔多设个缺口，以利大幅增加当地脚夫、保全、旅馆老板、船运业者等人的收入。而让波尔多的财富增加，也能增加法国的财富。巴斯夏抓住这个贪念说道，好，但不要只在波尔多设缺口。“假如波尔多有权借由设一个缺口而获利……那么昂古莱姆、普瓦捷、图尔、奥尔良……也该为了全体的利益要求设缺口……如此，我们就会有一条由一连串缺口组成的铁路。与其称之为路，不如说是有路不通。”

巴斯夏在经济学界以风趣著称，但他的人生却很悲惨。出生在贝约纳的他，很早就成为孤儿。更糟的是，他还染上结核病。他曾在一所大学念书，然后试着经商，但他并没有商业头脑。转而务农也同样不成。就像托尔斯泰笔下那位好心的伯爵一样，对自家产业经营的干预愈多，情况愈糟。他曾怀抱英雄梦想，但其军事冒险却像堂吉诃德的闹剧：在1830年，波旁家族被逐出法国时，巴斯夏率领他募集的六百青年，不计代价地猛攻一座王家堡垒。结果这座要塞竟毫无抵抗地把旗子降下来，还邀请所有人进去吃了一顿大餐。可怜的巴斯夏！

他似乎注定要失败。但被迫失业却使其兴趣转向经济学，并开始阅读与讨论时事。一位邻近的乡绅劝他投稿，于是他写了一篇关于自由贸易的文章，并寄给一家巴黎的刊物。他的想法新颖、文风犀利。文章刊出后，这位小乡下学者一夕成名。

他来到巴黎。M. 德·莫利纳里先生[1]写道：“他没空请巴黎的帽商与裁缝帮忙。他的长发、小帽、宽松的大衣和家里带来的雨伞，会让人误以

1 M. 德·莫利纳里（1819—1912），比利时裔法国经济学家，长居巴黎，与自由放任学派经济学家交好，包括巴斯夏。

为他是第一次到城里来观光的乡巴佬。”

但这位乡下学者笔锋犀利。他每天在巴黎的报刊上，读到法国议员和大臣们为了他们自私而又盲目的利益辩护后，便加以嘲讽，使得笑声传遍巴黎。例如众议院于19世纪40年代，对所有外国货品课征更高额的税金以利法国产业时，巴斯夏写出了这篇经济讽刺的杰作：

> 蜡烛、油灯、烛台、路灯、烛花剪、熄烛器制造商，以及油品、兽脂、松香、酒精，还有一切和照明有关之事物生产商，致众议院请愿书
>
> 诸公：
>
> ……外敌的竞争，使我们受到无法忍受的伤害。其照明能力远胜我们的产品，以其离谱的低价涌入我们的国内市场……这个敌手……不是别人，正是太阳。
>
> 我们恳求诸位通过法律，勒令关上所有窗户、天窗、屋顶窗、屋内屋外的百叶窗、帷幔、窗帘、小圆窗；一言以蔽之，就是一切孔洞和缝隙。
>
> ……若诸位尽可能地阻纯自然光，创造出对人工照明的需求，我们法国的制造商中，有谁不会因而获利呢？
>
> ……若兽脂消费增加，就会有更多牛羊……若油品消费增加，我们将多种罂粟、橄榄……荒地上将满布多脂的树木。
>
> 作出决定，但要合逻辑。诸公现在依价格低廉的程度，将铁、谷物、外国纺织品排除在外，那么对整个白天都一文不值的阳光却不加禁止，是多么矛盾！

这是对自由贸易最富戏剧性的辩护文。然而巴斯夏不仅反对保护关税，还会嘲笑所有的经济矛盾。当社会党人于1848年，更加仰赖激情而非可行性，开始提出拯救社会的观念时，巴斯夏就用他打击旧政权的武器，转而对付社会党人。他写道："想靠国家过活的人们，忘了国家是靠人们过活。"

但他最痛恨的就是假借"国家利益"之名以遂私欲的保护关税。他是多么喜爱去驳倒那些伪装成自由经济思想而主张贸易障碍的诡辩啊！当法国政府提议，对进口织物增税以"保护"法国工人时，巴斯夏答以这篇巧妙的悖论：

（在给商务部长的信中，巴斯夏写道）"请为此通过一项法律，尔后只准使用短柄钝斧做出的梁椽，其他一律禁止……目前要砍100斧才能完成的工作，要改为300斧。目前需要一小时完成的工作，将变为三小时才能完成。这对劳工是多大的鼓舞！……尔后有人想要一处栖身，就得照我们的规矩来，正如现在有人想要一衣蔽体，就得照你们的规矩一样。"

尽管他以犀利的嘲讽提出批评，实际成就却很有限。他去英国会晤当地自由贸易运动的领袖们，返国后在巴黎组织了一个自由贸易社团。他不擅此道，而该社团只维持了18个月。

就在1848年之际，巴斯夏获选为国民议会议员。那时人们过于关注体系的缺失，而盲目地选择社会主义取而代之。对巴斯夏而言，这似乎是来自另一个极端的危险。他开始写《和谐经济论》，指出目前世界只是表面失序，其下有上千个不同追逐私利的动力，在市场中被转化为更高的社会利益。但他的健康状况已非常差，几乎不能呼吸，因为疾病的折磨而脸色苍白。他移居到比萨，并在那里读到他的讣闻，其上通常写着哀悼一位"伟大的经济学家""著名作家"。他在写给某位朋友的信中说："感谢上帝，我还没死。我向你保证，假如我能确定，留给爱我的朋友们的不是刻骨的哀痛，而是温柔深情、带点忧郁的回忆，那我将含笑九泉。”他拼命想完成其著作，但时不我与。1850年阖眼之际，他曾喃喃低语。在一旁倾听的教士猜想，他说的是：“真理、真理……”

他在经济学界的地位微不足道。他非常保守，但即使在保守派中，也没什么影响力。他的功能似乎是在戳破当时的浮夸之词。但是在机智逗趣的表象下，却有着令人不安的问题：体系是否永远合理？公私利益会否冲突？政治结构也是在追逐私利的前提下建立，却毫无自动调节机制可言。当私利的自动调节机制一再被政治结构扭曲时，我们能信任这种机制吗？

在地上世界的天堂乐土中，这些问题从未被正视。正统经济学界无视小丑提出的悖论，而只在追求愉悦的世界中，安详地发展量化的精确性。巴斯夏提出的问题仍未被解答。数理心理学当然不能解答有路不通或短柄钝斧的难题。和埃奇沃思一同将经济学变成“科学”的杰文斯承认：“坦白说，我不懂政治。”不幸的是，不懂政治的不止他一个。

地租问题

于是地下世界持续兴旺。一位留着胡子、心地和善而刚愎自用的美国人，于1879年加入了这个阵营。他说：“政治经济学……照现在的教法是毫无希望的，但这是因为它已经堕落而且被束缚。真相被错置，和谐被忽视。要说的话塞在嘴里，对坏事的抗议变成了对不义的背书。”这还不是全部。这位异端人士还断言，经济学对近在眼前的贫穷问题视而不见，而解决之道就像一整个新世界般呼之欲出：“这想法非笔墨所能形容！它是诗人所歌咏、先知曾暗示的黄金时代！……是基督教的最高境界——以碧玉为墙、珍珠为门的上帝之城！”

这位新成员是亨利·乔治。从他早年的生涯来看，显然他对于遁世护持真理人士的严肃思考毫无准备，难怪他属于地下世界。亨利·乔治的一生中，从事过各种工作：冒险家、淘金者、工人、水手、排字员、记者、政府官员与讲师。他没上过大学，13岁就离开学校，到前往澳洲和加尔各答的586吨重船只“印度号”上，当前桅小弟。在和他同龄的孩子学拉丁文时，他已经买了一只宠物猴，他成为一个瘦削、热情、独立而又喜欢四处游历的男孩。从东方回来后，他试着在家乡费城一间印刷行上班。19岁时他再次出海，怀着黄金梦航向加州。

出发前，他为自己列了一张骨相表：

桃花运………………高

子孙命………………中

忠实性………………高

定居性………………高

专注性………………低

诸如此类，“营养均衡程度”获得“满分”，“利欲心”“低”，“自尊心”“高”，而“乐天性”“低”。他的“戒慎心”“大”，但是在1858年抵达旧金山时，却不顾已签署的一年合约，急忙上岸，前往维多利亚淘金。尽管如此，就某些方面而言，他的骨相评估还不赖。黄金梦破灭后，他决定终究还是得过讨海生活。不过他变成一位旧金山的排字工（专注性低）、碾米厂的过磅员，然后（用他自己的话来说）变成“流浪汉”。再次淘金也一无所获，他潦倒地回到旧金山。

他遇到了安妮·福克斯，并和她私奔。她是17岁的天真少女，而他则是有着比尔·科迪[1]那种扎人胡须的英俊少年。轻易相信别人的福克斯小姐，在她秘密婚姻的旅途中带着一个沉重的包包。年轻的冒险家以为那些是珠宝，后来才发现只是通俗诗集之类的书。

接下来的几年穷困至极。亨利·乔治偶尔做做印刷工。工作机会很少，而且报酬甚低。在安妮有了第二个孩子时，亨利·乔治写道："我沿街走着，决心向第一个貌似会施舍的人要钱。我拦下一人——一个陌生人，并对他说，我要五块钱。他问我要钱做什么。我告诉他，我太太分娩了，我却没东西给她吃。他把钱交给了我。假如他没这么做，我想我会铤而走险，把他杀了。"

如今他26岁，开始写作。他在旧金山《时报》的排字房里弄到一份工作，并交了一篇报道给楼上的编辑诺亚·布鲁克斯。布鲁克斯怀疑这孩子抄别人的文章，但是过了几天，其他报纸上都没有类似的文章，他便将其刊登，然后下楼去找乔治。他发现这个瘦小的青年，正站在一块木板上，以让自己够到排字盒。于是乔治成了记者。

几年后他离开《时报》，加入支持社会运动的旧金山《邮报》。他开始写些不寻常的事件：关于中国苦力及其契约、建筑铁路时对土地的霸占，以及地方托拉斯的阴谋。他针对移民问题，写了一封长信给在法国的穆勒，并蒙受后者长篇的复信肯定。就在他对政治发生兴趣之际，还有时间从事传统新闻工作者最棒的冒险：当日出号进入这个港市时，隐瞒了船长与大副不断骚扰船员，导致两名船员跳海而死的案件。乔治和《邮报》查明此案，使得犯人被绳之以法。

这家报纸被卖掉后，乔治巧妙地谋取了瓦斯查表员这个公家闲差。他

1 比尔·科迪（1846—1917），人称水牛比尔，美国陆军，留有一对翘胡子，是美西拓荒时期最具传奇色彩的人物之一。

并不是追求安逸的生活，而是要开始阅读经济学家的作品。如今他的主要兴趣已清楚成形，而且已成为地方上的权威。他需要时间研读、写作，并对劳动阶级宣讲伟大的穆勒的观念。

当加州大学设立了一个政治经济学教席时，他被公认为适当的人选。但是他必须对师生发表一场演说。乔治鲁莽地表达了这样的意见："政治经济学之名，一直被滥用来抵制劳动阶级加薪的一切努力。"更让人震惊的是，他还说："研究政治经济学无须特别的知识、大量的藏书或昂贵的研究室，甚至连教科书或老师也不需要，只要会替自己设想即可。"这既是他学术生涯的开始，也是结束。这个职位由更合适的人取得，而乔治则回去写小册子并做研究。突然"在白昼的市街上，涌现了一个想法、一个愿景、一种感召，怎么说都好……它激励我撰写《进步与贫困》，并在我想放弃时支持着我。我在最寂静的深夜里完成了最后一页，那时完全是独自一人。我突然跪倒在地，哭得像个孩子一样"。

可想而知，这是发自内心的著作，是抗议与希望交织的呐喊。但也不难预料，它失之于感情用事，且缺乏专业的慎重。这与时下乏味的课本恰恰相反，难怪经济学的护卫者们不能严肃考虑这种风格的论证：

> 就以某个冷静的商人来说，他没有理论，却知道如何赚钱。告诉他："这是一个小村，十年内会变成大城。十年内铁路将取代马车，电灯将取代蜡烛，拥有大量让劳动效力猛增的机器与改进设施。十年内，利率会上扬吗？"
>
> 他会告诉你，"不会！"
>
> "一般劳工的薪资会上扬吗？"
>
> 他会告诉你，"不，一般劳工的薪资不会上扬……"
>
> "那么，什么东西会上扬呢？"

“地租，也就是土地的价值。去替自己买块地，好好留着。”

在这种情况下，你若接受他的劝告，就不用再做别的事了。你可以坐着抽雪茄，像那不勒斯或墨西哥的游民那样闲晃，搭着热气球上天，深入地下洞穴。无需任何努力，也不用为社会增加丝毫财富，就能在十年内致富！你可以在这所新城市中拥有一栋豪宅，但是在该城的公共建筑中，也将有一栋贫民救济院。

无须详述这整个热情洋溢并可能引起激烈反应的论证，关键就在这个段落。有些人的收入（有时大得惊人）并不是来自对社群的服务，而只是由于幸运地拥有位置适宜的土地。亨利·乔治对此深感义愤。

当然，李嘉图早在他之前就已看到这一切。但李嘉图至多只是认为，由于社会发展的趋势，使土地持有者发财致富，会增加资本家的不幸。对亨利·乔治而言，这只是一个开端。地租这不义的收入，不仅会夺去资本家的正当利润，而且会加重工人的负担。然而更糟的是，他发现这会引起他所谓的工业“爆发”，不时地撼动社会根基。

他并未很清楚地描述这个论点。它主要是依靠此一事实：既然地租从一开始就被假定为一种社会勒索，它自然代表着牺牲工人和实业家，不公平地将产出分配给地主。至于爆发，乔治深信，地租必然会导致土地价值的疯狂投机（正如美国西岸曾发生过的现象），而它最后必然崩盘，从而使价格结构的其他部分也垮掉。

在找出贫穷的真正原因和进步的根本障碍后，对乔治而言，要提出的药方很简单，开征一种巨额单——税。这将是吸收一切地租的土地税。在社会毒瘤去除后，黄金时代就会降临。此单不仅可以免除一切其他赋税，而且取消地租还能“提高工资，增加资本收益，根除贫困，让想找有偿工作的人都能如愿，使人力有自由发挥的余地，净化政府，将文明变得更高尚”。只能将它称为终极万灵丹。

当我们试图评价此说时，觉得它难以理解。这当然很天真，而且只有像乔治那样以救世主自居的人，才会把地租与罪恶画上等号。同样，把工业萧条归咎于土地投机，也过于夸大了后者的影响。土地投机可能造成困扰，但严重萧条却发生在土地价值根本没上升的国家。

所以我们无须多言。但当我们接触问题的核心时，必须停下来想一想。因为乔治机械式的诊断固然肤浅而有缺点，然而他对社会的批评基本上是道义性而非机械式的。亨利·乔治问道，地租为何存在？为何一个人对社会毫无贡献，只是由于所有权这一事实，就可以换得利益？一个实业家的利润，可以被说成远见和智巧的回报。但一个人的祖父拥有一块牧场，经过两代之后，社会认为适合在此盖摩天大楼。此人的远见在哪里呢？

这是个刺激的问题，但不能这么轻易地谴责地租制度，因为地主不是社会成长过程中唯一的消极受益者。股东随着公司扩张而获利，工人因为技术进步而提高生产力，消费者由于国家繁荣而增加实质所得，他们也全都是共同发展的受益者。我们所有人也都以不同方式，享有地位良好的地主所不劳而获的那种利益。这不只是地租问题，而是一切不劳而获的问题。它当然很严重，却不能只从土地所有权的角度处理。

地租问题也不如亨利·乔治所见的那般严重。一股小而稳定的地租，流入农场主、房主与中等收入的百姓之手。即使在地租收入的垄断区域内，大城市的房地产经营市场也在流动。地租已经不再是僵固的古封建形态，而会经常买卖转手，一再重新估价。美国的地租收入占国民收入的比重，已从1929年的6%缩小到今天的不足2%，指出这点就够了。

但不论其论点是否合逻辑，或道德谴责是否合理，《进步与贫困》引起轰动，成为畅销作品，而亨利·乔治也在一夕间成了全国知名人士。旧金山《亚哥水手》的评论者说："我认为《进步与贫困》是这半个世纪的代表作。"纽约的《论坛报》认为这是"自亚当·斯密的《国富论》出版以来最好的作品"。甚至像《审查家》和《旧金山记事报》这样的刊物，称它为"长久以来最邪恶的政治经济学出版品"，反而提高了它的声望。

乔治去英国演讲旅行，返国时已成为国际知名人士。他被征召参选纽约市长，在三人竞选中击败了西奥多·罗斯福，仅仅小输坦慕尼协会[1]的候选人。

如今单一税成了他的宗教。他组织了土地与劳工俱乐部，向本国和大不列颠的热情听众发表演说。有位朋友问他："这是否意味着战争？除非对方都是泥塑的，否则怎能希望不经一战就夺走他们的土地？"乔治说："我不认为要动刀动枪。但若有必要，就开战吧。没有比这更神圣的开战原因，绝没有比这更神圣的开战原因！"

他的朋友詹姆斯·罗素·泰勒说："他是最温和、最善良的人，不会因为怒火而动武。但他宁可掀起全面战争，也要让他的福音被接受。这种勇气……当仁不让。"

体面人士当然很厌恶这整套学说。一位曾在市长选战中支持乔治的天主教教士被暂时逐出教会。教皇亲自颁布关于土地问题的通谕，而且不理会乔治精心印刷装订的复函。美国第一流的专业经济学家弗朗西斯·A. 沃尔克将军说："我不会讨论这么邪恶的方案，让我的读者蒙羞。"尽管台面上的人对其书感到震惊或不屑，他却能深入读者的心坎。《进步与贫困》的销售量，超过美国以前所有经济学书刊销量的总和。在英国，他的名字已家喻户晓。不仅如此，他的观念（虽然通常是在灌水的形式下）已

1 1789年成立，美民主党位在纽约市的有力政治组织。

成为伍德罗·威尔逊、约翰·杜威、路易·布兰迪斯[1]等人物所传承的一部分。直到今天，亨利·乔治的忠实信徒仍然活跃。

1897年，老迈但仍不屈不挠的他，明知自己衰弱的心脏无法负荷紧张的选战，还是接受征召再次参选市长。他被称作“强盗”“他人权利的攘夺者”“混乱与毁灭的使徒”，并且在选举前夕过世。参加葬礼者数以千计。他笃信宗教，希望他的灵魂直升天堂。至于他的名声，当然直接落入经济学的地下世界；直到今天，他仍以近乎救世主的姿态，有点癫狂地对我们的经济制度提出恼人的问题。

资本主义的全新动向

但在地下世界中，还有比亨利·乔治对地租的严词谴责与奠基在单一税之上的上帝之城的迷人愿景更重要的事物。一种崭新而充满活力的精神，正横扫英国、欧陆甚至美国。“盎格鲁–撒克逊民族必将主宰世界历史与文明”之类四处流传的口号，显露出这种精神。在英吉利海峡对岸，维克多·雨果宣称“人类需要法国”；俄国专制主义代言人康斯坦丁·蒲伯多诺斯催夫[2]表示，俄国未受西方的堕落所污染，因此能荣登东方的领导地位。德国皇帝正在解释，为什么天神站在他们那边；新世界的西奥多·罗斯福则使他自己成为类似哲学在美国的代言人。

帝国主义时代开始了，地图绘制者们忙着更改标示在黑暗大陆所有权的颜色。在1870年与1898年间，英帝国增加了400万平方英里土地与8800

1 路易·布兰迪斯（1856—1941），美国法学家，1916年获威尔逊总统提名为最高法院大法官。

2 康斯坦丁·蒲伯多诺斯催夫（1827—1907），俄国法学家，历经三任沙皇顾问，反动派代表人物。

万人；法国也几乎得到一样大的领土以及4000万人；德国赢得100万平方英里和1600万殖民地居民；比利时取得90万平方英里和3000万人；甚至葡萄牙也加入竞赛，得到新土地80万平方英里，居民900万。

实际上，在三个世代期间，地球的面貌就变了。更有甚者，西方对此变化过程的态度，也有了同样重大的改变。记得在亚当·斯密的时代，这位苏格兰哲学家对商人想扮演国王这个角色的尝试表示轻蔑，并主张让美洲殖民地独立。很多人也像亚当·斯密一样轻视殖民地。约翰·斯图亚特·穆勒的父亲詹姆斯·穆勒，把殖民地称作“上层阶级庞大的户外休闲场”，甚至迪斯雷利[1]也在1852年公开表示，他相信“这些可怜的殖民地是挂在我们脖子上的重担”。

但如今这一切都变了。人们常说，不列颠在不经意中就取得其帝国霸业。然而随着帝国主义步伐的加速，“不经意”变成了“一心一意”。罗斯伯里爵士[2]把英帝国称为“现世空前绝后的最大力量”，这反映出那时的观点。马克·吐温在观看自豪展示英国属地之壮丽的维多利亚女王即位60周年大典时说：“是的，英国人正如《圣经》所言——‘温柔的人有福了！因为他们必承受地土。’”

大多数人赞成竞相扩大帝国。英国桂冠诗人吉卜林在音乐厅里的诗歌，道出了人民的情感：

> 我们不要打仗，但必要时不惜一战。
> 我们有船，我们有人，我们也有财！

---

1 迪斯雷利（1804—1881），英国保守党党魁，于1868年以及1874年至1880年间两度担任英国首相。

2 指罗斯伯里（1847—1929），英国自由党党魁，1894至1895年出任英国首相，帝国主义的拥护者。

基于另外一种理由赞成帝国主义的人，会同意查尔斯·克罗斯韦特爵士[1]的说法，认为英国与暹罗（今泰国）之间的真正问题是“谁能和他们做生意，以及我们如何从中获取最大利益，以便为我们的货物找到新市场，并为我们过剩的劳工找到工作”。

还有，帝国建立者会在帝国建立的过程中繁荣昌盛。处于萧条中的委员会对劳动阶级的舒适环境如此满意[2]，这其中有很大部分是海外劳工的血汗成果：殖民地如今成了无产阶级的无产阶级。难怪帝国主义政策广受支持。

台面上的经济学，从头到尾在一旁平静地看着帝国的成长过程，顶多只评论新属地对贸易路线的影响。聚焦此历史新现象的批评者，又是来自地下世界。他们观看世界各地支配权的竞争时，所见的不只是令人激动的政治冲突或掌权人士的莫名想法。

他们看到了资本主义的全新动向。事实上，他们把帝国主义视为资本主义本质变化的信号。更重要的是，他们在这新的不断扩张的过程中，预测到了资本主义前所未见的最危险趋势——朝向战争的趋势。

首先做出此一指控的是位态度温和的异端人士。他把自己描述成“英格兰中部一个中等大小城镇的中产阶级的中间阶层”。约翰·A. 霍布森虚弱矮小，非常担心自己的健康，并且因为口吃而在演讲时紧张不安。他生于1858年，准备在牛津大学从事学术工作。这个害羞腼腆的人，成功地保持低调，因此我们对他所知不多。但就我们所知的背景与个性而言，他注定要在英国学界过着无名的隐居生活。

1　查尔斯·克罗斯韦特（1835—1915），1887至1890年间担任缅甸英属直辖殖民地主委。

2　此处的萧条指1873年至1879年的长萧条，影响西欧（特别是英国）及北美显著。

有两件事改变了他的命运。他读了英国批评家与随笔作家拉斯金[1]的作品。此人嘲笑抱持维多利亚时代金钱价值教条的资产阶级，以及鼓吹"财富就是生命！"的人。霍布森从拉斯金那里得到一个观念：经济学是人文学科，而不是非人化的科学。他从正统信条的精细改进，转而宣扬世界的德行。在这个世界中，合作的工人行会比工资和利润的粗糙世界更富人性价值。霍布森坚决认为他的系统"跟欧几里得的命题一样确凿"。

他可能成为受尊敬的乌托邦主义者，因为英国人喜欢怪人。但他是异端，践踏传统道德，于是被经济学界排斥。他因缘际会地结识了A. F. 马默里的伙伴。马默里是位独立思想家、成功的商人，以及勇敢的登山者（他在1895年于南迦帕尔巴特峰[2]丧生）。霍布森写道："不用说，我与他的交往并非在爬山的物质层面。他在心智层面也力求上进……"早在18世纪初，商界就开始忧心周期性的衰退。马默里对它的起因有所猜测。正如霍布森所述，学界认为马默里的观念"就跟试图证明地球是平的一样不合理"。因为马默里就好像从前的马尔萨斯，认为萧条的起因在于超额储蓄的事实，在于商业体系一直分配不到足够的购买力，以买回自身的产品。

霍布森起先与之争论，后来相信马默里是对的。他们两人合写了《产业生理学》，提出储蓄可能有碍繁荣的异端见解。台面上的世界对此无法接受。自亚当·斯密以来的所有大经济学家，不都强调储蓄就是积累的一面吗？储蓄行动不都会自动增加资本量，从而使更多的人得到工作吗？说储蓄会造成失业不仅毫无意义，还会损及一项社会稳定的支柱——节俭。经济学界感到震惊：伦敦大学推广课程的演讲谢绝霍布森先生出席，慈善

1　约翰·A. 霍布森（1819—1900），英国艺术批评家与社会改革者，其关于维多利亚时代艺术与建筑的散文极有影响力。

2　世界第九高峰，标高8126米，位于喜马拉雅山西段克什米尔地区境内。

组织会社[1]也撤回了演讲的邀请。这位学者已然成为异端，而异端如今必然遭社会排斥。

这一切似乎与帝国主义无关，但观念的成长迂回曲折。被正统学界排斥的霍布森走上社会批评的道路。如今这位社会批评家的注意力转向当时最重大的政治问题：非洲。

非洲问题的背景复杂而又富情感因素。荷兰殖民者于1836年在德兰士瓦[2]建立他们的独立国家。这是一些由"一面鞭打黑人，一面诵读圣经"的农夫组成的团结社群。但他们选择的土地广阔而又阳光充足，使人精神振奋，其下还隐藏着更多财富。1869年，发现钻石；1885年，发现黄金。数年之间，牛车殖民的步调转变成投机团体的狂热。塞西尔·罗德斯[3]带着铁路和工业计划抵达。出于一时的狂热，他同意突袭德兰士瓦，于是英国人和荷兰人之间的积怨爆发。布尔战争开始了。

这时霍布森已到非洲。这位自称"神所造出之最胆小的生物"的人，旅行到开普敦和约翰内斯堡，与克鲁格[4]和斯马茨[5]会谈，还在突击德兰士瓦前夕，与罗德斯本人一同进餐。罗德斯复杂而令人费解。在他前往非洲冒险前两年，一位新闻记者曾引述他的话：

> 昨天我在伦敦东区参加一个失业者的会议。我倾听那些狂怒的演讲，尽是大喊着要"面包""面包""面包"。回家途中，

---

1 19世纪末20世纪初的联合慈善组织，发源于德国，于英美皆有分支。主张有选择地救济与自救，以及政府的不过度介入。

2 于现今南非共和国境内德兰士瓦省，由布尔人（Boer，荷兰、法国与德国移民的后裔）建立，其间两度遭受英国进攻，而有两次布尔战争的发生。

3 生于英国，南非殖民地资本家，钻石公司De Beers的创办人，笃信殖民地主义。

4 克鲁格（1825—1904），德兰士瓦共和国的元首，第二次布尔战争时带领德兰士瓦对抗英国。

5 斯马茨（1870—1950），南非及英联邦的政治家与将军，1919至1924年以及1939至1948年两度出任南非联邦首相。

我反复想着这个场景…… 我的观念是解决此社会问题的方案。也就是说，为了拯救联合王国的4000万居民免于一场血腥内战，我们殖民地的政治家必须取得新土地来安顿剩余的人口，为他们在工厂、矿坑里生产的商品提供新市场。正如我一向所言，帝国就是面包和奶油的问题。

不知他是否向霍布森详细叙述过同样的意见。可能他提过，但究竟说过没有并不重要。因为霍布森在非洲所见到的，以最意想不到的方式，与他和马默里被判定为异端的过度储蓄经济理论相吻合。

他回到英国，以撰写关于侵略主义与在非洲之战争的主题，然后在1902年出版了一本书，将他对非洲的观察和他的异端见解奇妙地结合在一起。

这本极具破坏性的书就是《帝国主义》。这是有史以来对利润制度最重要、最尖刻的批评。在马克思的主张中，此体系至多也不过毁灭它自己而已；霍布森所说的却是，它可能毁灭世界。他把帝国主义的进程看作资本主义持续努力摆脱自己造成之困境的倾向。这倾向必然涉及对外的商业征服，从而无可避免地要经常牵涉到战争的风险。这是对资本主义空前深刻的道义指责。

霍布森的指控本质是什么？

就它的非人格性与严酷发展而言，这与马克思的论证几乎一样（虽然霍布森对马克思主义者及其目的并不赞同）。它主张资本主义面临无法解决的内部困难，其被迫转向帝国主义，并非出于征服的纯粹欲望，而是为了确保自己的经济生存。

资本主义体系内部的困难，便是其财富分配不均。令人惊讶的是，从前这点几乎没有引起注意。利润体系的运作往往会对富者比较有利，这向来是个道德议题。至于此事实的经济后果，要留待霍布森指出。

他发现了最惊人的后果。收入不均导致最奇特的困境——无论富人或穷人都无法消费足够的商品。穷人消费不足，是因为收入过低；富人消费不足，却是因为收入过高！换言之，霍布森说，为了出清市场上的商品，一个经济体必须消费其生产的一切：每件商品都要有买家。现若穷人只买得起生活必需品，那谁来买其他的东西呢？显然是有钱人。但这些人虽有钱，却缺乏体力从事那么多的消费：收入百万的人所要消费的商品价值，必须为收入千元者的1000倍。

于是财富分配不均迫使富人储蓄。不论大多数有钱人想不想储蓄，他们的收入都多到花不完。

惹麻烦的就是这储蓄。倘若此经济体要避免购买力不足的灾难，就得把社会富裕阶层自动存下的钱用掉。怎么用呢？古典的答案是，投资设立更多工厂，从事更多生产，提高产出和生产力：亚当·斯密、李嘉图、穆勒，所有伟大的经济学家都同意这个解决方案。但霍布森看出这方法有问题：若人民群众已经没钱购买市场上的商品，明智的资本家又怎么会投资扩产，将更多商品送进已经过度拥挤的市场呢？比如说，当市场上鞋子已经多得卖不完，再把储蓄投去另一间制鞋厂，又有什么利益呢？这样该怎么办？

霍布森的答案极为简洁。富人自动存下的钱有一条出路，不致引起国内生产过多的麻烦，那就是投资海外。

这就是帝国主义的根源。霍布森写道：“产业的重要主管就是借由寻求海外市场与海外投资，带走无法用在国内的商品与资本，以扩大其剩余财富的流通管道。”

结果是一场灾难，因为不是只有一个国家把剩余财富送到国外。人同此心，因此各国竞相瓜分世界，努力为其投资者取得所能夺取之最富裕、最有利可图的市场。于是非洲成了巨大的市场（和廉价原料的来源），让英国、德国、意大利和比利时的资本家涌入；亚洲则是日本、俄国与荷兰分割的大饼。印度成了英国产品的倾销场，而中国则成了日本的“印度”。

于是帝国主义铺好了通往战争的道路——不是出于张扬的冒险或变调的悲剧，而是资本主义国家为其闲置财富争取出路的可悲过程。很难想象比这更乏味的开战原因。

台面上的经济学家，无疑不支持这样一个涉及暴力和斗争的理论。他们说霍布森“总是把经济学和别的东西混在一起”。既然那些“别的东西”与追求愉悦的世界无关，正统人士因此把这个帝国主义理论看作一种不良态度，这种经济学说会破坏节约对社会有益这种常识。

原本可能理性地详细审视（即使采取批判立场）此帝国主义理论的人们，完全避而不提。但地下世界的另一派，马克思主义者却全心全意地接受此说。毕竟这观念并非全然来自霍布森。日耳曼经济学家洛贝尔图斯[1]与激烈的德国革命者罗莎·卢森堡[2]都曾有类似见解。但霍布森处理得更广更深，而被最重要的马克思主义理论家正式收编。这位理论家就是流亡者弗拉基米尔·伊里奇·乌里扬诺夫，后来以列宁之名著称。

1　洛贝尔图斯（1805—1875），日耳曼社会主义经济学家，劳动价值理论的推崇者。

2　罗莎·卢森堡（1871—1919），马克思主义政治家与革命家，生于波兰犹太家庭，移居德国后加入社会民主党，为德国共产党的奠定者之一。

帝国主义之间的斗争

这个理论起了一点变化。资本主义国家数十年来都不太关心殖民地，后来为何如此贪求？霍布森为此感到困惑。他的帝国主义理论并非教条，也未铁口直断战争绝对不可避免。他甚至曾表示，希望彼此竞争的帝国主义者能就世局达成某种最后解决方案，相安无事地和平共存。

帝国主义不仅成了马克思主义在经济领域的柱石，还被延伸到霍布森的架构之外，以说明近代资本主义的整个社会情况。这时出现了何等骇人的情景！

> 帝国主义，资本主义发展的最高阶段，大大增加了世界经济生产力，以自己的形象塑造整个世界，将一切殖民地、一切人种、一切民族拉进金融资本家剥削的领域。同时，资本的垄断形式使堕落和腐朽的相互寄生因素加速发展……帝国主义从数百万殖民地农工身上夺走巨额利润，积累难以言尽的财富。在此过程中，帝国主义创造了腐朽、寄生、收取租金的政府，以及靠收集配给券维生的整个寄生阶层。将社会主义物质前提创造完成（生产工具集中化、大规模劳动力的社会化与工人组织的强化）的帝国主义时代，同时也让“强权”之间的矛盾更尖锐，并导致毁灭此单一世界经济的战争。所以帝国主义是腐朽、垂死的资本主义。它是资本主义整体发展的最后形态，是社会主义世界革命的开端。

作者：布哈林[1]。场合：第三国际。时间：1928年。尽管作者、场合、时间如此，我们听到的还是列宁的意见。更令人不安的是，列宁认为资本主义既会毁灭别人，也会毁灭自己，对内腐化，对外掠夺。苏联直到瓦解前，都以此作为对我们所居住之世界的正式解释。

帝国主义的存在乃是不争的事实。熟悉19世纪末和20世纪初那段历史的人都会注意到，巧取豪夺、领土扩张与殖民压迫就像一条线索，串起无止境的国际猜忌、摩擦与战争。即使第一次世界大战已不再被普遍视为一场“纯粹的”帝国主义冲突，但帝国主义之间的阴谋斗争仍是引发战争的重要原因。

但是，早在古埃及时期已有征服与殖民，而苏联对匈牙利、捷克斯洛伐克和阿富汗的侵略，显示出现代无论有无资本主义这个借口，帝国主义都将持续。帝国主义经济理论让我们面对的问题是，近50年间征服活动的动机，跟在此前后征服活动的动机有无不同。要理解王朝国家对权力的渴求很简单。帝国主义要求我们考量的是，市场经济这股较为非人化的力量，会否导致同样的结果。

殖民体系的辩护者表示不会。俾斯麦本人于1868年写道：“所有母国所主张的利益，大多是幻想。英国正在放弃殖民政策，她发现这所费不赀。”其他为这体系辩护的人也加以附和，指出殖民地“无利可图”（强权并不乐于开拓殖民地，但由于在世上负有教化的使命，不得不然），殖民地得到的好处比母国更多，等等。

不过他们没抓到重点。的确有些殖民地无利可图。1865年英国下议院的一个委员会确曾建议，放弃非洲西岸以外的所有英国领地，因为得不

1　布哈林（1888—1938），俄国马克思主义者与政治家，第三国际的主席。

偿失。但是，尽管不是所有殖民地都有利润，某些殖民地却利益惊人：例如锡兰茶园在兴旺的年头，红利达投资额的50%。尽管不是所有产业都受惠于海外市场，某些重要产业却得靠它维生。英国棉织业对印度市场的依赖，就是典型的例子。就整个英国而言，对外投资肯定为储蓄提供了有利出路：在1870年到1914年间，英国储蓄的半数投往海外，而对外投资收益占英国国民所得的10%。

肯定有很多其他动机与纯经济动机混合在一起，而帝国主义的补偿性经济效果也并非像霍布森所说的那样简单。但总的说来，欧洲强权对非洲和亚洲的猛攻，多少都是为了经济利益。以荷兰为例，爪哇和苏门答腊的巨大种植园，为其资本提供了一个非常重要的有利投资机会；马来亚物美价廉的原料，为英国提供了有利可图的国际垄断事业；中东有的则是石油和对苏伊士运河船运的战略控制。法国一位部长在1885年说："我们的工业所缺乏……而且愈来愈缺乏的是市场。"1926年，德国央行总裁沙赫特博士[1]宣称："对原料的争夺，在世界政治扮演着最重要的角色，甚至比战前更重要。德国唯一的出路就是取得殖民地。"各国动机或有不同，但大家都要经济利益。

这是否意味着帝国主义确与资本主义密不可分？答案不是那么简单。资本主义从一开始就在扩张，这一体系的驱动力一直是努力积累更多资本。因此资本主义公司从早期便已为了市场和廉价原料找寻外国土地；同样重要的是，资本主义国家的政府经常支持并保护其私人企业的海外冒险。

1　沙赫特（1877—1970），德国经济学家与银行家，民主党的创办人之一，希特勒政权的拥护者，后因意见不合而被迫离开政府。

这样多的帝国主义情节似乎毋庸置疑。但我们要以和霍布森与列宁有些不同的方式，来看资本主义扩张的过程。其驱动力似乎不在于需要投资到海外，而在于无法在国内消化的储蓄。更确切地说，其深层的推进机制似乎是经济组织的资本主义模式取代其他模式，并在非资本主义环境中立足的非凡能力。与技术导向、效率和资本主义生产方式纯粹的动力有关的种种，让此体系的扩张“无可阻挡”。

因此我们今天倾向把帝国主义进程，视为资本国际化的一部分。这个进程甚至始于资本主义尚未完全成形之前，而且目前仍在持续。但必须对不同时代的国际化作出重要区分。有助于引发第一次世界大战的那种帝国主义，不只把资本主义生产方式移植到非洲、亚洲和拉丁美洲，还包括公开的政治干预、可怕的剥削、军事武力，和对较穷国家利益的普遍忽视。例如，19世纪末、20世纪初英国在印度的投资，显然大部分是为了英国而非印度之所需。就比利时的刚果与荷兰的东印度而言，不是“大部分”，而是“全部”。

跨国公司的兴起

尽管外表有所改变，这种老式帝国主义的某些部分仍然存在。旧经济霸权逞威的殖民主义关系，大致已被第二次世界大战终结。战前任人宰割的殖民地已成为独立国家。虽然许多这样的国家仍然贫弱，但其国家的地位已使欧洲国家不能像20世纪前半叶那样经常颐指气使。

美国的情况有些不同。多次对古巴、越南、尼加拉瓜与伊拉克等未开发国家动武，使美国得到了世界主要帝国主义强权这个不值得羡慕的称号。但美帝国主义冒险的动机，和在19世纪把海军陆战队送到香蕉共和国[1]、把炮艇开进中国的动机不同，它要保护的不是美国的财产，而是美国的意识形态。与法国大革命时期的英国类似，美国政府在苏联瓦解前，都觉得自己受世界共产主义这股强大革命性力量的威胁。脆弱且动荡的第三世界国家似乎最有可能加入那股力量。

这种出于防卫心态的侵略导向政策如何终结，尚待观察。或许美国将能借由对未开发世界出现的社会主义政府施加经济或军事压力，来维持一个让资本主义安全的世界。或许这一政策将因我们自己的挫败与堕落而终结。不论如何，这种帝国主义比较像是如何保护一个大王国不受外来影响。这是古中国或罗马时代就有的问题。19世纪的帝国主义显然是要直接支持企业，但美国的情形与其说是要对外进行间接的经济支配，不如说是直接的政治支配。

同时，帝国主义面目的变化还有第二个方面，而这无疑是在经济领域。这就是跨国公司引人注目的大量涌现，并成为资本从国内流向海外的主要动力。

跨国公司是诸如可口可乐、国际商业机器、微软和荷兰皇家壳牌之类的巨型公司，其制造和加工过程位于许多国家。一家跨国公司能在中东或非洲开采石油，在欧洲或美国提炼，并在日本销售；或在澳洲采矿，在日本加工，最后运到美国。

跨国公司为资本的全面国际化带来两项变化。首先，它们改变了其地理流向。如我们所见，在古典帝国主义时期，资本主义扩张的目标主要是获取原料，或让纺织品之类的基本商品占领市场。跨国公司已从这些基本

1　指经济仰赖农业、政治不稳定的热带小国，通常是指中美洲加勒比海诸国。此词首见于美国作家欧亨利的作品《白菜与国王》，用以影射受美国控制的洪都拉斯。

商品转向它们居于领先地位的高科技产品，如计算机和药品。结果海外的资本配置显著地转移。在1897年，美国的海外资本将近一半投在种植业、铁路和矿业。如今这些领域只占对外投资很小的一部分，大部分投资在制造业，有四分之三流向欧洲、加拿大和其他已开发国家。法国、日本或德国的国际投资大多也流向已开发国家（包括美国），而非曾经被殖民的地区。

跨国公司兴起的第二项经济后果，展现在其结合高科技与未经训练之廉价劳工的卓越能力上。构成现代经济生活基础的极复杂机器，如计算机或电视零件，能由中国香港、韩国和泰国那些刚离开田地的男女，利用科学机器来生产。从帝国主义的观点来看，这结局令人费解。将全部生产过程移到昨天尚是农村经济地区的能力，已成功地让资本主义社会制度输出到史无前例的程度。如同我们在开头篇章所见的伟大经济革命时期，生产要素本身在前资本主义社会环境出现一样，我们这个时代的新经济革命，正把市场经济带到从前在世界经济体中扮演消极而非积极角色的地区。就这个范围而言，现代的帝国主义已是赋予海外资本主义生命的巨大力量。

同时，这个新的帝国主义已大幅加剧了该体系在其已开发家乡的竞争。这不仅仅是我们已讨论过的各市场的互相渗透所致，更是因为跨国公司设在未开发地区的工业基地，也能将低成本商品打回母国。美国比谁都清楚，中国香港或中国台湾制造的电视，或韩国制造、墨西哥组装的汽车，能非常容易地以低于加州或中西部地区制造的同样产品的价格销售。

要预测此竞争的国际化与激烈化，或不意外地发生在几乎所有亚洲新兴经济体身上的金融与政治危机的结果，还为之过早。但我们无疑已朝向一个全球经济体迈进，而伸展到世界各地的企业，不自在地与旧的国家疆界和特权共处其中。就我们对帝国主义问题的考量而言，这是个讽刺性的结尾。因为帝国主义运动的起源与缓和资本的压力有关，最后却变得更糟。

霍布森于1940年过世，一则恰如其分的审慎讣闻刊登在伦敦《泰晤士报》上，既提到他的先见之明，又指出他未获得普遍的认可。

他的确没获得普遍认可。维多利亚世界名望最高的经济学家马歇尔，就和霍布森完全不同。马歇尔受人尊敬、走中间道路而且正式；霍布森则仰赖直觉、激进，而且可说他未获认可。在我们走过地下世界的阴暗地区后，可以回到维多利亚阳光下，来结束这段旅程。在那阳光下工作的经济学家，也许没有看到比较喜欢冒险的人所揭露的令人不安的景象，但他们做了一件那些异端人士没做的事：向他们，甚至我们的世界教授“经济学”。

经济学研究的基本问题

只要看马歇尔的肖像，就能见到这位教师的刻板形象：白胡子、白细的头发、亲切而明亮的眼神，突出的教授面容。当他于1924年过世，英国最伟大的经济学家们在悼念他、向他致敬时，其中的C. R. 费伊教授，为这位维多利亚时代教授的平素样貌，留下了不可磨灭的写照：

> 庇古[1]说，我该去找他谈一件有奖助金的论文题目之事。因此我在某个接近黄昏的下午，前往贝立奥庄[2]。他从一个小通道跑出来说：“进来、进来。”于是我跟着他上楼。他问我：“你对

1　庇古（1877—1959），剑桥大学经济学教授，专门研究福利经济学，影响多位剑桥出身的经济学家。

2　马歇尔于剑桥大学担任研究员时的寓所。

要做的研究有什么想法吗？”我说：“没有。”他拿出一本黑色的小书说：“嗯，那你听着。”他要我在听到喜欢的题目时，就把手举起来，接着他念出一连串的题目。因为紧张的关系，我试图挑选第一个题目，但马歇尔没注意到，继续念下去。在第二页的中间左右，他读到“最近德国的金融危机”。我曾在格赖夫斯瓦尔德[1]度过一个夏天，因此做出手势。他说：“这完全不适合你。”我又沉默了五分钟，然后在听到“阿根廷”这个词的时候，又出声打断他。我唯一的理由是，有两个叔父在那里做过生意。他问：“自己去过那里吗？”我回答说：“没有。”于是他又继续念。过了一会儿之后，他停下来说：“找到喜欢的题目了吗？”我说：“我不知道。”他说：“其他人也没有，但这就是我的方法。现在，你想做什么？”我喘着气说：“德国与英国劳工的比较。”于是他拿出一盏有电钮的提灯（因为这时天色已经很暗），开始在书架间来回寻找，取出一些英文和德文的书籍，包括冯·诺斯蒂茨、库尔曼的作品，共约30本。他说：“现在我让你自己体会一下。看完后，招呼一声，莎拉就会拿些茶给你。”

这和让霍布森心神不宁的非洲倾轧，或形成亨利·乔治观念摇篮的喧闹的美国投机活动，都相距甚远。马歇尔跟他同时代的埃奇沃思一样，是大学的卓越产物。他虽曾航行到美国，甚至穿越美国到旧金山，但他的生活、他的观点，当然还有他的经济学，都带有宁静高雅的剑桥风味。

那他所教导的究竟是什么？一言以蔽之，马歇尔的基本关怀就是我们

1　德国东北沿海一座大学城，曾为汉撒同盟城市。

曾用来界定维多利亚时代经济愿景的词汇——均衡。巴斯夏被拉到经济诡辩的非理性，亨利·乔治看到掩盖在经济认可背后生活的不公平，霍布森在找寻资本主义经济的非人化过程中隐藏的毁灭倾向。马歇尔与他们不同，主要的兴趣在于经济世界自我调节与自我修正的性质。正如他最杰出的弟子凯恩斯后来所述，他创造出“让经济领域的一切要素都借由彼此平衡与互动而各安其位的一整个哥白尼体系”。

当然，其中大部分都已被讲授。亚当·斯密、李嘉图、穆勒都把市场体系解释成非常复杂而有效的反馈机制。然而在全面的愿景和细节的精巧运作这两者之间，还有许多未经探索的领域和模糊不清的说明：马歇尔所承继的市场均衡论在远观时让人印象非常深刻，细看之下却并非如此，连某些基本问题也被卡住。价格所反映的究竟是生产成本，还是该商品产生的最终满足程度？换言之，钻石昂贵的原因是它们很难被找到，还是人们喜欢戴它们？或许只有经济学家才关心这类问题，但若不加以解决，很多经济学要研究的问题就很难想清楚。

马歇尔自诩要解决的就是这些经济理论中的含糊问题。他著名的《经济学原理》结合了精确的数学头脑和悠闲散漫的风格，穿插着家常事例，非常明晰易懂。即使商人也能理解这种经济学，因为所有艰难的逻辑证明都被体贴地放在脚注里（因此凯恩斯不敬地说，经济学家应该抛下正文，只读其脚注）。无论如何，该书极为成功；它最初发表于1890年，至今仍为有志成为经济学家的学生所必读。

马歇尔对经济学概念的混乱做出了什么重大贡献？主要便是他自己一再提及的，坚持时间的重要性，将其当作均衡运作过程中不可或缺的要素。

因为正如马歇尔所指出的，均衡的基本意义随着经济调整过程发生在短期或长期而有不同。在短期内，买方和卖方在交易场所议价，但此过程基本上围绕着固定数量的商品——以钻石为例，就是钻石商人带在手提箱里的那些。然而就长期而言，钻石的量并不固定。如果需求方面有保证，就可以增开新矿；如果供给过剩，就可能放弃旧矿。因此在极短期，钻石在心理上的效用，也就是对它们的需求，对市场价格发挥更直接的影响，但是就长期而言，循环的供给流量会受到消费者需要的调节，这时生产成本就再居上风。当然，不论成本或效用，在决定价格时都不能被分得一清二楚。用马歇尔自己的话说，需求和供给，就像"一把剪刀的两个刀锋"，要问控制价格的究竟是供给还是需求，就和问剪刀中的哪一个刀锋在剪裁一样无聊。但当两个刀锋都在剪裁时，其中一个主动，另一个被动。在短期内，"效用–需求"这方在给定市场中居于主动；在生产规模和生产形态可以改变的较长期间，"成本–供给"这方居于主动。

这与马歇尔用他善于分析的头脑所论及的每个题材一样，是启发性的洞见。然而《经济学原理》不只散发出理论的光辉。如果认为马歇尔是经济学"正统"世界中最杰出者，那他也是最富同情心者。他在前往伦敦贫民窟的路途中，对于所看到的那些穷苦劳工、"蜷缩着的可怜人"真心关怀，认为经济学应当是改善社会生活的工具，这些情绪和想法始终贯穿全书。该书对未来的评估也值得注意。它提醒人们不要轻易认为，想象中的"美好生活景象，可以轻易地被制度所建构"，也不要过度期待有钱人会变得具有"骑士精神"，"帮助收税者……将贫困这个最大的不幸，从国内消除"。

我们对这些维多利亚时代的意见报以微笑，但它们并非马歇尔的愿景。该愿景在经济学本身留下了最伟大的印记，因此我们要回到《经济学原理》最初的两篇宣言。第一篇是典型马歇尔式的迷人段落，描述一个人在衡量购买能带来的愉悦，以及支出导致的愉悦减损：

一个犹豫要不要花一先令买一支雪茄的有钱人所衡量的愉悦程度，小于一个考虑要不要花一先令买一个月份烟草的穷人所衡量的愉悦程度。年薪100镑的职员，比较愿意冒着大雨走路上班，而年薪300镑者则不一样。

马歇尔在几页后的第二段声明中，讨论经济学的目的：

经济学研究包含人的政治、社会与个人生活层面，尤其是社会生活……它避开了许多政治人物无法忽略的政治议题……因此……最好用含意较广的“经济学”一词来描述，而不要用含意较窄的“政治经济学”一词。

这两个看似无害的段落中，有两件事值得注意。第一，他出色地体认到，一名职员要不要花钱搭出租车一事，纵使不像霍布森时代的伟大君王那么富有戏剧性，却也足以巧妙地代表马歇尔的愿景。“个人”的计算不仅象征着市场体系的运作，更是经济学本身最终的基石。经济学的愿景已不再是关于王朝或亚当·斯密式社会的动力研究，更不是马克思式的阶级斗争。在此，我们让经济学解释的是每个追求自利的个人的集体生活。

另一项与此密切相关的改变，蕴含在第二段引文中。在较早期的愿景中，居于核心部分的政治内容，从经济学里消失了。马歇尔认为经济学的目的在于解释如何形成均衡价格之类的问题，而非解释权力与服从关系如何出现在一个将社会秩序当作个人追求其“效用”的层级社会中。

为什么会出现这种去政治化的奇怪转向呢？有两个可能原因。第一，1848年的事件，或许还有愈来愈多的社会主义观念，使人们明确承认（尽管对此的检验却少得多）权力与服从的关系有很大的争议性。在亚当·斯密与穆勒的时代，这种社会关系则被视为理所当然。第二种相反的可能性，则是在19世纪逐渐被接受的民主观念，让马歇尔的愿景看来比从前更可信。

这是个我们可以提出，却无法解决的问题。我们能确定的是，经济学已经取代了政治经济学，并开启了新的篇章。而这点愈来愈重要。最后值得一提的是，在马歇尔的分析内容中，对经济分析的最重要贡献——时间因素。对马歇尔而言，这是数学曲线在其中剥落，理论实验可以一再进行的抽象时间，而不是任何事物实际发生的时间。它不是一去不返的历史时间之流，尤其不是马歇尔本人存活的那个历史时间。想想马歇尔在世时看到的那些——俄国激烈的反资本主义革命、席卷全世界的战争、反殖民主义的初试啼声。想想即将发生的事——资本主义在欧洲大半地区的衰退，全球对政府概念的改变，美国震撼世界的萧条。虽然这些压倒性的变动与经济学有关，马歇尔对这些却几乎完全不了解，而他正统派的同僚们所知更少。“自然从不飞跃”是《经济学原理》1920年最后一版和1890年初版扉页上的警句。历史可能突然飞跃，经济学世界可能与历史世界密不可分，教科书中的长期和短期，可能意味着与社会时钟无情的嘀嗒声完全不同的“时间”概念。这些都与马歇尔经济研究核心的均衡概念相去甚远。他所说的无可责难，他的信念温和而坚定。问题是，他所说的不够深远。

假使不是为了下述的一点，则事后追想起来，这还可以既往不咎。当马歇尔和他的同僚们仔细琢磨他们微妙的均衡机制时，少数几个非正统的异议人士坚持，现实世界的特征与经济研究的适当主题不是均衡而是变动——猛烈的变动。战争、革命、萧条以及社会的紧张状态，才是他们心目中经济学要详加研究的基本问题，而不是均衡和稳定的教科书社会中那种美好的调节过程。但是，当这些异议和业余人士向维多利亚时代的正统学界指出此点时，他们的打搅被怨恨，他们的警告被忽视，他们的建议被嘲笑。

正统世界的自满不仅让人悲叹那个时代，更是知识界的一大悲剧。若学者们注意到地下世界，若马歇尔有霍布森或埃奇沃思那种恼人的愿景，有亨利·乔治那种社会冤屈感，或许当20世纪的大灾难爆发时，世人对此激烈的社会变革就不会毫无准备。回想起来，它给我们的教训是，不论多么离经叛道的观念，都不能置之不理，尤其对保守（就“保守”这个被误用的词之最佳意义而言）人士更是如此。

第八章

凡勃伦的野蛮社会

凡勃伦说，人无法以精致的“经济法则”来理解，在那之中人类的凶残与创意都会被理性化的虚有其表扼杀殆尽。他用不那么令人满意但更根本的人类学或心理学词汇，将人类更恰当地称为：具有强烈非理性欲望，容易受骗，天真而又墨守成规的生物。他要经济学家抛弃令人满意的想象，并找出人类实际行为的原因。

《国富论》1776年问世以来，已过了125年。在这段时间里，世界的高尚与卑鄙、天真与阴险的暗招，技术方面的伟大成就与人类价值方面往往鄙陋的缺失，似乎各方面都已被大经济学家们所检视。但这个包含许多不同诠释的多面世界却有一个共同点：它是欧洲的。尽管其社会风貌正在改变，却仍是旧世界，因此它坚持某些传统的细节。

所以当理发师学徒阿克莱特，在发明多轴纺织机致富后变成理查爵士，并非没有意义；对于英国传统士绅统治的威胁，也因为将这样的暴发户整批吸收到拥有高贵血统与举止的团体中，而巧妙地解决了。这些暴发户诚然引进了一系列中产阶级意识，甚至是反贵族情绪，但也默认社会上还有金钱未必能买到的更高社会阶层。无数风尚喜剧证实，拥有百万家财与买得顶上花翎的啤酒大亨，和他隔壁贫困的世袭贵族间仍有差别。成功的欧洲人或许像克罗索斯[1]一样富有，但财富的滋味却不够甜美，因为这只是一道（而且绝不是最后一道）向上的社会阶梯而已。

美国的情况大不相同。不仅因为这个国家是由深深反对依姓氏与出身划分阶级的人所创立，也由于个人独立和个人成就的精神已深入民间。

1　吕底亚末任国王，公元前560年至公元前546年在位，富极一时，被波斯国王居鲁士大帝击败。

在美国，一个人的好坏由他自己的所作所为来证明，其成就无须由家谱证实。因此，新英格兰黑暗的血汗工厂与旧英格兰阴暗的工厂差别不大，但若深入观察其厂主的行为举止，就没那么相似。欧洲资本家仍带有封建过去的阴影，美国会赚钱的人却在享受阳光——要追逐权力或充分享受财富皆不受限制。在泡沫化的19世纪后期，财富在美国是获得社会认可的跳板。美国百万富翁在拥有合宜的财富护照后，要进入上层阶级无需进一步的签证。

古怪的凡勃伦

因此新世界的赚钱游戏，比海外的竞争更粗野而没有绅士风度。下的赌注比较大，成功机会比较多，于是运动员精神也较差。

例如，在19世纪60年代，运输与商业奇才科尼利尔斯·范德比尔特，发现他的生意伙伴正在威胁他的利益，这并不罕见。他写了一封信给他们：

> 先生们：
>
> 你们已着手毁灭我。我不会告你们，因为法律程序太慢了。我将摧毁你们。
>
> 真诚的友人
>
> 科尼利尔斯·范德比尔特

他说到做到。这位舰队指挥官问道：“我管他什么法律？难道我没有权力吗？”后来，J. P. 摩根也表达了相同的意见，只是形式稍微文雅些。

当他的伙伴“盖瑞法官”罕见地斗胆提出法律方面的警告时，摩根暴怒说：“好，我不是要律师告诉我什么不能做。我雇他来告诉我，如何去做我要做的事。”

美国人胜过同时代的欧洲人之处，不仅在于忽略法律的细微程序，还在于他们在斗争时放弃绅士风度。奥尔巴尼—萨斯奎哈纳铁路的控制权之争就足以说明此情况。那是一个体系中必不可少的通路，一端掌握在显赫的摩根手中，另一端则为吉姆·菲斯克控制。争端的解决方法是，各自在铁轨终点站设置一个火车头，开启两具引擎，让它们像庞大的玩具一样对撞。即使失败者也不放弃，尽可能以最佳姿态撤退，离开时将轨道和高架桥拆毁。

在这场工业争霸的混战中，没人求饶也没人让步。甚至炸药也被用上，以消灭标准石油集团[1]某个特别难缠的竞争者；像绑架这种没那么暴力的手法，因为更加巧妙，又没那么不道德而受瞩目。在1881年，一场暴风雪吹落了纽约的电报线，于是金融市场恶霸杰伊·古尔德被迫派信差下单给经纪商。他的对手见有机可乘，就绑架了这男孩，派了另一个容貌相似的人顶替。在接下来几周内古尔德惊慌地发觉，其对手不知怎的能预知他的举措。

这些会逼对手跳海的海盗，自然不会善待百姓。欺骗压榨投资人被视为理所当然，而股票市场被视为一种富翁的私人赌场，百姓下赌注，金融巨头定输赢。在这种情况下注，会发生什么事，那是老百姓要担心的。假如这些大亨不引君入瓮，就太值得敬佩了。

要注意的是，大众起劲地随之起舞；当古尔德或洛克菲勒正在收购铁

1　由约翰·洛克菲勒等人创建于俄亥俄州的石油提炼公司，1911年遭法院裁定非法垄断，而分解为诸多新公司，现今的埃克森美孚、阿莫科等均是自此分出的石油公司。

路、铜矿或铁矿这样的消息“传开”时，大众便仓促地抢进，想搭便车。历次坑杀都动摇不了散户的信心，而这种信心正好可让金融花招得逞。亨利·罗杰斯和威廉·洛克菲勒自己不花一块钱，就买下了安纳康达铜矿公司。这正是个让人晕头转向的例子：

一、罗杰斯和洛克菲勒为了购买安纳康达铜矿公司，付给马库斯·戴利一张3900万美元的支票，条件是戴利必须把它存入花旗银行，且在规定期间内不得动用。

二、然后他们设立一间叫联合铜矿公司的空头公司，以他们自己的职员为人头董事，让联合铜矿公司以其7500万美元的股票而非现金收购安纳康达。这些股票就是为此而轻易地被印制出来。

三、罗杰斯和洛克菲勒向花旗银行借3900万美元，作为给戴利的票款，且以联合铜矿公司价值7500万美元的股票担保。

四、他们将联合铜矿公司的股票在市场上卖得7500万美元（先通过其经纪商兜售）。

五、他们借此还清了欠花旗银行的3900万美元，并赚得3600万美元的利润。

当然，在这种人人皆可自由参加的竞赛中，牵涉到惊人的骗局。芝加哥、圣保罗与堪萨斯铁道公司总裁A. B. 斯提克尼说，作为一位绅士，他愿意信任任何地方的其他铁道公司总裁们，但作为铁道公司总裁，他时时刻刻都得紧盯着他们。他的犬儒主义并非偶然。为避免自杀性削价竞争一再发生，铁道公司首脑们曾开会制定共同运费表。其中一人趁会议休息时将协商结果传回办公室，以便率先降价。该电报凑巧被人拦截，而在接下来的会议中，便有证据显示盗贼根本不讲信用。

这是我们回顾时会感到惭愧的时代。它的排场当然很可笑（在某些宴会中，有人为了吸入财富的兴奋感而将百元美钞裹在雪茄上抽），而其战士精神也几乎是中世纪的。但我们不要误解那时代的精神。大财主们不仅无情地欺压大众，彼此也同样自相残杀。他们这种厚颜无耻、不讲道德的行径，比较不像有预谋的恶行或蓄意藐视基督教理想，而更接近于不受良心与善良风俗拘束的精力。摩根曾说："我对大众无所亏负。"他将这句话当作哲学信条，而非对这世界无情的藐视。在这属于大财主的时代，商业蛮横粗暴，讲道德就会被打败。

那经济学家对这些了解多少？

不多。美国经济学家追随其欧洲教师的脚步，硬把美国的世界塞进并非为美国所打造的模子里。金融杀手的惊人斗争被说成"节约与资本累积"；公然的骗局被说成"冒险事业"；这时代挥金如土的铺张浪费被漂白成"消费"。的确，这世界已被粉饰得无法辨识。读了像克拉克《财富的分配》这种主流教科书，可能也不知道美国是百万富翁的天下；读了F. H. 陶西格的《经济学》，可能也不知道美国的股市诈术。读了劳夫林教授在《大西洋月刊》里的那些文章，会认为"牺牲、努力和技艺"是赚大钱的原因，还会被告知每个人都有权"排除他人以享受自己努力的成果"，这意味着收买钻石以及立法机构的权利。

一言以蔽之，正统经济学替现状辩护，而且麻木不仁。它对美国本质上的暴虐奢华视而不见，而仅以刻板线条与无光泽色彩的陈规来加以描绘。它并非不诚实、没有勇气或见识不足，而是被马尔萨斯说的"形势与利益所致之不自觉偏见"所约束。美国经济学家受到这狂热时代潮流的过分局限，因此无法保持距离，冷静清晰地观察。

此时需要一种像托克维尔或布莱斯[1]这种异乡人的眼光，以额外的清晰跟洞察力来观看这个场景。出生在美国，但本质上不属于任何国家的托斯丹·邦德·凡勃伦，就有这种眼光。

凡勃伦是个怪人，是看来像乡下人的挪威农民。从一张照片可看出，他的头发平直中分，在像矮人一般的头上呈倒V形，覆在低斜的前额上。一双乡下人的眼睛机灵而显出沉思的样子，在他挺直的鼻梁后凝视着。未经修整的小胡子遮住嘴巴，下巴被短而散乱的山羊胡盖住。他穿着没熨过的厚西装，背心上还有个大安全别针，这就是他的样子。照片上看不到另外两个安全别针，为了别住袜子而钩在他的裤子上，这意味他拥有消瘦结实的身躯以及昂首阔步像猎人般安静的步伐。

怪异的外表下隐藏着更加怪异的个性。那锐利的眼睛也暗示着同样锐利的心智审视力。质朴的外表可能让他在探究问题时拥有某种直言不讳的特质，但外貌显不出凡勃伦生命的基调——他与社会的疏离。

疏离常是种病征。根据我们的标准，凡勃伦必然真有精神疾病，因为他近乎神秘地与世隔绝。他过日子的态度，好像他来自另一个世界。在他同时代人眼中习以为常的事，他却觉得奇特有趣，就像一个人类学者看到原始社群的仪式一样。包含亚当·斯密和马克思在内的其他经济学家，不仅处于他们的社会，而且是处在属于他们的社会；有时对他们的世界赞誉有加，有时对其所见感到绝望与愤怒，但凡勃伦却非如此。他作为一个陌生人站在一旁，与他生活其中的那个熙来攘往、繁荣昌盛的社会毫无瓜葛，也漠不关心。

因为他是外人，所以虽不顺从一般公认的信念与习惯，却不激进。这

1　詹姆斯·布莱斯（1838—1922），英国历史学家与外交家，1907至1913年担任驻美大使。

个世界对凡勃伦而言，不舒适而又令人生厌。他像一个到原始地区的传教士一样不愿随俗，却以可怕的孤寂为代价，保留自己的完整性。很多人钦佩他，甚至热爱他，但他却没有亲密的朋友：他不直呼任何男性的名字，也不曾与任何女人倾心相爱。

可以想象他怪癖成堆。他拒绝装电话，把书原封不动地留在箱子里，沿着墙壁堆着，觉得每天整理床铺没意思，早上只把床套翻到背面，晚上再把它拉出来。由于懒惰，用过的盘子就这么堆着，直到碗碟柜快要空了才用水管冲洗整堆脏碗盘。由于沉默，当所有访客都急于听到他的看法时，他总会静静地坐上几个小时。他藐视常规，不论学生表现如何都给一样的分数，但若有学生需要较高分以获取奖学金，他便欣然地将评分从C改成A。他喜欢捣乱，当校方要求老师点名时，他常会假装非常小心地将缺课者与到课者的卡片分开，之后又好像不小心地将两堆卡片混在一起。说来奇怪，他会残酷地从事无意义的恶作剧，例如向过路的农民借一只麻袋，然后将蜂巢塞在里面还给他。偶尔异想天开，当一个小女孩问他名字起首的缩写T.B.是什么意思时，他说那是指泰迪熊。此后小女孩都这样叫他，但别人都不敢这么做。他像谜一样，他拒绝对任何事表态，当某人问他对他所编辑的某期刊上某社会学家文章的意见时，他回答："每页平均400字。某某教授的平均字数是375。"或许最奇怪的是，这个好冷嘲热讽、不讨人喜欢的男人，却对女人有莫名的吸引力。他外遇不断，也不全然是由他主动的。他曾问道："假如这女人主动走向你，你该怎么办？"

这个自闭的谜样人物只会撰写犀利的英文文章来表达己见。他文如其人，满是复杂难懂的信息和术语，用某种外科手术的方式剖析世界却毫不见血，可见其笔锋犀利。他写到慈善事业时，称之为"务实的浪漫故事集"；宗教被描绘为"第N度空间中，可以销售但不能确定数量的子虚乌有之物"。他把主要教会组织写成"连锁商店"，个别教堂是"零售商行”，都是些刻薄但生动的说法。他将手杖描述成“表明持有人无须从事任何有用劳动的广告”，也指出它是种武器：“对任何有天赋暴戾之气的人而言，握着如此扎实而原始的攻击武器，会感到很欣慰。”天赋暴戾之气！多么野蛮、古怪而又一本正经的说法！

但这和经济学有什么关系？就传统字面意义而言，毫无关系。对凡勃伦而言，经济学与维多利亚人士用微分将世界合理化这种客气而精确的游戏无关；与更早期经济学家解释事物如何发展的努力也几乎没有关系。凡勃伦想知道的是其他事：事情为什么是它们原来这个样子。因此他研究的起点不是经济这出戏，而是演员；不是情节，而是促成被称作“商业体系”此一特定戏码的习俗等一整套事物。一言以蔽之，他钻研经济人的本质及其经济仪式，而在这几近人类学的途径中，他认为去注意带手杖上教堂的绅士，与收地租的地主同样重要。他力求深入他所生活社会的真实本质，通过诡计与习俗的迷宫，他必须搜集从服装、仪态、言谈与文明礼貌上显示出的些许证据。他就像精神分析师一样，常紧盯着最微不足道，但他相信能揭露出重要却被埋藏的事实这类琐事；他也像精神分析师一样，寻求常人觉得奇怪甚至反感的意义。

我们会看到，他检视社会时毫不留情。但这种尖锐特性，并非因为他希望贬低他人，而是由于他罕见的冷漠。他就这样漠然地评估我们最喜爱的想法。对凡勃伦而言，好像什么事都不熟悉，没有一件事会由于太平凡而不值得注意，因此也没有一件事可以免于评断。说到底，只有非常超然的智者，才会将手杖同时看作闲暇的虚伪招牌和野蛮的武器。

他似乎始终这么超然。凡勃伦于1857年生于边境农家，是一户挪威移民家庭中的第四个儿子，也是第六个孩子。他的父亲托马斯·凡勃伦冷漠疏离、思考缓慢、个性独立；凡勃伦后来把他父亲描述成他所遇过最好的人。他母亲卡莉个性温暖、急躁而热情，将冰岛传说和挪威冒险故事教给凡勃伦，让他终生沉迷其中的就是她。但凡勃伦从小就性情古怪，懒惰、不做农家的杂务，却总是在阁楼读书，喜欢给人取贴切的绰号。他也早熟而聪颖。他的弟弟说："现在回想起来，我曾以为他无所不知。问他任何问题，他都会一五一十地告诉我，后来我发现他说的有很多是天花乱坠的谎言，但他的谎言也编得很好。"总有些介于他自己，和这个依表面价值论定的世界之间的因素，造就了他不寻常的性格。他的童年如拓荒者般简单、朴素而贫困。衣服是家里做的，没看过羊毛，大衣用小牛皮制成，咖啡和糖是奢侈品，外衣看起来像汗衫一样简单。但更重要的是，这是个异国风味——外地人的——童年。在美国的挪威人组织了他们自己紧密而孤立的社群，通行挪威语，把挪威当作真正的祖国。凡勃伦得像学外语一样地学英语，直到上大学才把它学好。在这种典型家长制的封闭社区里，凡勃伦第一次感觉到要上大学，是在被家人从田里叫回来，发现行李都打包好，将被送上马车时。

当时他17岁，家人为他选择了卡尔顿学院——美国东岸文化与启蒙的小前哨，离凡勃伦一家耕种的明尼苏达镇不远。家人把他送来，是为了让他当上路德派牧师，而他也发现卡尔顿是以宗教为核心。但想驯服一位有主见而不循规蹈矩的聪明人，或让他适应虔诚的宗教气氛，都是白费心思。在每周的讨论会上，凡勃伦不讨论异教徒改宗的必要性等老生常谈，反而以"吃人的理由"及"酒徒的辩解"等论题，让学校教职员陷入一阵骚动。问他是否在为这些恶行辩护时，他淡然回答他只不过在从事科学观察而已。教职员承认他很聪明，但对他有些顾忌。他的老师克拉克（后来成为美国杰出经济学家之一）[1]很喜欢他，但认为他"不适应环境"。

1 即约翰·贝茨·克拉克，见第七章。

这位古怪、聪明而不适应环境的人，在卡尔顿遇上一个几乎不可能有的机会：和校长的侄女艾伦·罗尔夫谈恋爱。她本身也很聪明优秀，两人自然地互相吸引。凡勃伦念斯宾塞的作品给艾伦听，让她变成不可知论者，而他自己则相信艾伦是维京人第一英雄刚吉·罗尔夫的后裔。

他们在1888年结婚，但婚后关系起伏不定。这个孤独男子所能提供的爱情不多，却似乎需要女性照顾。凡勃伦很有女人缘，仅有少数例外（有个美人称他为“黑猩猩”）。但凡勃伦似乎不太重视特定的女人，对艾伦毫不忠实。她曾一再离开他，有时因为他不检点，有时因为他对她太残酷，有时纯粹因为他城府太深，难以看透他而感到丧气。然而多年来，凡勃伦会主动求和，拿着一只黑色长袜走到艾伦在树林里的房子问道：“夫人，这衣服是你的吗？”

当凡勃伦离开卡尔顿学院时，决定从事学术工作。自此，他在职业生涯里历经了永无休止的挫折。他并不急功近利，但厄运似乎如影随形。有次他拜托一位以前的学生帮他查问一个纽约市福利组织的职位，他的学生照办了，但最终把职位据为己有，当然这是很多年以后的事。如今凡勃伦在威斯康星小小的莫诺纳学院得到一份工作。该校于一年后关门，他前往约翰·霍普金斯大学，希望得到奖学金以攻读哲学。虽然他有封辞藻华丽的推荐信，但还是没得到奖学金。凡勃伦转往耶鲁，于1884年以优异成绩取得博士学位，但前途茫茫。

他因为在巴尔的摩染上疟疾，需要特制饮食而回家。但他毫不感谢家人，还在他们最需要的时候把马跟马车拿走，对家人说那马有结核病，还告诉家人他们永远不会成功，因为他们不够狡诈。他让家人感到困扰，就这么闲晃度日。他的一位兄弟写道：“他真够幸运，出生在坚持家庭忠诚与团结的家庭与种族中……托斯丹在这非常可敬的社群里，是唯一游手好闲的人……不是读书就是闲晃，天天如此。”

事实上，他什么书都读，政治短文、社会学、经济学、路德派的赞美诗、人类学论文等。但他的懒散让他与社会更疏离、更愤世嫉俗、更内向。他偶尔打打零工，从事一些没什么成果的创作以消磨时间，挖苦当时华丽但俗气的事件，研究植物，跟父亲谈话，写些文章，也找找工作。结果没工作上门。他没有神学学位，因此不被宗教院校接受；他也缺乏能被其他学校接受的优雅仪态。他之所以和艾伦结婚，至少有部分原因在于想攀关系谋个生计。这让她的家人沮丧。艾伦的叔父是阿奇申-托佩卡-圣塔非铁道公司总裁。他希望在该公司当个经济顾问。

但他多舛的命运从中作梗。该铁道公司因财务困难而被银行家组成的委员会接管，谋职之事也告吹。另一机会来自爱荷华大学。凭他的博士学位、推荐信，以及妻子的关系，这职位似乎是囊中之物。结果却因为他不够坚强有力，还是个不可知论者而失败。之后在圣奥拉夫的另一次尝试也在最后一刻被拒。他好像遭到命运拨弄，注定要继续孤立。

这种孤立状态持续了七年。在这七年中，凡勃伦除了读书之外，可说一事无成。最后家里开了家庭会议。毕竟他已34岁，却从没有一个体面的职位。会后决定他应该再去研究所，以图进入学术界。

他选择了康奈尔，在1891年走进劳夫林的办公室说道："我是托斯丹·凡勃伦。"保守经济学台柱劳夫林看见这位戴着浣熊皮帽、穿着灯芯绒裤的发言者，想必很惊讶。但凡勃伦在某些地方让这位长辈印象深刻。劳夫林去见校长，并取得特别津贴，聘凡勃伦当研究员。一年后，芝加哥大学开办，聘劳夫林为经济学系主任，他就带着凡勃伦一起去，并给他520美元的年薪。附带一提，为劳夫林盖棺论定时，让凡勃伦进入芝加哥被认为是他对经济学的主要贡献。

芝加哥大学不仅是凡勃伦35年来第一份工作的地方，更是特别能反映他所要剖析之社会的机构。学生间流传着一首关于创办人洛克菲勒的诗：

约翰·洛克菲勒，

真是不可多得。

把他所有的零用钱，

都给了芝加哥大学。

可以想见，这间大学并不顽固保守；相反，它来自企业界，可说是帝国大厦在教育圈的化身。校长威廉·雷尼·哈珀年仅36岁，充满企图心。沃尔特·海因斯·佩奇[1]曾称赞他为企业首脑的榜样。他是企业家型的大学校长，并不介意重金挖其他学校的第一流人才，芝加哥大学就和他的老板标准石油公司一样，凭借雄厚财力，成功垄断了美国一大块知识资本。所有这些，日后都将被凡勃伦刻薄地描绘出来，但同时这所大学也为他提供了知识分子的适当环境。该校有以前所未知的精密度测定光速的阿尔伯特·迈克尔逊、生理学家雅克·洛布、社会学家洛伊德·摩根，还有庞大的图书馆，以及有待编辑的新经济学期刊。

凡勃伦开始受到注意。渊博的学问使他成名。有位学生说："那就是懂26种语言的凡勃伦博士。"知名学者詹姆斯·海顿·塔夫茨[2]在考试教室碰到他，然后说："当我进入教室时，考试已开始，一个我不认识的人正在提问。我想那是我听过最缓慢的发言——当他问完时，我很难记住问题的开头是什么。但一会儿之后，我发现他具有敏锐的心灵，能直入基本议题而不泄露自己的观点，除了一点：他穷究到底的决心。"

但他的孤僻还是让人难以理解。没人知道他在想什么。人们问他的

1　美国新闻工作者与外交家，一次大战时期担任美国驻英大使。

2　美国哲学家，与杜威合著有《伦理学》一书。

妻子，他是否真是社会主义者；她不得不说，她自己也不知道。他从未卸下盔甲，以斯文有节的客观态度剥除世界的感性内涵，而不让可能穿透其心防的人进入伸手可及之处。曾有个学生问他："告诉我，凡勃伦教授，您会认真对待任何一件事吗？"他神秘地低声回答："会，但不要告诉别人。"

他会因熬夜读书而憔悴不堪地进入教室，把厚重的德文书扔在讲台上，用被香烟熏黄的有力手指开始翻页（喜欢抽昂贵的香烟是他唯一的虚荣表现）。上述是他较晚期的情景，却能帮助我们了解这个人。曾在他门下的霍华德·伍尔斯顿牧师如此描述："他用低沉、缓慢的语调，开始详述早期日耳曼人的村落经济。当他读到新兴贵族所提出的且被教士认可的某些不公正的法律拟制时，露出嘲讽的笑容和阴郁的眼神。他以辛辣的讽刺，来剖述贵族的愿望即是上帝意旨此一让人们痛苦的假设。他说现代制度也有类似意涵。他轻声低笑，然后回到历史，继续讲解。"

但并非每个人都欣赏他的教学方法。他觉得学生愈少愈好，也没试过让讨论过程变得生动活泼。实际上，他以赶走学生为乐。他曾问一个信教的学生，她教会的价值是否比得上一小桶啤酒；又有一次，某个认真抄笔记的学生请他重复一个句子，他却说，他认为此话不值得重提。他说话含糊、漫不经心、偏离主题。上课的人渐渐变少，有一次最后只剩下一个学生。后来在另一间大学，他门上的时间表原本写着："凡勃伦，10:00—11:00，周一、周三、周五。"尔后逐渐减少到："周一：10:00—10:05。"

但少数能仔细倾听那令人厌倦的懒散话语的人，会有所收获。一位听课的学生后来说："怎么这么恐怖，好像死人正在慢慢说话一样。就算把睡着的学生背后的灯关掉，也不会有什么差别吧？但我们日复一日地听下去，发现这种不寻常的方式，却与一个超越事物表象、不带感情而又有点讽刺的智者深相契合。他超然而无拘无束的才华很引人入胜，但人格似乎不健全。他学识渊博，使人感到非常惊讶而又愉快。他记忆细节的能力胜过大多数人，但仍能把握全局……他平静的话语可能在这一分钟还灵巧地运用当前的俚语或打油诗，来点出某项主张，在下一分钟却引述一节又一节的中世纪拉丁文颂诗。”

他的家务和他要阐明的政治经济学一样纠缠不清。他跟妻子艾伦一起住在芝加哥，但名声还是愈来愈差，令哈珀校长不悦。当他过分到和另一个女人一起出国时，教职就保不住了。于是他开始另谋出路。

他在芝加哥待了14年，1903年时年薪高达1000美元。这些年的光阴绝未白费，他好学不倦的精神终于开花结果。他写了一系列才华洋溢的文章，还出了两本不同凡响的书，因此举国闻名——虽然古怪可能是让他出名的主因。

有闲阶级

凡勃伦42岁时撰写第一本书，那时他仍是低级讲师。该年他向校长哈珀要求循例加薪数百美元。哈珀说他并未充分为校争光。凡勃伦说，他不打算这么做。若不是劳夫林从中斡旋，凡勃伦将离校而去。倘若如此，哈珀校长将失去最好的宣传机会，因为凡勃伦的《有闲阶级论》即将问世。那时并无迹象显示他预料该书会给人特别的印象。他曾将该书读给某些学生听，淡然地说，他们会发现它音节很多。该书曾多次重写，才被出版商接受。不料它竟造成轰动。威廉·迪安·豪威尔斯[1]为此书写了两篇长文评论，该书竟在一夕间成了当时知识界随身必备之物。一位著名社会学家

1 美国写实主义小说家与文评家。

告诉凡勃伦："它震惊了东岸人。"

从没有一本书用如此辛辣的笔调从事严肃分析，难怪它会引起注意。某个随意拾起这本书的人，会为其顽皮的眼光、带刺的措辞和具腐蚀性的社会观而暗自发笑。其中荒谬、残忍、野蛮的成分，与理所当然的事物、习俗以及自然的操作紧密交织在一起。其效果令人震惊，古怪又有趣，而用字遣词也很精致。在此引述一小段以供参考：

> ……法国某国王……据说因拘礼过甚而丧生。专责移动御座的侍从不在，国王仍毫无抱怨地端坐在火炉前，于是龙体被熏烤而不治。然而此举使他保全了基督教君主的无上尊严，免于卑贱杂务的玷污。

多数人认为该书无非在讽刺贵族阶级，是对富人的愚蠢与怪癖的有力攻击。表面看来确是如此。凡勃伦用华丽的笔调渲染出主题：有闲阶级大肆铺张（不论公开与否），以彰显其优越性。而有闲本身的特征，因在大众面前炫耀而得到进一步满足。有上千个例子尖酸刻薄地检视了此一态度，那就是"愈贵"就"愈好"。例如：

> 我们都由衷而且无疑地感觉到，我们的精神层面会因拥有财产而提升：甚至在家居生活中，日常进餐时，高档桌巾上要摆手工银餐具与手绘瓷器（虽然其艺术价值往往可疑）。当我们已习惯此种有价值的生活水平后，任何退步都会被认为有损人类的尊严。

该书大部分在详细检查我们日常生活中经济的精神病理学：金融礼仪

的准则被当作刚出土的古文物一样，予以彻底而详细地解释。于是人人读得津津有味：在一个满是广告宣传、人人竞摆排场的国家中，对于自身的写照只能可怜地摇头表示钦佩。

但关于我们喜欢炫耀的嗜好的描绘，不管多么有趣和切中要害，都只是书中的例子而已。书名清楚表示，它是有闲阶级理论的研究。虽然凡勃伦可以在中途停下，对较突出的景物加以评论，但他关心的仍是旅程的终点：经济人的本质是什么？在建立社群时，有闲阶级如何出现？闲暇本身的经济意义是什么？

古典经济学家会凭常识答复这些问题。他们看到世人理性地追逐己利。有时兽性占上风，例如马尔萨斯便认为劳动阶级会绝望地不断繁殖。但总的来说，人类还是被描述为一群理性生物。竞争中成王败寇，而那些够好运或聪明的人成功后，当然要利用其财富把工作量减到最低。这一切都非常简单且合理。

但凡勃伦认为这种人性观没什么道理。他不完全相信，将社会束缚在一起的力量是出于理性计算之“自利”的交互作用，甚至也不完全相信，闲暇本身比工作更可取。他读到许多鲜为人知的民族：美洲印第安人、日本爱奴族、尼尔基里丘陵的托达族[1]，以及住在澳洲树丛中的民族。在这些民族单纯的经济体中，有闲阶级似乎完全不存在。更引人注意的是，在这种必须以劳动维生的社群里，人人有工作，没有一种任务是低贱的。他们经济的积极驱动力并非盈亏考量，而是一种自然敬业精神及对后代的关怀。人人皆力求在其日常工作中出人头地，不工作（闲暇）即使被原谅，但也绝不会被尊敬。

1　居于南印度尼尔基里丘陵的农业部落，因其与邻近部落的居民种族殊异，而引起诸多人类学家的好奇。

凡勃伦也注意到另一种社群。波利尼西亚人、古冰岛人，还有幕府时代的封建日本人属于另一种前工业社会，拥有明确的有闲阶级。要注意的是，这种阶级的人并非无所事事；相反，他们是社群中最忙碌的。但他们的“工作”都是掠夺性的，靠武力或狡诈来夺取财富，不靠力气或技艺从事实际财富的生产。

虽然这些有闲阶级不事生产，社群却全然认可。因为这些社会不仅富裕到养得起一个非生产阶级，而且也有足够的侵略性以赞扬此阶级。这种阶级的人不仅未被视为浪费者或掠夺者，反被奉为坚强能干的人。

结果，对工作的态度发生根本的改变。有闲阶级的活动——用武力赢取财富——被认为庄严可敬。相形之下，纯粹劳动却遭鄙视。古典经济学家认为好逸恶劳是人的天性，凡勃伦却认为，它是曾经的高尚生活方式在掠夺精神影响下的一种堕落，一个崇尚武力与蛮勇的社群不会对人类的劳动给予祝福。

但是，所有这些跟美国和欧洲有什么关系？关系很大。因为在凡勃伦眼里，现代人与其野蛮祖先不过是一丘之貉。可怜的埃奇沃思会为这个观点不寒而栗，因为这是用武士、酋长、巫医、勇士和一群顺民来取代他的愉悦机器。凡勃伦在他后来的论文中写道：“野蛮生活的纪律，在一切人种的生活史上显然最为持久，可能在各文化阶段中也是最严格的，因此人类仍承继了此特性，而且这种野蛮本性必将无限延续。”

所以凡勃伦在现代生活中，看到过去的传统。有闲阶级改变了它的职业，改进了它的方法，但目标还是一样——以掠夺手段占有财物且不必工作。当然，它不再追求战利品或女色，那种野蛮习性已不复见。但它追求金钱，而累积金钱并或明或暗地炫耀财富，就成为印第安人挂在帐篷外的人头皮的现代翻版。有闲阶级不只维持古老的掠夺模式，个人的力量也依旧被推崇。社会认为有闲阶级的成员比较好斗而可畏，因此下层百姓便想要有样学样。工人、中产阶级与资本家，人人都试图以铺张的方式——其实就是浪费——来展示掠夺本领。凡勃伦解释道："为了被社群看重，必须符合某种含糊的财富标准；这与早先掠夺阶段的野蛮人必须符合部落对体力、智巧与武艺的标准相当。"类似的是，在现代社会中要以力相争才能服人，而在此过程中，以非掠夺方法谋生（例如工作）的人，"本能地"感到屈辱。

听起来很牵强？我们通常不认为自己是野蛮人，对这种比喻会感到不安或予以藐视。但它虽然奇怪，凡勃伦的观察却蕴含真理。社会的确认为体力劳动不如坐在办公室里有教养的工作。至少就成功人士而言，财富往往也累积到超越合理需要的程度。我们无须接受凡勃伦的人类学解释（其中像对野蛮生活的"纪律"假定，就当代对原始社群的研究而论，便相当薄弱），但仍可从他的主要见解中获益——根深蒂固的非理性因素比19世纪将人类行为美化为理性与常识的做法，更有助于理解经济行为的动机。

社会稳定论的核心

我们无须在此深究这些心理学或人类学的非理性因素。只要知道在追溯行动本源时，在可喜的合理性之下还深埋着一层土壤，这样就够了。比方说，林德夫妇在其经典研究《中产城镇》中，发现大萧条期间人们会先缩衣节食，然后才减少"必要的"享乐开支，只有劳动阶级中最贫穷的部分不是如此；只要看看任何杂志的广告页，就能得知当代中等与上层阶级为炫耀而炫耀的行为标准。没人能免于竞相模仿的荼毒。凡勃伦关于掠夺性野蛮人的看法，至少在文学方面有助于我们了解自己。

还有最后一项结论。把现代人视为几乎未开化的野蛮人，不仅是解释了有闲阶级的存在，并承认炫耀为正常开销而已，它还提供了社会凝聚力本质的线索。较早的经济学家并未很成功地解释，当社会组成阶级的利益面临重大分歧时，是什么力量把社会束缚在一起。当无产阶级毫不妥协，正面反抗资本家时，什么因素阻止了革命爆发？凡勃伦提供了答案。下层阶级并非与上层阶级针锋相对；一种无形但如钢铁般坚固的共同态度，将他们束缚在一起。工人不想取代他们的经理，而是想仿效他们。他们皆默认自身的工作不如雇主的工作"体面"，但他们不想摆脱其上级，而想让自己爬上那个阶级。一种社会稳定论的核心，位于有闲阶级的理论中。

在1899年《有闲阶级论》问世后，凡勃伦出名了，虽然是以讽刺作家而非经济学家著称。激进分子和知识分子崇敬他，但他对此不屑一顾。他的经济学同侪还在怀疑他是不是社会主义者，不知该不该认真看待他。因为他在一句话中赞扬马克思，却在下一句批评他；他最严肃的社会批判往往隐藏在聪明的玩笑中，可以当成病态的幽默，也可以当成肺腑之言。

但凡勃伦同时也在撰写另一本书，内容主要是他自己对商业体系的定义。他写信给熟识的格雷戈里夫人说："这本书，我认为更'超过'，或者如看过它的朋友们说的，更离题。它的书名就叫《企业论》，这题目能让我避免事实的纠缠，自由地建立理论。"

这本书于1904年出版。不论真实与否，它都比第一部著作更出色，也更古怪。因为它提倡的观点，似乎与常识大相径庭。从亚当·斯密的时代起，每个经济学家都把资本家看作经济场景的推动者，不论是好是坏，它被普遍认定为经济进步的主要动力，但凡勃伦把这一切颠倒过来。商人仍是主角，但不再是动力。如今他被描绘成体系的破坏者！

不用说，这种奇特的社会观让人仓皇失措。凡勃伦不像李嘉图、马克思或维多利亚时代的经济学家那样，以人类利益的冲突为出发点；他从非人的技术底层着手。机器让他着迷。他认为社会受制于机器，为其标准化作用袭卷、速度由其规律的运作周期安排，适应其对正确与精密的坚持。更有甚者，他设想的经济过程根本就是机械性的。经济意味着生产，而生产意味着社会在制造货品时像机器一样紧密协调。这样的社会机器当然需要技师和工程师来照料，从事必要的调整，确保各方面最有效的合作。但从全面看，社会最好被视为一个巨大而纯然讲求实际的机械，一个高度专业化、高度协调的人类装置。

掠夺者——商人的本质

商人在这系统中置身何地？商人图利，而机器和其工程师主人只知制造货品。若机器运行良好，配合顺畅，那唯利是图的商人将处于何地？

照理说，商人无处容身。机器制造货品，不关心价值与利润。因此商人除非变成工程师，否则无用武之地。但身为有闲阶级，他对工程没兴趣，他要的是资本累积。这却不是机器的使命。于是商人达成目标的方法不是在社会机器架构内工作，而是阴谋捣乱！他不帮忙制造货品，却破坏正常生产的连贯性，使价格波动以浑水摸鱼。于是商人在世界实际生产之机械的可靠性上，打造了一个信用、贷款与虚假资本额的上层建筑。社会在下依机械常规运转，金融结构在上翻云覆雨。与现实世界对应的金融结构摇摆不定，而获利的机会便旋生旋灭。但这样牟利的代价很高，经常扰乱、毁坏甚至故意误导社会的生产工作。

乍听之下这令人震惊。商人竟会妨碍生产利益，这论调比异端更糟，听来很愚蠢。

但在我们斥此为愤世嫉俗的怪论前，先回顾凡勃伦论述的背景。别忘了，那个美国工业年代被马修·约瑟夫森[1]贴切地称为土豪劣绅的时代。我们已看到企业大亨们傲慢、专横、恬不知耻地弄权，就像蛮族酋长一样，而我们也知道他们为了达成掠夺性的目标，无所不用其极。尽管如此，还不足以证明他们在搞破坏。为此我们得检视这些土豪劣绅更进一步的缺点：这些人对生产货品并无兴趣。

我们可以从1868年的案例来说明。作为工业史上一个充满贪欲的脚注，古尔德与范德比尔特在争夺伊利铁路的控制权。古尔德及其人马被迫搭船渡过哈德逊河逃走，退守新泽西的一家旅馆。重点并非他们原始的战斗，而是他们对实际的铁路本身漠不关心。当古尔德与范德比尔特斗争时，他收到铁路管理人的来信：

> 你的铁路已破损到前所未有的程度，只有在泽西市和萨拉曼卡或水牛城间的一小段，能安然正常地行驶。许多部分，唯有将整列火车减慢至时速10或15英里以下才安全。

当意外事故层出不穷时，该铁路的一位副总裁说："大家自己当心，我已尽力而为。"他的意思是他正疯狂地补强公司摇摇欲坠的财务状况。

古尔德也不例外。在那美国金融黄金时代的群雄中，很少人关心其股票、债券和信贷结构的基本面。后来有位亨利·福特引入以认真生产为目标的工业领袖时代，但哈里曼家族、摩根家族、弗利克家族、洛克菲勒家族之流，对于操弄巨额无形财富的兴趣，仍远高于单调地制造货品。举例来说，在1883年被大家称为企业英雄的亨利·维拉德，在该年努力完成了"金钉铁路"，连接起他横贯北美的"北太平洋铁路"。数以千计的人为

1　美国传记作家，生于纽约，在巴黎从事文字工作，对美国本土的工业主义深有诋毁。

此欢呼，“坐牛酋长”正式将苏族[1]的打猎用地割让给铁路公司（他特别因此获释）；而经济学家们宣称，维拉德的财务瑕疵，相较于他的组织才华简直微不足道。但他的仰慕者若看过其铁路事业的对手詹姆斯·希尔写的一封信，也许会有不同感受。他以较为冷静的目光审视维拉德帝国，并宣称：“……铁路位置适宜，其中某些地方很富裕，可供赚取大笔运费；但为了炫耀而投入过多资本，路径与坡度的选择也非常差。实际上它得重建。”

最后一个例子：1901年美国钢铁公司的建立。在凡勃伦看来，这个钢铁集团是生产钢铁的庞大社会机器，将厂房、熔炉、铁路与矿场纳入共同管理，以更有效率地协调。但在“设立”美国钢铁公司的人眼中，这只是次要因素。这家最终的怪兽公司实质资产约6.82亿美元，但借此出售了3.03亿美元债券、5.1亿美元的优先股，与5.08亿美元的普通股。换言之，该公司的财务规模为实质的两倍，其普通股纯靠虚无缥缈的“善意”支撑。但在创造这些虚有资产的过程中，摩根公司赚了1250万美元的费用，其他发起人获得5000万美元的利润。开办此事业共花费了1.5亿美元。倘若这个新的垄断事业能如凡勃伦所设想，成为极有效率的产钢机器，那也罢了。事实不然。13年来，该公司每吨钢轨报价28美元，然而它还不到制造成本的一半。换言之，技术统一化的所有好处，都被维持虚假财务结构的目的所破坏。

在那时，凡勃伦的理论似乎并不离谱。它之所以刺眼，乃是因为他几乎是用野蛮的仪式，来描述被认为是最有教养的行径。商业大亨的功能与实际管理生产机器之人的功能，确实大相径庭。此事实便是支持凡勃伦

1　北美印第安部族之一，原居于五大湖区，因遭受殖民者侵袭而被迫西移至南北达科他州一带，坐牛酋长即为该部落之首长。

基本命题的绝佳证据。金融策略的大胆游戏既能促进货物流通，也能加以干扰。

奇怪的是，这本书不像《有闲阶级论》那样轰动。《企业论》仅在专业圈内流传，不像前一本书震撼了全国知识界。它难度更高、技术性更高，甚至包含少数公式，或许是为了向学者表明，只要他愿意，也能写出“技术性”的经济学。但在他漠然、平淡的文章背后的主导精神，还是昭然若揭。对凡勃伦而言，无论商人或替他们辩解的人，用供给需求或边际效用的精巧理由来遮掩其活动，商人在本质上就是掠夺者。后来凡勃伦在《工业巨头》一文，描述他实际所见之商人。他用“伺机而动”这个词来说明企业家的功能：

> 无疑，“伺机而动”这个词起初可用来描述已达老谋深算之年的蟾蜍心态——这蟾蜍已找到命定的处所，会有许多苍蝇和蜘蛛一再路过，接受全知而仁慈的上帝宠召，完成其天命——但这词也可轻易地转用来适当地描述，受健全商业原则指导之工业巨头的成熟状态。这种蟾蜍的面孔满布着某种淡然的自负，而身躯则给人金字塔般的稳重感。

看世界的新眼光

但凡勃伦避免在《企业论》中使用这种辞令，因为他脑海中有个严肃的目的——提出一种社会变迁理论。更精确地说，这是个商人和供养他的体系终将衰退的理论。凡勃伦相信这些商业领袖的时日无多，尽管他们有权有势，却遭遇可怕的敌手。它不是无产阶级（因为《有闲阶级论》已表明下层民众如何瞻仰其领袖），而是一个更难摆平的敌手：机器。

因为凡勃伦认为，机器会“赶走拟人的思维习惯”。它迫使人们讲求实际，根据精确可测的事物，而非迷信与泛灵论来思考。因此那些接触机器程序的人发现，愈来愈难接受“自然法则”和围绕着有闲阶级的社会分化设想。于是社会分裂了；不是穷人对抗富人，而是技术人员对抗商人、机械工对抗军阀、科学家对抗墨守仪式者。

在随后出版的一系列书籍，主要在《工程师和价格制度》和《近代遥领所有制和企业》中，他更详尽地说明此“革命”。最后来自社会的工程师兵团将接管商业体系的乱局。他们已掌握实际的生产权力，不过还未察觉商业体系与真正工业的体系无法兼容。但总有一天他们会彼此会商，不再受“不在位所有者”的拘束，而根据宏大有序之生产机器的原则来管理经济。假如他们不这样做呢？那商业掠夺性将增加，最后堕落成纯粹以力服人、特权横行、武断指挥的体系，商人被卷土重来的旧军阀取代。我们会将这体系称为法西斯主义。

但是对于在1921年写作的凡勃伦而言，这一切都是很久以后的事。《工程师和价格制度》的最后一句是：“在这种情况下，不可能适度地让体系守护者或大批富裕的不在位所有者感到不安。时机未到。”“时机未到”是他的典型想法。尽管他刻意保持客观风格，但基本态度充斥于字里行间。不过这不是指个人的基本态度，与私人恩怨无关，而是一个与众不同，认为一切都瞬息即逝，而仪式与虚假终将被其他事物取代之人，顽皮且嘲讽的超然态度。

这不是对他言论作出评价的时机，还要等一会儿。但我们可以提一个奇怪的对照。凡勃伦的非专业方法，使我们想到一位最不像凡勃伦的人物——那位怪异而半疯狂的乌托邦社会主义者圣西门伯爵。别忘了，圣西门也颂扬生产者，嘲弄那些做装饰用的官僚。想到圣西门曾嘲笑“阁下是君王的弟兄”之说，或许对凡勃伦藐视商业霸主之态度的批判就会缓和些。他们都让大家震惊。

1906年，凡勃伦离开芝加哥。他开始扬名海外，曾参与挪威国王驾临的宴会。一种稀有的炫耀之情让他把那次宴席的菜单寄给母亲，后者因为儿子能与一位国王会晤而深受感动，但他的私生活却不顺利。虽然他有著作，还刚升上助理教授，但他调情过了头，与哈珀校长提倡的校风大不相同，有损校誉。

他想另觅新职，但名声实在是毁大于誉，因此非常困难。最后他去了斯坦福。他令人生畏的学识、不与人接触的个性以及外遇倾向等名声，也如影随形，而且还被充分地证实为真。他令人恼怒地拒绝承担任何义务。少数能忍受这种行径的同事对他印象深刻，而他也以“最后一个万事通”著称。不过他的私生活并未改变。某一个朋友想圆滑地将待在他屋里的年轻女子当作他的侄女，凡勃伦却说：“她不是我的侄女。”还真是一语道破。

他的妻子在1911年和他离婚。他必然是让人无法忍受的丈夫（他把爱慕者的来信，放在妻子一定会发现的口袋里），可悲的是，希望婚姻能步上正轨的是他太太。但这想法终究成空。某次艾伦以为自己怀孕，凡勃伦惊惶地把她送回老家。他认为自己完全不适合当父亲，并以男性在家中并不重要的人类学论证，将自己的恐惧合理化。离婚终于无可避免。艾伦在一封自怜的长信结尾写道：“虽然凡勃伦先生离婚的条件，是每个月给我25美元，但恐怕他未必会付。”她说对了。

离婚那年，他又换到密苏里大学，住在朋友达文波特家中。此人是著名经济学家，一位在地下室里写作的孤独而特异的人。但这是凡勃伦生产力旺盛的时期。他回顾在芝加哥的日子，把它总结为由教育中心堕落为强力公关中心与足球运动中心的过程，写出美国大学从未遭遇过的最尖酸的评论：《美国高等教育》。写作期间，凡勃伦半真半假地说，此书副标题应为“一项对全面堕落之研究”。

但更重要的是，他把目光转向战争威胁已迫在眉睫的欧洲。他用这些刻薄字眼，把德国世袭好战的政府比作绦虫：“……绦虫与宿主的关系不容易用言辞美化，甚至要基于用途和习惯，透过足以服人的方式来证明其乐于存活的合理性，也不容易。”这本《德意志帝国和工业革命》命运多舛，虽然政府宣传部门为了战争而要加以利用，但邮政部门发现它对英美语多贬损，而禁止投递。

战争终于降临，而他前往华盛顿效劳。对他而言，爱国心只是野蛮文化的另一种症状，但他本人却不缺乏这种精神。可是在华盛顿，他像个烫手山芋被扔来扔去，人人听过他，却没人要用。最后把他搁在一个不重要的食品管理岗位上。在那里他仍按自己的作风办事：撰写备忘录以提出增加农产的最佳方案。但其建议涉及农村社会与商业方式的全面重组，于是官员们说它“很有趣”，然后晾在一边。他提议对雇用家庭帮佣的人课征重税以释出人力，也未被接受。这就是典型的凡勃伦式提议：男管家和男仆的特色就是体格特别健壮，只要经过日常工作锻炼，就可以强化肌肉，减去肥油，成为合格的装卸与搬运工。

他于1918年到纽约，为自由派杂志《*Dial*》[1]撰稿。他适才出版了《和平的本质》，大胆声称欧洲面临两个选择，继续保存带有野蛮战争动机的旧秩序，或放弃商业体系。起初有人讨论此方案，后来就不流行了。凡勃伦在《*Dial*》中兜售此说，但该杂志的销量却逐期减少。他获邀到拥有杜

1　1840至1929年间断续发行的美国杂志，先是以充满乌托邦色彩的超验主义为其主题，1880年以一本政论性杂志复刊，1920年则转而介绍现代主义文学。

威、查尔斯·A.比尔德[1]、罗斯科·庞德院长[2]等杰出人物新成立的社会研究新学院讲课，但连这也让人失望。他讲课还是一样含糊，开的课起初场场坐满，但不久就只剩区区之众。

凡勃伦的声望与失败奇异地混合在一起。H.L.门肯写道："凡勃伦主义光彩夺目。有凡勃伦主义者、凡勃伦俱乐部，以及可以治疗世上一切伤心事的凡勃伦疗法。在芝加哥曾经有凡勃伦女孩——大概是长大成为中年、绝望的吉布森女孩。"但就他本人来说，则什么都不是。他的半身雕像摆在社会研究新学院的大厅，让他非常难堪。该雕像终于被搬到没那么显眼的图书馆中陈列。在个人事务方面，他几乎已无法自理，日常生活的问题得靠韦斯利·米切尔、伊萨多·卢本等忠实学生协助处理。这些人也都已是重要经济学家。曾有段时间，他热切地注视新世界来临的迹象：一个工程师和技术人员的时代，而他盼望俄国革命会开创这样一个时代。但他对所见感到失望。新学院的霍拉斯·卡伦[3]写道："当事情不如预期时，他显得心灰意懒，呈现转向死亡的征兆……"

他很晚才被邀请出任美国经济学会会长。他拒绝了，并说："当我需要这个职位时，他们却不给我。"最后他回到加州。约瑟夫·多尔夫曼在一本最可靠的传记中说，凡勃伦抵达他在西部的一间小屋，认为有人非法窃据他的土地。"他拿起斧头，有条不紊地把窗户打破，看来笨手笨脚，就像个懒散的人被激怒后，突然采取的行动。"结果是一场误会，而他就在那里安顿下来，使用自家制造的质朴家具，必然让他想起童年。他穿着从西尔斯·罗巴克百货邮购来的粗糙工作服，不惊扰自然界中的一草一

1 查尔斯·A. 比尔德（1874—1948），美国知名进步主义历史学家，著有包括《美国文明的兴起》在内多本美国史专著。

2 罗斯科·庞德（1870—1964），美国教育家与法学家，曾任哈佛法学院院长。

3 霍拉斯·卡伦（1882—1974），犹太裔美国哲学家，师承桑塔耶纳。

木，让老鼠和臭鼬在他脚边掠过，在他的小屋里探险，而他一动也不动地坐着，沉浸在不愉快的遥想中。

回想起来，这段人生既不快乐也不成功。他于1914年再娶的妻子有被害妄想症，因而入院治疗；朋友们和他相距甚远；他的著作吸引了业余爱好者，但大致上为经济学家所忽视，至于工程师对此则一无所知。

他已70岁，不再写作。他宣称："我决定遵守安息日的规矩。这真是个美好的安息日。"他的学生来看他，发现他比以前更遥不可及。他被人奉承，还收到自命为其追随者们的来信。其中一封问道："能否告诉我，早年你是在芝加哥的哪一栋房子写作的？如果可以，请告诉我是哪间房间好吗？"还有一个在读完《企业论》后写信请教他如何赚钱。

在1929年大崩盘前几个月，他过世了，留下一份遗嘱以及这份用铅笔写成的未署名指令："我也希望死后火化，力求省时省钱，勿举行任何仪式或典礼，将骨灰投入大海，或投入流向大海的河中；无论何时何地都不要有任何的墓碑、墓志铭、肖像、牌匾、题词或纪念塔之类关于我的事迹或名字的纪念物，不要有关于我的讣闻、纪念活动、相片或传记，不要刊登我往来的信函，也不要以任何方式重制、拷贝或流通。"

他的要求一如往常地被忽略：他的遗体被火化，骨灰被撒到太平洋，但立刻有人开始撰文纪念他。

我们该怎么理解这位怪人？

他显然走极端。例如在描述有闲阶级的特性时，在这一页描绘得很出色，而在下一页则加以讽刺。当他在我们接受的审美标准中，辨识出隐藏的财富因素时，俏皮地说："绅士的帽子和漆皮鞋的光泽，不会比破旧衣袖的类似光泽美丽。"这言之有理，我们必须温顺地承认自己品位中的势利成分。但他后来说："大众对于节俭的建议几乎与母牛密不可分，而这点一直妨碍该动物的装饰用途。”这就显得荒谬。门肯不服气地抓住这一点指出：“这位考虑重大问题的亲切教授，是否曾在乡下散步？若有，他是否曾经过母牛的牧场？若曾经过，他有没有到母牛的尾巴后面瞧一瞧？若有，他是否只是漫不经心地走过去……”

凡勃伦对商人与有闲阶级本身特性的描述，大致上也可用相同的方式批评。美国资本主义幸福美好时代的金融巨子，无疑是土豪劣绅，而凡勃伦对他们的描绘虽然粗野而又让人不自在，却很接近事实。但商业制度很像英国王室，可以自我调整以适应巨变的世界。凡勃伦对商业制度调整的程度并未认真探究。更接近凡勃伦自己的方法，从而也更加重要的一点是，他没看出将生活全面重新安排的机器，会改变企业功能的本质，正如它会改变工人的思考过程一样。商人本身负责管理巨大而持续运作的机器，不得不变得愈来愈像官僚。

凡勃伦对机器的迷恋确实让我们有点顾虑，这么没情调的思想家是很刺眼。机器可能让我们讲求实际，但是实际什么呢？《摩登时代》里的查理・卓别林并不是个快乐或是适应良好的人。一个工程师兵团可能更有效率地管理我们的社会，但能否管理得更顺应人情则是另一个问题。

然而凡勃伦确曾指出一项变迁的中心过程。在他的时代，该过程分外明显，却很奇怪地被那时的经济学家忽略。那过程就是技术与科学开始主导现代社会变迁。的确，作为制度性力量，其整体的出现界定了现代。因此它在许多方面既是一项历史愿景，也是一项经济愿景。凡勃伦看出，迈入技术时代是历史上的伟大时刻，将机器引进到生活最大范围内的最细微缝隙中，就和人类学会驯养动物或住到城市中一样具革命性。就和其他明显但未被看出的伟大发现一样，凡勃伦操之过急地预期可能要花上好多年，甚至好几世纪的历程，要在数十年乃至数年内发展成熟。但意识到机器是他那时代经济生活的主要事实，是他的功劳。光凭这个杰出见解，就足以列入俗世哲学家之林。

他也赋予经济学看世界的新眼光。在凡勃伦对日常习俗的野蛮化描述后，新古典人士将社会描绘成彬彬有礼的茶聚景象，变得愈来愈难维持。他曾以带刺的文字嘲笑维多利亚学派："一群在船只残骸与浪花之间行走，拿着耙子，念着咒语，以捕捉贝类的阿留申人聚在一起……忙着庆祝他们在地租、工资和利息方面达成快乐平衡的英勇事迹。"古典派试着将原始人类斗争纳入一个没有血肉的架构中，以解决问题。凡勃伦对此予以嘲笑。他还强调用一套不完善且过时的先入之见来理解现代人的行为，是白费心机。凡勃伦说，人无法以精致的"经济法则"来理解，在那之中人类的凶残与创意都会被理性化的虚有其表扼杀殆尽。他用不那么令人满意但更根本的人类学或心理学词汇，将人类更恰当地称为"具有强烈非理性欲望、容易受骗、天真而又墨守成规的生物"。他要经济学家抛弃令人满意的想象，并找出人类实际行为的原因。

他的门生，伟大的经济学者米切尔对凡勃伦作出这样的总结："凡勃伦的影响让人不安，那位来自另一个世界的访客，对学者在无意中习以为常的事物加以仔细分析，而日常思考中最熟悉的部分，对他而言好像是外力造就的奇妙产物。在社会科学领域里，没有其他能像这样摆脱环境微妙支配的解放者，也没有其他人能像这样扩展探索的视野。"

第九章

凯恩斯的异端学说

人多以为世上的财富，是由于各人自愿节制消费的立即享受而费力地积累起来的。我们称之为节俭，但光凭节制显然不足以建立城市或开辟田园。

……建设并改进世上财物的是企业……如果企业在前进，不管是否节俭，财富都会积累；如果企业静止不动，不论如何节俭，财富都会萎缩。

凡勃伦在离世前几年，突然投入证券市场，这件怪事跟他的性格不符。一位朋友劝他买某石油公司的股票，而考虑到晚年财务问题的凡勃伦，就拿出部分储蓄来冒险。起先略有所获，但如影随形的厄运，让该股上涨之际碰上当时的石油丑闻。他的投资最后变得一文不值。

这件事除了显示出凡勃伦的盔甲上另一个小弱点之外，本身并不重要。然而从另一个脉络来看，这起不幸事件很有启发性。因为让全美国失去理智的炫目诱惑，连凡勃伦这位最清醒的观察者也上钩，谁还怀疑美国不会永葆繁荣呢?

繁荣迹象诚然处处可见。美国在20世纪20年代后期，就业人数达4500万，工资、地租、利润和利息总额约770亿美元，是世上前所未有的高收入。赫伯特·胡佛[1]认真而坦率地说：“借上帝之助，贫穷将于不久后在我国绝迹。”他或许过于短视，但谁不这样想呢？而且他所依据的是此不争的事实：美国一般家庭在食、衣、住，以及生活享受等方面，都比之前的任何一般家庭更好。

这个国家拥有比土豪劣绅的海盗观念，更能振奋人心的自我形象。

1 第31任美国总统，任期自1929至1933年。

民主党主席约翰·J. 拉斯科布为《妇女家庭杂志》写了一篇文章，标题是《人人都该是富翁》，可谓一语中的。拉斯科布写道："若一个人每周省下15美元，并投资于绩优的普通股，20年后他至少拥有8万美元，以及每月约400美元的投资收入。他将成为富翁。"

此计算只假定此人每年将6%的股息再投资。但还有更诱人的生财之道。相信拉斯科布公式的人若把股息花掉，只让他的资金随股价趋势增长，他也会同样迅速致富，而此过程中承受的痛苦却少得多。假设他每周存下15美元，于1921年买进780美元的股票。到1922年，他的资金将为1092美元。若他每年再加码780美元，他会发现自己在1925年时的身家为4800美元，一年后为6900美元，1927年时为8800美元，1928年时为难以置信的16,000美元。难以置信吗？到1929年5月时，他在世上的财产将超过21,000美元，而当时美元的价值为20世纪80年代时的10倍。当"大多市场"几乎不断上涨了将近半个世代之久，把它当作致富的王道有什么错呢？理发师或擦鞋者、银行家或生意人，人人下注且人人赢钱。大多数人心中唯一的疑问是，为何没早想到这个办法。

凯恩斯的卓越才智

结局无须多言。1929年10月那可怕的最后一周，崩盘了。对证券交易所的经纪人而言，一定像遇到尼亚加拉瀑布突然破窗涌入一样，因为不可收拾的卖单倾泻而出。完全精疲力竭的经纪人流泪而且撕开他们的衣领，呆若木鸡地看着庞大财富像棉花糖一样融化了。他们声嘶力竭地试图吸引买主的注意。那时关于他们的灰色笑话是这样的：据说每一单位的高盛股票都附赠一把左轮手枪，而当你向旅馆订房时，柜台人员会问："要睡觉还是跳楼？”

风暴过后，满目疮痍。两年来的大涨，在这疯狂的两个月内赔光；400亿美元就这样消失了。到了第三年底，我们投资人21,000美元的纸上财富减少了80%，原来7000美元的储蓄只剩4000美元。“人人皆富”的愿景只是镜花水月。

回想起来，这无可避免。股市建立在诸多贷款的支撑之上，只能承受这么多压力。而且这一派繁荣气象的基础本就摇摇欲坠。拉斯科布主席的退休公式在算数上够精确，但一个平均薪资只有30美元的人，怎么存15美元？

全国总收入之值诚然庞大，但显然没有利益均沾。社会金字塔顶端约24,000户的收入，三倍于被压在底端之600万户的收入，顶端幸运家庭的平均所得为基层家庭平均所得的630倍。这还不是唯一的缺点。在无尽繁荣甚嚣尘上时有200万民众失业，而银行的门面虽富丽堂皇，但在崩盘前的六年间，平均每天有两家倒闭。一般美国人还以自杀的方式来享受繁荣，竭尽所能地抵押借款，在分期付款购物的诱惑下，危险地扩大开支，而且更大量买进为数惊人的股票——估计达3亿股。这不是以现股方式持有，而是被融资买进。于是命运就此注定。

不论结局能否避免，当时都很难看清。那时常常有头面人物出来传播国家运作良好的利多消息。即使像耶鲁的欧文·费雪那样著名的经济学家，也为繁荣的表象所骗，说我们正迈向“永恒的高原”——这成为可怕的笑柄，因为在此后一星期，股票即从该高原的边缘跌落。

对坚信繁荣永无止境的时代，其信心的最大打击并非股市戏剧性的狂跌，而是国内的情形。这些沉闷年头的几件事，有助于说明此事。在印第安纳州，因获选为“密德镇”而著称的曼西，于1930年底时，每四名工厂工人就有一个失业。在芝加哥，多数女工时薪低于25美分，其中1/4还不到10美分。单是纽约的鲍厄里，每天就有多达2000名失业者排队领取食物救济。全国住房建筑减少95%。900万储蓄账户化为乌有。85,000家公司倒闭。全国薪资总额减少40%，股息减少56%，工资减少60%。

这次大萧条最使人沮丧的是，它似乎永无止境，没有转机也无药可救。1930年，全国勇敢地唱着“幸福的日子又来了”，但国民收入从870亿美元陡降至750亿美元。1931年全国唱着“我赚了5块钱”，同时国民收入跌落到590亿美元。1932年的歌更糟：“兄弟，施舍几分钱好吗？”国民收入已缩水为凄惨的420亿美元。

1933年之际，这个国家实际上已经衰竭，国民收入降至390亿美元。仅在四年之前的繁荣景象，大半已消失无踪；平均生活水平倒退20年。在街角、家中，或是在被称为胡佛村[1]的贫民窟里有1400万名失业者。看来美国将一蹶不振。

最难忍受的是失业。数以百万计的失业者，阻碍了国家维生所需的循环。显著的失业比任何教科书都更有力地显示体系出了问题。此时经济学家们绞尽脑汁，诉诸亚当·斯密的精神，可是既无从诊断，也开不出药方。这种形态的失业是不合理的，也是不可能出现的，但它确实存在。

生产不足的同时，人们又找不到工作。试图解开这个难题的人，照理说似乎该是一位左翼人士，一位强烈同情无产阶级的经济学家，一位愤怒之士。事实却远非如此。着手处理此问题的人几乎是个业余艺术的爱好者，毫无好勇斗狠之气。他多才多艺。比方说，他写过一本关于数学概率的深奥著作，伯特兰·罗素声称该书“再怎么赞扬也不为过”；然后他又结合深奥的道理与赚钱的天赋，借由外汇与商品交易这种最为变化莫测的致富途径，积累了50万英镑的财富。更让人印象深刻的是，他的数学论

1 用以讽刺带领国家走入经济大崩盘的胡佛总统。

文是在工作之余写成的，至于积聚私财所花的时间，只是每天下床前的半小时。

但这只是他诸多面向中的一个例子而已。当然，他主要是个经济学家，一位剑桥大学教授，拥有与此职位匹配的尊严与学识。但他挑选了著名的狄亚格烈夫芭蕾舞团中一位主要的女演员为妻，而未选择有学识的仕女。他是英国顶尖文艺人士组成的布鲁斯贝利团体的宠儿，同时也是一间寿险公司总裁，多方兼顾。他是微妙国际外交事务的稳定支柱，但他的官方立场并未妨碍其取得其他欧洲政治家的资料，包括他们的情妇、精神疾病以及财务偏见。他早在搜集现代艺术品流行之前就已这么做，同时也是私家收藏世上最佳牛顿文稿的古典学者。他经营一间剧院，也是英格兰银行的董事。他认识罗斯福和丘吉尔，也认识萧伯纳和巴勃罗·毕加索。他玩桥牌时宁愿选择投机的玩法，而较不喜欢稳健的合约。他也像统计学家一样喜欢独当一面，会注意一局之中要花多长时间才会出现两次主打。他曾说一生唯一的憾事，就是香槟喝得不够多。

此人是约翰·梅纳德·凯恩斯。凯恩斯是古老的英国姓氏，可以追溯到1066年的威廉·德·凯罕因斯。凯恩斯是传统主义者，喜欢去想他家族的源远流长。他的父亲约翰·内维尔·凯恩斯本身也确实是著名经济学家。但其子青出于蓝，好像集结了半打人的能力于一身。

他出生于1883年，就是马克思过世那年。这两位经济学家生卒年先后衔接，又各自深刻地影响了资本主义体系的哲学，但他们却大不相同。马克思苦闷、沉重、沮丧，准备背水一战；我们知道他草拟了资本主义的末日判决。凯恩斯则喜爱生活，愉快、轻松，而且非常成功地创造出可行的资本主义。或许我们可以将马克思对于崩溃的热情预言，归因于他现实生活中显著的神经失调；若是如此，那么凯恩斯重建资本主义的有力游说，无疑能归功于其生活的愉悦与成就。

凯恩斯的童年处于维多利亚时代，他进入传统学校，很早就显露出卓越的才智。他4岁半时已自行想出利息的经济意义；6岁时想知道自己的脑子怎么运作；7岁时，他的父亲认为他是“非常讨人喜欢的同伴”。他进入古德柴尔德先生的预备学校，在那里展露出统御的天赋：他有一个帮忙拿教科书的忠顺跟班，凯恩斯协助他解决困难的家庭作业以换得此服务；凯恩斯还与另一个他不喜欢的男孩签订“商务条约”，前者每周替后者从图书馆借一本书，而后者则不得进入前者15码之内的范围。

14岁时，他向伊顿申请奖学金并获准。与英国学校的恐怖故事相反，他既没被残酷虐待，理性也未受钳制。他容光焕发、成绩优异、得奖累累；他替自己买了件淡紫色背心，学会品尝香槟；他长高之后有点驼背，留着小胡子，喜欢划船，并成为杰出辩论家，热心于伊顿的事务，却没有变得骄傲自大。从他17岁时写给父亲的一封信中可以看出，他的洞察力就他的年龄而论是很少见的。当布尔战争达到高潮时，校长发表了一次演说，凯恩斯用五句话就完美地加以表述：“老调重弹，应该展现我们的感谢之心，谨记学校的尊严，做任何事都要做到最好，向来如此。”

他在伊顿非常成功，在剑桥大学国王学院也有很高的成就。马歇尔寄望他成为全职经济学家，庇古（马歇尔的接班人）每周与他共进早餐一次。他当选为学生会秘书，这个职位最后使他自然地成为世上较著名的非政府辩论社之一的会长。他被伦纳德·伍尔夫[1]和利顿·斯特拉奇[2]所关注，后来成为布鲁斯贝利集团的核心。他登山（斯特拉奇对此“低能的山民”有所抱怨）、买书、熬夜数小时与人争辩、光彩照人。他是个杰出

1 伦纳德·伍尔夫（1880—1969），英国小说家、散文家与政论家，弗吉尼亚·伍尔芙的先生。

2 利顿·斯特拉奇（1880—1932），英国传记文学作家与评论家，著名作品包括《维多利亚女王传》、《维多利亚名人传》等。

人物。

但即使杰出也得吃饭，于是有了就业问题。他的钱很少，而学术生涯的所得更低。他有比较大的愿景：“我要经营铁路，或组织一个托拉斯，至少也要诈骗投资大众。要掌握这些事物的原则是如此容易而且迷人。”他在写给斯特拉奇的信中如是说。

没人请他经营铁路或组织托拉斯，至于“诈骗”也只是显出凯恩斯想象中玩世不恭的那一面罢了。他转试公职之路以求成功。他以显然不在乎的态度参加文官考试，使得斯特拉奇的一个妹妹问这是否在装腔作势。不，一切都在计算之中，何须苦恼；他确定会进入前十名。果然他名列第二，而考试科目中分数最低的是经济学。他后来解释道：“我显然比主考官更懂经济学。”假如事实并非如此，这便是不可饶恕的狂言，但实情就是如此。

因此他于1907年被派到印度事务部[1]。他恨这个差事。他把最好的精神用来草拟其数学论文的初期版本，并发觉在政府机关当个小官与经营铁路有天壤之别。经过两年，他已受够了。他宣称他的努力便是把一条纯种公牛从英国运到孟买，而他在政府工作中发现的是，一些考虑欠周的话会让人“瞧不起人”。他辞职并回到剑桥，但这些岁月并未完全虚度。根据对印度事务的所知，他于1913年写了《印度的通货与财政》一书，被公认为小型的杰作。同年组成了一个研究印度通货问题的皇家委员会，29岁的凯恩斯获邀加入，这是非凡的荣誉。

他比较喜欢剑桥。他立即成功，并受到与往常一样的尊敬，成为《经济学杂志》的编辑。这是英国最具影响力的经济学刊物，而他担任此职33年。

1　印度事务部，大英帝国位于英属印度的政府部门，运作时间自1858至1947年。

布鲁斯贝利比剑桥更令人愉快。布鲁斯贝利既是个场所，也是种心态。凯恩斯在大学时就已认识了一小群知识分子，已得到了地盘、人生观与声望。属于这个有魔力的圈子里的人物，也许不到20名或30名，但他们的意见决定了英国艺术的标准。毕竟伦纳德·伍尔夫、弗吉尼亚·伍尔芙、E. M. 福斯特、克莱夫·贝尔[1]、罗杰·弗莱[2]与斯特拉奇都是圈内人。布鲁斯贝利微笑嘉许，可以让一位诗人成名；若它皱眉，那位诗人就被贬低。据说布鲁斯贝利集团可以用12种不同的声调来表示“真的吗”这个词，其中不落俗套的厌倦绝非最少用的。它富有理想却又愤世嫉俗，勇敢却又脆弱，还有点疯狂；在“无畏战舰骗局”中，弗吉尼亚·伍尔芙与几个共谋装扮成阿比西尼亚皇帝及其随员，并受到与英王陛下最接近之护卫战舰的护送。

在这一切活动中，凯恩斯都是中坚人物，是军师、顾问、裁判。他谈任何事都能信心满满：作曲家威廉·华尔顿、舞蹈指导弗雷德里克·阿什顿以及许多其他艺术家或专业人士，都习惯听到凯恩斯说：“不，不，关于这一点你完全搞错了……”附带一提，当一位科西嘉外交官得知他兴趣广泛而且满腹密谋之后，就替他取了个绰号叫“波佐”。

对一位即将激荡资本主义世界的人而言，这只不过是初试啼声而已。

战争期间，布鲁斯贝利的活动稍微被中断。凯恩斯被召到财政部处理英国海外财务。他在那里必然也很杰出。一位老同事后来谈起一件趣事：“当时迫切需要西班牙货币比塞塔，好不容易搜集到一点。凯恩斯按时将此事报告给松了一口气的财政大臣。大臣表示，至少在短时间内我们有比

1 克莱夫·贝尔（1881—1964），英国文艺评论家，形式主义的倡议者。

2 罗杰·弗莱（1866—1934），英国文艺评论家，鼓吹形式主义，并为后印象派定名。

塞塔的库存了。凯恩斯却说：‘哦，不是这样！’吓了一跳的上司说：‘什么！’他回答：‘我把它们全卖了，我要打破市场。’他真的做到了。”

他很快就成为财政部的关键人物。第一位替他作传，本身也是经济学同行的罗伊·哈罗德说：“凡是见解成熟的人都表示，凯恩斯对于赢得战争的贡献，大于任何其他文职人员。”即使如此，他还会找出时间从事其他活动。某次为了财政事务到法国时，他想到让法国人出售某些画给国立美术馆，将有助于平衡两国间的账务。他就这样偶然地为英国取得了价值10万美元的柯罗[1]、德拉克洛瓦[2]、福兰[3]、高更、安格尔[4]和马奈的作品，还为自己买到一幅塞尚的画：此时德国巨炮“大贝尔塔”[5]正在轰击巴黎，画作的价格低落。回到伦敦后，他参与芭蕾舞活动。那时丽迪亚·洛波柯娃正在“幽默的妇人们”剧中扮演美人的角色，风靡一时。西特韦尔一家让丽迪亚参加一场宴会，从而遇上凯恩斯。可以想象说正统英语的凯恩斯，与正在奋力学习英语的丽迪亚相处的情形——“我不喜欢在8月间待在乡下，因为我的腿经常被‘律师’叮咬。”丽迪亚曾这么说。

但相对于战后欧洲的安顿问题，上述一切都不重要。凯恩斯现在已是幕后替执政者出谋划策的要人。他代表财政大臣前往巴黎，在最高经济委员会中可以全权代表英国财政部作决定。他在和会上是财政部代表。但他只是第二级官员，虽然在看台上占有一席，却无权直接介入游戏。当凯恩斯从旁目睹到克列孟梭智取威尔逊，而和约的人道精神被报复心所取代时，必然深感挫折与无力。

他于1919年写信给母亲说：“我已有好几个星期没写信，完全精疲力

1 柯罗（1796—1875），法国巴比松画派主要画家。

2 德拉克洛瓦（1798—1863），法国浪漫主义画家，影响印象派作品甚深。

3 福兰（1852—1931），法国印象派画家。

4 安格尔（1780—1867），法国新古典主义画家。

5 德国武器制造商Krupp所研发之重型榴弹炮，用于一次世界大战。

竭。这部分是因为工作，部分是因为对周围的恶势力感到沮丧。我从来没有像最近两三个星期以来那样痛苦。这纸和约荒唐可耻、无法落实，只会带来不幸。”

他勉强从病榻爬起，抗议他所谓的“维也纳谋杀”，但势不可当。这是迦太基式的和平。德国要赔偿的金额如此巨大，被迫在国际贸易中采取最恶狠的措施，以挣得英镑、法郎和美元。这当然不是民意所在，但凯恩斯还看到《凡尔赛条约》无意中激起了德国独裁制度和军国主义更可怕的复活。

他绝望地辞职，在和约签订前三天开始对它进行攻击。他怀着满腔怒火，以最快速度写成了《和平的经济后果》，于12月间发表，他也因此成名。

这是写得非常出色，具有压倒性力量的作品。凯恩斯曾目睹主角们的活动，而他结合了小说家的技巧与布鲁斯贝利批评家的锐利眼光，来描述这些人。他称克列孟梭“只有一个幻觉——法国，也只有一个醒悟——人类，包括他自己的重要同僚”。至于威尔逊“就像奥德修斯，坐下来的时候看来聪明点”。虽然对人物的描绘展现出他的才智，其对和约危害的分析更令人难忘。因为凯恩斯看见和会只鲁莽地发泄政治怨恨，而完全不顾当时的迫切问题——使欧洲重生成统一运作的整体：

> 四人委员会别有所图，对这些议题毫不在意。克列孟梭要摧毁其敌人的经济，劳合·乔治[1]要达成一个协议，好带回家敷衍一个星期，美国总统要的是正义和公理。让人惊讶的是，四巨头对欧洲的饥饿与瓦解这个基本问题视而不见。他们在经济

1 劳合·乔治（1863—1945），英国自由党党员，1916至1922年间担任英国首相。

领域只关心赔偿，而从神学、政治学、选举诡计等观点来解决此问题，就是不看那些命运为其掌控之国家的经济前景。

他接下去发出严重警告：

因此，我们面对的威胁是，欧洲人民生活水准的迅速降低。某些国家已在挨饿（例如俄国，而奥地利也差不多）。人们不会总是默默死去。因为饥饿会让某些人昏沉绝望，也会驱使其他人铤而走险。他们的不幸可能让残存的组织倾覆，而当他们试图满足个人迫切的需要时，文明本身会沉沦。这就是我们现在必须集中所有资源、勇气与理想来对抗的危险。

该书大为成功。条约几乎在一开始就显然窒碍难行，但首先看出、说出这点，并建议全面修改的是凯恩斯。他已经以有远见的经济学家著称。1924年“道威斯计划”[1]开始了打破1919年僵局的漫长历程时，他的预言天赋得到了证实。

他已成名，但要从事什么工作仍是问题。他选择从商，风险最高的商业活动。他开始用几千英镑资本在国际市场上投机，几乎赔光。一位素未谋面、但对他在战时工作印象深刻的银行家以贷款相助，结果凯恩斯还清欠款，还积累了两百万美元的财产。他以最漫不经心的方式完成这一切。凯恩斯鄙视内线消息。事实上，他曾声称华尔街的交易者只要不理会“内线”消息，就能赚取巨额财富，他自己的法门不外乎仔细审查资产负债表，对金融的广博知识，对人物性格的直觉和某种交易天赋。他早晨在床

1 道威斯计划，目的是舒缓德国的战后赔偿压力，1929年为“杨格计划”取代。

上逐条研究财金信息，作出决定，打电话下单，就这样，然后这一天就可以处理像经济理论之类较重要的事项。这样他就可以与李嘉图齐名。

顺带一提，他并不只为自己赚钱。他成为国王学院的财务长，将3万英镑资金变成38万英镑。他管理投资信托以及一间寿险公司的财务。

同时，凯恩斯在同一时间的目标总是不止一个，他为《曼彻斯特卫报》写稿，在剑桥按时上课并深入讲解国际商品市场的事件与特性，以在枯燥的理论上增添趣味，买更多的画、取得更多书籍，还在经历了与斯特拉奇、邓肯·格兰特[1]等男性情人的激烈爱情生活后与丽迪亚结婚。这位芭蕾舞星完美地扮演了剑桥教授妻子的新角色，令凯恩斯的朋友们感到有些诧异和欣慰。当然，她放弃了专业生涯，但一位访客后来说，曾听到楼上砰然作响：丽迪亚仍在练习她的技艺。

她非常美丽，而他只是一个循规蹈矩的爱慕者，并不英俊，但高大而有威严。他壮大而有些笨拙的身躯，与略长的三角形脸很相配。他鼻梁直挺，有着从伊顿时期就维持着的小胡子、丰满而灵巧的嘴唇，和让人有点失望的下巴。他的一双眼睛富于表情，在弯弯的眉毛下有时严肃，有时冷漠，有时闪闪发光，或者像某位主笔所述“像蓝色花朵中蜜蜂的臀部一样柔软”，或许端视他扮演的是官方使节、投机家、布鲁斯贝利的天才或芭蕾舞迷而定。

凯恩斯有个怪癖，坐着时喜欢把两手拢在袖子里。由于他对别人的手特别注意，又对自己的手感到自豪，因此这藏匿双手的姿态就更难以理解。他甚至制作了自己和妻子的手部模型，并谈及要收集朋友们的手部模型；当他遇到一个人时，会先注意对方手掌、手指与指甲的特征。后来他与富兰克林·罗斯福第一次会谈，对这位总统的记述如下：

1 邓肯·格兰特（1885—1978），苏格兰画家，曾加入布鲁斯贝利团体。

……当然，我起先没有密切注意这类问题。因为我自然地把注意力集中到他的双手。他的手结实有力，但并不灵巧，指甲短而圆，像商人的手指。我无法准确地加以描绘，他的手（在我眼里）虽然并不高贵，但也不寻常。奇怪的是，它们看来很熟悉，在哪里见过呢？我足足花了10分钟，就像追忆一个忘记了的名字一样，几乎没意识到我在谈论白银、平衡预算与公共事务。我终于想起来了，是爱德华·格雷爵士[1]——一个更结实而且美国化的爱德华·格雷。

罗斯福写信给费利克斯·弗兰克福特[2]时说："我跟凯恩斯相谈甚欢，我很喜欢他。"若他知道自己被看作商人版的一位英国外交大臣，恐怕未必还会这么说。

储蓄与投资

到1935年之际，凯恩斯已功成名就。《印度的通货与财政》虽然篇幅无多，却是部精心杰作；《和平的经济后果》成就辉煌；《概率论》的专业性虽然强得多，也一样成功。关于上述最后一本书有一则趣闻。凯恩斯与发展出量子力学（人类心智的惊人成就）的数学天才马克斯·普朗克一同进餐。普朗克转头对凯恩斯说，他曾考虑研究经济学，但因为它太难而

1 英国自由党党员，曾任英国外交及国协事务大臣、英国驻美代表等职。

2 美国最高法院大法官。

作罢。凯恩斯添油加醋地把这件事告诉一位从剑桥回来的朋友。后者说：“啊，这就怪了。罗素也曾告诉我，他考虑研究经济学，但因为它太简单而作罢。”

但我们知道，数学不过是他的副业。他于1923年发表《货币改革论》，再次使世人瞠目。如今凯恩斯痛批对黄金的盲目崇拜，反对人们消极地放弃对自己的通货做有意识的管理，而把此职责托付给国际金本位这个非人的机制。这本书当然很专业，但它和凯恩斯所有其他作品一样用词生动。其中有句话无疑会列入英文格言录：在谈到某些神圣的经济原理其“长期”后果时，凯恩斯冷冰冰地说：“长期而言，我们都死了。”

他百尺竿头，更进一步，于1930年发表了《货币论》，一本试图说明整体经济行为的著作，长篇、艰涩，质量参差不齐，有时光辉夺目，有时令人困惑。这本书很引人注目，因为它主要在讨论是什么因素使得经济会时而繁荣昌盛、时而萧条衰败地颠簸运作。

当然，经济学家已注意此问题几十年。除了1929年或先前提过的18世纪法国密西西比公司倒闭那种大崩溃之外，正常商业进程的扩张与收缩有如潮起潮落，就像呼吸一样。例如英国商情于1801年不佳，1802年不错，1808年不佳，1810年不错，1815年不佳，如此起伏逾百年，美国的模式也一样，只是时间稍有不同。

繁荣与萧条交相更迭现象的背后原因是什么？景气循环起初被想作一种群众神经错乱。1867年时一位观察家写道：“这类周期的崩溃其实是心理现象，视消沉、希望、兴奋、沮丧与恐慌的变化而定。”这无疑描绘出了华尔街或隆巴德街、兰卡斯特或新英格兰那些人的心情，但并未回答基本的问题：是什么引起这样广泛的歇斯底里？

有些早期解释在经济过程之外找答案。我们曾提及的杰文斯归责于太阳黑子，乍看之下很离谱，其实不然。1721年到1878年间历次景气循环繁荣期之间的平均期间为10.46年，杰文斯对此印象深刻。太阳黑子（由威廉·赫歇尔爵士于1801年发现）的周期是10.45年。杰文斯相信这两者间的关联过于密切，绝非巧合。他认为太阳黑子引发气候周期变化，从而促成雨量周期变化，从而促成农作收成周期变化，再导致商业周期变化。

这理论并不坏，但更仔细地计算显示太阳黑子的周期为11年，于是天文现象与商业上莫测变化之间的工整对应关系被打破。太阳黑子是天文学问题，而商业周期的动因，要回到地面上寻找。

实际上这要回到马尔萨斯在一个世纪前，虽然有些差错，但直接地点出了领域——储蓄。我们或许记得马尔萨斯的疑虑，一种说不大清楚的感觉，认为出于某种原因，节约会导致“普遍过剩”。这遭到李嘉图的嘲笑与穆勒的轻视，于是成为地下世界中臭名昭著的危险胡说。要说储蓄可能惹麻烦，就是在抨击节俭的美德！这几乎是不道德的：亚当·斯密不是写道“对各家各户而言是谨慎明智的行为，对一个大国来说也几乎不会是蠢事”吗？

但早期经济学家并非基于道德考量，才拒绝考虑储蓄可能有碍经济，而是基于对现实世界的观察。

因为在19世纪早期，储蓄的人大致上也是使用储蓄的人。在李嘉图或穆勒的艰困时代，其实只有富裕的地主和资本家能储蓄，而他们聚集的资金通常用于某种生产性的投资。因此储蓄被正确地称为“积累”，因为它一面积聚金钱，另一面立即以之购置器具、建物或土地以赚取更多金钱。

但到了19世纪中叶，经济结构发生变化。财富分配有所改进，从而社会上愈来愈多的成员得以储蓄。同时，企业规模愈来愈大，愈来愈制度化。它不断寻求新资本，不仅来自个别经营者与管理者的口袋，还要来自全国不知名储蓄者的钱包。因此储蓄和投资分道扬镳，改由两批不同的人马运作。

这的确对经济造成困扰。马尔萨斯毕竟是对的，只是他并未预见其理由。

此一困扰非常重要，是萧条问题的核心，必须花时间弄清楚。

首先必须了解我们如何衡量一国的繁荣。不是用黄金来衡量，贫穷的非洲多年来皆富含黄金。也不是用物质资产来衡量，1923年时，建筑物、矿山、工厂与森林都还好端端的。繁荣与萧条，端视现在的成就，与过去的光荣关系不大，因此它们要用我们挣得的收入来衡量。我们大多数人收入高，国家就富裕；当我们整体（或全国）的收入降低时，就处于萧条状态。

但收入——国民收入——不是静态概念。更确切地说，经济的主要特征就是收入从这一手转到那一手的流动。每次购买都把我们收入的一部分转到别人的口袋。同样，我们收入的每一分钱，不论是工资、租金、利润还是利息，归根结底是来自别人的开销。想想你所得的任何部分：当你为某人服务，或他人光顾你的店铺，或购买你公司（你持有其债券或股票）的产品，就会明白收入来自别人的口袋。

经济就是借由资金周转的过程，彼此相互连接，而得以常保活力。

如今收入的周转大致很自然而没有障碍。我们大家都把收入的大部分，花在供自己使用和享乐的商品，也就是所谓的消费品上。由于我们持续有规律地购买消费品，使我们国民收入大部分的周转有所保证。我们必须穿衣吃饭，还迫切需要享乐，必然会经常而稳定地为此付款。

到此为止，一切都很简单直接。但我们收入中有部分没有直接进入市场成为别人的收入，那就是我们的储蓄。假如我们把这笔现金藏在床底下，或某个秘密的地方，那么收入流转显然会中断。我们反馈给社会的，少于我们得之于社会的。若此冻结现象扩大且持续，每个人的收入都会随着周转金的减少而愈来愈低，从而陷入萧条。

但是收入流很少危险地中断，因为我们不会冻结自己的储蓄。我们用它来买股票、债券，或存入银行，从而使之得以再次被利用。因此，我们若购买新股票，就是把积蓄直接供给企业；若存入银行，就可以由银行贷给需要资金的厂商。无论把积蓄存入银行，或用来买保单或证券，使这些积蓄通过商业活动再次流通的管道总是畅通。因为当我们的积蓄被企业取用时，它们就会再次成为某人的工资或利润。

但要注意，储蓄不会自动转为投资。此一事实至关重要。企业无须仰赖储蓄来维持日常运作，其开支是用售货收益来支付。企业唯有在扩大运营时才需要储蓄，因为正规收益的资金往往不足以建立新厂或大幅添购设备。

难题就在这里。节俭的社群总会试图储存部分收入，但企业不会一直要扩大运营。当经济前景不佳时，不管是由于某特定市场"供过于求"、国际形势紧张，或商人担心通货膨胀等原因，投资冲动都会减弱。商人对未来感到不安时，为何要去扩张呢?

这就埋下了萧条的可能性。若我们的储蓄没有被扩张中的厂商用来投资，我们的收入就必然下跌。这就像我们用窖藏方式把积蓄冻结起来的紧缩情形一样。

此事会否发生?我们将会看到。但同时要注意的是，这是场奇特而不带感情的拔河。这里没有贪婪的地主或资本家，只有非常善良的平民，谨慎地试着把收入的一部分存起来；还有同样善良的商人，同样谨慎地依据当前的经济情势，决定是否要冒险购置新机器或建造新工厂。然而经济的命运就系于这两种合情合理的决策之结果。因为这些决定若是脱节，例如商人的投资少于社会的储蓄，那么经济将必须调整，以适应萧条的束缚。繁荣或衰退这个至关重要的问题，主要便取决于此。

就某种意义而言，我们的命运容易受到储蓄与投资交互作用的伤害，这是经济自由的代价。苏联或法老时代的埃及就没有这样的问题。因为在指令经济中，储蓄与投资由上面决定，进而全面控制国家全部经济生活，以确保全国的储蓄都会被用来盖金字塔或发电厂，但资本主义世界却非如此。因为储蓄的决定和投资的推动，都留待经济行动者自主，而自由决定就可能会脱节。可能投资少到不足以吸收储蓄，或储蓄少到不足以支应投资。经济自由非常可贵，但我们必须在繁荣时准备面对可能的后果。

经济萧条时期的储蓄

我们几乎忘了凯恩斯和他的《货币论》，但也不尽然。因为《货币论》便是对储蓄与投资之摆荡的精辟解说。此观念并非凯恩斯独创。已有很多重要经济学家，指出这两个因素在景气循环中的关键作用，但在凯恩斯的生花妙笔下，连空洞抽象的经济学也显得光彩夺目：

> 人多以为世上的财富，是由于各人自愿节制消费的立即享受，而费力地积累起来的。我们称之为节俭，但光凭节制显然不足以建立城市或开辟田园。
>
> ……建设并改进世上财物的是企业……如果企业在前进，不管是否节俭，财富都会积累；如果企业静止不动，不论如何节俭，财富都会萎缩。

尽管其分析非常出色，但凯恩斯在该书完成后不久，就象征性地把它撕毁。因为他关于储蓄与投资的跷跷板理论漏了一个要点：它没有解释，一个经济在长期萧条中怎能依然存在。实际上，跷跷板的比喻本身就表明，被剩余储蓄拉下来的经济，似乎必能在很短的时间内自我调整而摆荡到另一边。

因为储蓄与投资，节俭与企业，并非毫不相关的经济活动；正相反，它们在市场上拴在一起，商人“购买”储蓄，或至少借用储蓄，这就是货币市场。储蓄和其他商品一样有其价格，那就是利率。因此在景气谷底，储蓄似乎泛滥，其价格应会跌落，和鞋价在鞋子过剩时将下跌的情形一样。随着储蓄的价格下跌（利率趋低），投资动机很可能会增加：若10%的资金成本对于建造新厂而言过于昂贵，当它降到5%的时候，看来不是有利可图得多吗?

因此跷跷板理论似乎保证了商业周期内建有自动安全开关；当储蓄过多时，其借用成本较低，使企业被鼓励去投资。根据此理论，经济可能萎缩，但它无疑会回升。

但是大萧条期间，经济就是没有回升。利率下降没引起任何反应。地方性的些许救济措施加上满怀希望的等待，这套人们自以为有效的老办法毫无帮助。照常理，除了美妙的利率机制外，显然还遗漏了什么能维持储蓄与投资平衡的事物。还有其他影响到经济回升的因素。

凯恩斯的大作已酝酿了一段时期。萧伯纳建议他重读马克思与恩格斯的作品。他读了之后，发现那不合他的口味。凯恩斯于1935年写信给萧伯纳：“为了了解我的心理状态……您得知道，我相信自己正在撰写的经济理论著作，将大举刷新世人思考经济问题的方式，我想这不会立即出现，但会在10年内发生……现在我不能指望您或任何其他人相信。但我本人对此不仅抱着希望，而且深信不疑。”

他像往常一样正确。该书造成了震撼。但是萧伯纳在试着去了解该书的内容后，会否这么想，则非常可疑。此书的标题令人望而生畏，《就业、利息和货币通论》，其内容则更为可畏：书中第25页写着“设Z为雇用N人生产产品的总供给价格，则Z与N的关系可写成Z＝Φ（N），可称之为总供给函数”。可以想象萧伯纳瞪大眼睛看这一段的情景。如果这还不足以使大部分人望而却步，那么还有一点。一个外行人在阅读亚当·斯密、穆勒或马克思的著作时，会看到社会行动的全景，但此书却付之阙如。字里行间有着精彩的段落，例如将选股比作选美的著名譬喻。但这些段落就像散布在代数与抽象分析沙漠间的绿洲。

然而，这本书的确深具革命性，就像从前的《国富论》与《资本论》一样站在经济学的顶峰。

因为《就业、利息和货币通论》的结论让人既惊讶又沮丧：自动安全机制竟然不存在！经济不像会自我修正的跷跷板，而是像电梯可以上升下降，也可以完全停住不动。它可以停在底层，也可以停在顶楼。换句话说，萧条可能无法自拔，而经济可能无限期地停滞，就像静止的船一样。

怎会这样？在景气低谷，泛滥的储蓄难道不会压低利率，从而诱使企业利用廉价资金来扩厂吗？

凯恩斯于经济生活中最简单明显的事实（从前就曾被指出过），发现了此论证的瑕疵：景气谷底时期根本没有泛滥的储蓄。因为经济恐慌时期收入会减少，而收入减少会使储蓄也变少。凯恩斯问道：当人人都处于困境时，怎能指望这个社会还能像繁荣时期那样储蓄呢？显然不可能。萧条不会让储蓄过剩，而会使之枯竭。

储蓄是种奢侈品

事实就是如此。1929年美国人民从收入中储蓄了37亿美元；在1932和1933年分文未存，事实上甚至把从前的储蓄提出来。在景气顶峰时，公司于缴税与支付股利后还贮藏了26亿美元，三年后它们发现自己损失了近60亿美元。显然凯恩斯是对的：储蓄是种奢侈品，经不起艰难时期的考验。

储蓄衰退还会造成比个人安全减损更为严重的后果：经济会在最需要动力之际陷入瘫痪。因为没有储蓄余额，商人就没有借款的利率诱因。商人若不借钱投资，就不会有扩张的动力。经济将寸步难行。尽管有失业员工和闲置设备，经济仍处于“均衡”状态。

于是出现了丰裕中的贫穷此种矛盾，与失业和资源闲置并存的异常现象。景气低谷时，会出现无情的矛盾：一方面迫切需要商品，一方面生产不足，但这纯粹是道德上的矛盾。因为经济运作，不在于满足人类的欲求，欲求总是像梦一样无边无际。经济生产的商品在于满足需求，需求就像一个人的钱包一样小。因此，失业者的经济地位无足轻重，他们对市场的经济影响力微乎其微。

当投资减少而经济规模缩水时，社会肯定会陷入苦难。但正如凯恩斯指出的，这不是有效的社会苦难。国家的同情不足以有效地代替投资。由于储蓄与投资一起衰退，尽管经济总量比以前小，却仍然平衡而不受影响。

这是一出怪不了任何人的奇特悲剧。储蓄显然是个人的美德，没人能为了储蓄而谴责社会；也不可能对商人不投资加以谴责，若有机可乘，他们比谁都更乐意投资。这不再是正义、剥削，甚至人性的愚昧等道德难题，而是技术上的困难，几乎是机械性的缺陷。但它的代价可不低。无所作为的代价就是失业。

最难被接受的事实就在于此。投资意愿不可能无限期持续。投资迟早可能减少。

因为产业在任何时候都受限于其市场规模。比方说，20世纪60年代有大笔资金投入建造新铁路。早期的铁道大亨没有为1960年的市场从事建设。若他们这么做，就是在没人的地方筑路通往不存在的城市。因此，他们只把铁路修筑到可用之处为止。汽车工业也是这样。纵使福特能在1910年得到足够资金以打造1950年的胭脂河工厂，他也会很快破产，因为没有道路、加油站以及对那么多车辆的需求。再就离我们更近的情况而言，美国企业于20世纪90年代末期，每年购买新设备的开支恰好略多于一兆美元，但没有花两兆美元。也许有一天必须花这么多，但不会在20世纪结束前发生。

因此投资有其典型模式：起初急切地要利用新机会获利，然后小心提防过度投资，待市场满足后便不再投资。

若在每一独立投资案终止后，立刻出现另一个项目，萧条就不会发生，但这并非常态。人的欲求固然很大，却不意味着任何投资都不会亏本，因为莽撞地过度扩张而倒闭的企业有很多。大部分投资不仅需要乐观预期的刺激，还需要诸如新发明、更好的方法、能引人注目的产品之类更具体的东西。而任何商人都会告诉你，这种机会不常出现。

所以当某一投资案结束后，未必会有另一项目接踵而至。若有，而能维持原有投资规模，纵使其内容不同，经济仍将平稳运行，但若没有后继的投资，就会开始紧缩。

看见体系内在弱点的凯恩斯写道：

古埃及无疑由于拥有传奇的财富而倍加幸运。它从事两种活动，即建造金字塔与搜罗贵重金属。这些活动的成果，不能经由消费而供应人们之所需，却由于它在从事建造金字塔的活动，因此不会因为过剩而停滞不前。中世纪人们造大礼堂和唱挽歌的情形也是这样。替死者建两座金字塔，做两次弥撒，可以得到双倍的好处，但建造两条从伦敦到约克的铁路则不然。

于是《就业、利息和货币通论》作出了阴郁的诊断：

第一，经济萧条可能持续，不会自动脱困。“均衡”状态也可能有人失业，甚至是大量失业。

第二，繁荣有赖于投资。若企业减少对资本设备的支出，就会开始螺旋式的紧缩。唯有企业投资上升才会启动扩张的螺旋。

第三，对经济而言，投资是不可靠的驱动力。资本主义的核心存在着不确定因素。尽管这并非商人的错，但过剩的威胁始终存在，随之而来的便是经济衰退。

强制储蓄

此一前景当然令人不安。但凯恩斯不会在作出阴暗的诊断后就放手不管。《就业、利息和货币通论》虽然预告了危机所在，却绝非末日判决；相反，他点出了解决之道。

事实上，早在实际药方写好前，治疗便已开始；在医师还不确定该做什么时，已开始投药。美国政府于漠视了20年之后，在新政百日期间制定了许多社会法规。这些法规用来改善一个不满国家的社会气氛，提高士气，而非让病人恢复活力。后者有赖于蓄意用来刺激经济的政府支出。

起初这只是权宜的救济工作。失业已形成迫切的政治压力，毕竟迪尔柏恩已发生暴乱、穷人在华盛顿示威、许多家庭在市立焚化炉缩成一团取暖，甚至在垃圾车里翻找食物。救济已不可或缺，并在胡佛任内便已开始。到了罗斯福时期，救济变成清扫树叶的工作，然后又变成营造事业。政府突然变成主要的经济投资者：道路、水坝、礼堂、机场、港口、住房等如雨后春笋般出现。

凯恩斯于1934年到华盛顿——就是他记下对罗斯福总统双手印象的那一次——竭力主张扩充计划。统计数字显示私人投资活动已沦落谷底；商业扩张于1929年灌注了150亿美元的薪资与利润，但在1932年跌到骇人的8.86亿美元，降低了94%。总得想个法子启动投资引擎，把经济推上轨道。他希望政府开支能为国人的购买力加油打气，起到刺激作用，在那时被称作“泵启动”。

因此当《就业、利息和货币通论》于1936年问世时，它并未提供新颖激进的计划，而是为已采取的行动路线辩护与解释。因为《就业、利息和货币通论》指出，美国乃至于整个西方世界所面临的灾难，只是缺乏足够企业投资的后果。因此合理的解决之道便是：由政府来补充企业不足。

凯恩斯半开玩笑地写道：

> 若财政部用一些旧瓶子装满纸币，把它们以适当的深度埋在废弃的煤矿里，在上面堆满垃圾，然后根据业已反复考验过的自由放任原则，让私人企业把纸币重新挖出来……就不会再有失业。此措施可能大幅提高社会的实际收入。当然，盖房子之类的办法更好，但若这样做有困难时，前述办法还是胜过无所作为。

对某些人而言，许多比较非正统的政府方案，和凯恩斯异想天开的提议一样疯狂。但如今它们至少有了一个理论基础。若私人企业发现自己无力从事规模够大的投资，那么政府就得挺身而出，尽力而为。对某种刺激措施的需求极为迫切，几乎任何行动都好过袖手旁观。

若投资不能直接起刺激作用，至少消费能起这个作用。投资是体系中一个捉摸不定的成分，但消费却是经济活动的坚实基础。因此，公众振兴计划被认为能一举两得：既能直接帮助维持原本失业人口的购买力，又可引领私人企业重新扩张。

凯恩斯本人于1934年致函《纽约时报》说："我这样看复苏问题：正常企业要多久才会出来救援？在这之前，异常而适当的政府支出这个权宜之计，规模要多大？时间要多久？"

注意"异常"一词。凯恩斯并不认为政府计划是对商业进程的永久性干预。唯有当体系已偏离正轨，挣扎着想恢复平衡时，政府方可助一臂之力。

这似乎是常识的精髓，实际上也确是常识的精髓。然而泵启动计划的效果不如预期。从1929到1933年，政府总支出约在100亿美元上下徘徊，后来提高到120亿美元，再到130亿美元，然后于1936年提高到150亿美元。私人投资从谷底扬升，收复了三分之二的失土，于1936年达到100亿美元。在政府施打强心针之后三年，国民收入与国民消费增长50%。失业问题如今已可处理，但至少仍有900万人没工作——称不上是新经济时代的迹象。

治疗没有发生更好效果的原因有二。第一，政府的开支计划从未执行到足以让经济达致充分就业的程度。后来在第二次世界大战时，政府开支高到极端的1030亿美元，这不仅促成充分就业，还造成通货膨胀。但是在30年代的和平经济结构中，不可能这样不顾一切地支出；实际上连适度的政府支出，都很快地引起怨言，说联邦的权力逾越了传统界限。更糟的是，联邦储备委员会对通膨的恐惧更甚于失业（在衰退的谷底时！），于是制定了限制银行放款的政策。

第二个原因与第一个密切相关。凯恩斯和政府支出者都没想到，这帖新药的受益者可能把它看成比疾病本身还糟。政府开支意在帮助企业，后者却把它看作一种威胁的姿态。

这也不足为奇。新政起于反商浪潮之中。原本几乎神圣不可侵犯的价值和标准，突然受到怀疑的审视和批评。“企业权”“财产权”与“政府角色”的整个概念都严重动摇。在几年之内，企业被要求忘记过去毋庸置疑的优秀传统，采取与工会合作的新哲学，接受新制度规范，改变许多既有做法。难怪它视华盛顿政府为充满敌意与偏见的彻底激进派，也难怪在这样的气氛中，从事大规模投资的热情，要受制于对不熟悉气氛的不安感。

因此政府每次想肃清所有失业者的大规模计划，原来的计划规模也许比实际上采用的大一倍，都会被指责为社会主义设计的又一明证。同时，政府执行打了对折的措施，又恰好足以把厂商吓退，而不自行从事大规模的努力。这就跟治病很相似，药物治好了一种病，其副作用却使患者变虚弱。政府开支从未真正解决经济问题——这并非出于经济上的谬误，而是因为它在意识形态上令人不安。

它不是有意要让人不安，这个政策并非有意为之，而是迫不得已的结果。若政府没启动公共投资，私人企业最终很可能重新走上这条路：过去总是如此，这次的大萧条尽管很严重，只要假以时日，无疑会找到新的冒险途径。但要等待是不可能的。美国人民已等了四年之久，没心情再等下去。经济学家开始把停滞当作资本主义的慢性症状来讨论。马克思的呼声空前高涨，很多人认为失业现象证明马克思是对的。在想号召工程师而非无产阶级的技术专家中，凡勃伦的咕哝之声也十分嚣张。还有更令人恐惧的声音一再指出，希特勒和墨索里尼知道怎样处理他们的失业问题。在这诸多解决方法与主张殊死战的一片混乱中，《就业、利息和货币通论》所传达的信息与凯恩斯有教养的声音，当然显得温和可靠。

因为凯恩斯虽支持管理资本主义的政策，但不反对私人企业。他在《就业、利息和货币通论》中写道："一个人虐待自己的银行存款，总比虐待自己的同胞好。"他继续主张，政府只管提供充足的公共投资，而经济的大部分主要活动，可以也应当留待私人进行。回顾起来，《就业、利息和货币通论》并未主张激进的解决方案，而是在解释为什么无可避免的药方会奏效。若持续对萧条的经济放任不管，则政府无所作为的代价，显然比大胆非正规行动的后果更为严重。

真正的问题在道德而非经济层面。哈耶克教授[1]于二次大战期间写了《通往奴役之路》一书。该书虽然夸张，却包含了对计划过度的经济深刻而有力的控诉。凯恩斯对此感到同情，也喜欢这本书。但在赞扬它的同时，他写给哈耶克的信里却说：

> 我的结论有些不同。我要说，我们要的不是没有计划，甚至也不是少定计划，更确切地说，几乎可以肯定要更多计划。但在实行计划的社会中，包括领导者与追随者在内，拥有和您相同道德立场的人愈多愈好。若计划执行者内心的道德方针正确无误，那么温和的计划安全无虞。事实上，有些计划确实如此。但也有

1 哈耶克（1899—1992），奥地利出生的英国经济学家与政治哲学家，坚持自由市场经济主义，反对社会主义、集体主义与凯恩斯政府主导的经济理论。

人不是为了享受计划的成果，而是基于和您恰恰相反的道德观念从事计划。他们希望侍奉的不是上帝而是恶魔。这就是祸根所在。或许这是个天真的希望？政府的计划者处理投资时就像用水龙头一样，可以开关自如，而政府开支只用来补充私人投资的不足，但绝不取代后者。可以用这种方式管理资本主义吗？此问题至今仍悬而未决。

但我们将此留到下一章讨论。因为我们正在处理的是凯恩斯和他的信念，而不管我们认为它们如何误入歧途。而且若将这位志在挽救资本主义的人列入反资本主义阵营，将是严重的错误。诚然，他极力主张投资“社会化”（尽管他从未很清楚地了解其含意），但他即使牺牲了一个部分，也是为了拯救全体。

因为他心里是个保守主义者，始终赞赏艾德蒙·柏克和其主张的有限政府传统。

人们可以挑剔凯恩斯的理论、他的诊断以及他提出的对策。但公平地说，那些坚持凯恩斯只是在一个运作良好的体系内庸人自扰的人，提不出更周全的理论、更深刻的诊断，或更有说服力的对策。失业是对资本主义经济持续下去的最大威胁，而没人能反对凯恩斯的目标：创造一个大致上没有失业的资本主义经济。

他不能在同一时间内只做一件事。当他在构思《就业、利息和货币通论》时，还自费在剑桥建了一座剧场。这是典型的凯恩斯式冒险事业。起初亏本，两年后有盈余，而且在艺术方面大为成功。凯恩斯同时扮演了许多角色：出资者、收票员（在某次职员没来上班的时候）、女主角的丈夫（丽迪亚演出莎士比亚戏剧时，受到极大的好评），甚至特许经销商。他在剧院附设了一间餐馆，谨慎地观察其收据，描绘出其与不同娱乐类型的关联，以确认食物的消费如何随着心情而变化。那里也有一间酒吧，贩售特别廉价的香槟，以促进更多消费。这大概是他一生中最愉快的插曲。

但这段时光持续不久，而他的成功故事在1937年时被打断。他心脏病发作，不得不休息，相对而言是休息。他仍在商界活跃、编辑《经济学杂志》，还写了几篇出色的文章替《就业、利息和货币通论》辩护。一位学者说，看起来"凯恩斯先生相信，他对经济学的贡献和爱因斯坦实际上对物理学的贡献一样"。凯恩斯对此不会轻易放过。他可以随心所欲地运用犀利的笔锋，而现在他就有系统地对个别的批评与整体的批评加以驳斥。有时挖苦讽刺，间或妙语连珠，偶尔也任性发怒："X先生拒绝了解我。"就像他在许多简短通信中的绝望叹息。

但战争已迫在眉睫，慕尼黑事件后，情势进一步恶化。凯恩斯曾抽空出任《新政治家和国家》杂志的董事长，并为某些左翼人士写的怯懦投书而感到愤慨。他在该刊专栏写道："我断然不信真有'社会党人'这样的一个人！我不相信他存在。"又说，"到了摊牌时，他们不到四个星期就会想起自己是和平主义者，并撰写失败主义的书函投到贵专栏，把保卫自由和文明的职责，推给卡通人物毕林普上校[1]和传统学校联盟[2]，然后为他们欢呼三声。"当战争爆发时，凯恩斯病得太重而不能担任政府的固定成员。当局为他在财政部安排了一个房间，请他提供意见。他已写了另一本书《如何筹措军费》，鼓吹"延存储蓄"这一大胆计划，作为资助战争的主要手段。计划很简单，将每个人工资的一部分自动投资于政府债券，直到战争结束后方可赎回。然后当再次需要消费者采购时，此储蓄凭证即可

1 英国漫画家戴维·洛笔下傲慢反动的保守军人。

2 本指英国公立学校毕业生佩戴的校友领带，后用以借指传统守旧的态度。

兑现。

强制储蓄，这和他早先努力推行的强制投资有多大的改变！但变化是出于时代的不同，而非凯恩斯思想的转变。旧问题是投资过少，其症状是失业。新问题是投资过多——全力备战——其症状是通货膨胀。但《就业、利息和货币通论》的架构既可用以理解通货膨胀，又可用以理解通膨的对立面——失业。只要把它倒过来即可。现在每周转一次，收入就愈来愈多而非愈少。因此对策与萧条时的相反。从前凯恩斯鼓吹尽可能地投资，现在他鼓吹储蓄必须增加。

这点很重要，因为许多人误以为凯恩斯是支持通货膨胀的经济学家。当经济处于萧条深渊时，他的确支持“通货再膨胀”（增加收入而非提高价格）。但若认为他支持为膨胀而膨胀，便是无视《和平的经济后果》中的段落：

> 据说列宁曾宣称，破坏资本主义体系最好的方法是败坏其通货。政府可以让通货持续膨胀，以暗中没收人民财富中很重要的部分。他们不但能借此没收，而且是专断地没收……列宁说得很对。要颠覆社会的既存基础，再没有比败坏其通货更精巧、更可靠的手段。这个过程运用了经济法则中所有隐藏的破坏力，百万人中也无一人能识破。

凯恩斯努力表明其延存计划让人人都持有政府债券，从而扩大了财富分配的范围。但它虽然合理而有吸引力，却未能得到很大支持。它过于新奇；征税、配给和自愿储蓄都是经过测试而可靠的老方法。展期债信方案被当作装饰品，而从未像凯恩斯设想的那样居于主要地位。

但他无暇为此冷淡的反应哀悼；现在他已完全卷入英国的战时工作。

1941年他搭机经里斯本到美国。这是他六次此类旅行中的第一次，丽迪亚随行当他的护士和守护者。在不知疲倦的凯恩斯第一次心脏病发后，她就替丈夫计时。许多显贵都曾在预定停留时间已到时，听到丽迪亚有礼貌但坚定地说："时间到了，先生们。"活动便告中止。

他到美国接洽的是英国战时财政不稳定的问题，以及可怕的战后过渡期会发生什么迫切危险的问题。除了英国感到关切之外，美国也想为国际贸易的流通奠定基础，以避免往往会引发真实战争的险恶金融战。要建立一个国际银行和一个国际货币基金会，来守护国际资金的流动，以此代替各国以邻为壑、狗咬狗的旧世界。新的协同努力能帮助陷入财政难题的国家脱困。

最后一次会议在新罕布什尔的布雷顿森林召开。尽管凯恩斯疲病交加，显然仍支配了该次会议。这是指他的人品而不是他的论点，因为美国的提案远比英国提案更接近最终的计划。一位代表在日记里对此人作了深刻的描绘：

> 今晚我参加了一场特别稀罕的庆典。今天是剑桥国王学院与牛津新学院缔约500周年纪念，凯恩斯为了纪念此刻，在他屋里办了一场小型宴会……兴奋得像个孩子一样，已盼望此事好几个星期的凯恩斯，非常有魅力。他发表了精湛的正式演说……这是此位奇人复杂性格有趣的流露。在纯理智的事务上，他的观点如此激进，但在文化事务上他是真正的柏克式保守人士。他的声音非常柔细，很适合该场合，但在论及我们的历史义务时，其情感却真挚动人。

凯恩斯在这次会议结束时的最后致辞中说："若我们能从此一有限的

任务开始，继续完成更大的任务，世界就有希望。”全场起立为他欢呼。

他的主要工作向来不妨碍他从事其他活动。他成为英格兰银行的董事，以及关于音乐与文艺的一个新政府委员会主席。因此，在他承担着向国际经济会议表述英国观点的重任时，还与旅行音乐家、维克威尔斯芭蕾舞团、诗歌朗诵团体和图书展览团体保持书信往来。当然他仍继续收集物品；他为福格图书馆觅得了斯宾塞[1]作品的珍本，并带着些许罪恶感向馆员解释，他用了外交邮袋将书目寄过来。

这时荣誉源源而来。他被升为贵族、凯恩斯爵士、堤尔顿男爵。他在中年时买下堤尔顿的土地，并发现它曾属于凯恩斯家族的一支所有。爱丁堡大学、巴黎的索邦学院以及他自己的大学，都赠以荣誉学位。国立美术馆聘他为理事。此外他仍有工作：负责陈述英国观点，从事第一次贷款谈判的任务当然落在他身上。回国后，一位记者问他，英国是否真要成为美国的第四十九州，凯恩斯简洁地回答：“没这么好运。”

苦难于1946年结束。他回到萨塞克斯阅读和休养，并准备重返剑桥教书。某天早上一阵咳嗽之后，丽迪亚飞奔到他身边，而他已过世。

他的父亲约翰·内维尔·凯恩斯时年93岁，与他的母亲佛罗伦丝一起参加在西敏寺举行的丧礼。他在国家最需要其聪明才智之际离开，全国都为失去了一位重要领导人而伤痛。《泰晤士报》于4月22日的长篇讣闻中说：“他的逝世，使国家失去了一位伟大的英国人。”

他绝非天使。这位才气纵横的大经济学家虽然优秀，但也只是个凡人，也有任何人都有的缺点和怪癖。他在玩桥牌时，为从两位伯爵夫人和一位公爵那里赢得22英镑而得意扬扬。他在阿尔及尔少付一位擦鞋者小

1 斯宾塞（1552—1599），文艺复兴时代英国史诗诗人，其著名作品为向女皇伊丽莎白一世致敬的《仙后》。

费，还拒不认错地说："我不加入货币贬值的一方。"他可以非常和蔼地对待思考缓慢的学生（他说，经济学家要像牙医一样谦虚），但对气味不相投的富贵人士却不假辞色。国民省银行董事长哈利·戈森爵士曾主张"让事情顺其自然"。被触怒的凯恩斯回答说："对这些自然的情绪，该微笑还是发怒？也许最好还是让哈利爵士顺他的自然吧。"

凯恩斯很敬爱他的老师马歇尔，也曾开玩笑地称他为"蠢老头儿"。在论及马歇尔时，凯恩斯详细说明了一位经济学家的资格。这虽不是在写他自己，却透露出其天才的线索：

> 研究经济学似乎不需要特别超凡的天赋。就理智而言，它不是比哲学或纯科学较高级的分支要容易得多吗？这门学科虽容易，却很少人能专精！或许这种矛盾现象，是因为杰出的经济学家必须将多种天赋结合，而这很难能可贵。在某种程度上，他必须是数学家、史学家、政治家与哲学家。他必须了解符号，并以文字加以表达。他必须在普遍性中思量特殊性，同时虑及抽象面与具体面。他必须依照过去，研究现在，放眼未来。人类的本性与制度都不该完全置之度外。他必须同时胸怀定见而又不偏不倚，像个艺术家那样超然脱俗，但有时也像个政治家那样涉足红尘。

凯恩斯主义的凋谢

凯恩斯说，因为马歇尔是维多利亚时代的人，缺乏必要的破除偶像精神，因此他的经济学未能深入社会，而他只能接近上述理想。凯恩斯则比他更为接近：布鲁斯贝利那种“没什么是神圣不可侵犯”的态度，注入了经济学正统的圣域；这个世界再次被置于一位能看出其病灶的明眼人面前。此人在情感与理智上都有所倚靠，从而有意加以治疗。若说他在经济方面学有专精，在政治方面忠诚不移，而其愿景便显露在工程师般的头脑与满怀希望心灵的结合之中。

他的分析又如何？这就比较复杂了。从1940年到20世纪60年代，美国学界都受“凯恩斯式”经济学支配，然后开始走下坡。坚定支持凯恩斯的艾伦・布兰德说，到了1980年，“很难在40岁以下的美国经济学者中，找到自称信奉凯恩斯主义的人”。

什么原因造成这种戏剧性转变？凯恩斯“宏观”的经济角度，受大量开支的资金流动所支配，往往取决于难以预测的投资者之“动物精神”；而马歇尔的“微观”角度，则强调受买卖双方理性动机控制的个别市场的核心地位。找不到令人满意的方式来调和这两种观点，是凯恩斯主义退潮的部分原因。另一方面，对于与通膨有关的货币问题的复兴，也削弱了凯恩斯主义。在接下来的25年中，凯恩斯所明确阐述的政府积极角色，逐渐为人所了解，而人们又再次相信，作为指导与驱动力量的个人行为，不会输给凯恩斯式的政策。

因此，凯恩斯主义凋谢了，但它没有消失；相反，自20世纪80年代起，我们进入一个经济思想的新时代，对如何理解经济没有清楚的共识。

其结果就和本文一样，仍是一个愿景的危机。这是缺乏清楚分析的规范不可避免的后果。奇怪的是，此一阙漏影响到美国，某种程度上也影响英国，但对欧陆的影响却小得多。这点或许很重要。欧陆经济学家从未热情拥护马歇尔，对凯恩斯也保持某种距离。在斯堪的纳维亚、德国、荷兰和法国反而出现一种微观与宏观的务实融合。此愿景或可归结为此一概念：资本主义是目前唯一可行的体系，但若没有强而有力的政府，就无法满足在日益全球化世界中竞争的需要，也无法提供在此过程中受害的人们感到满意的福利与教育。其结果是个非常务实的“世俗”哲学，而美国还没有找到与之相应的哲学。在将之落实前，我们要先找到它。

第十章

熊彼特的矛盾

熊彼特虽相信资本主义固有的上升力量，其长期观点却与凯恩斯相反。以几近执拗的嘲讽作风，他先断言资本主义在“短期”内确实会一直向上攀升，并补充道：“就此而言，一个世纪都算‘短期’。”但接下来就是让人惊惶失措的最后审判：“资本主义能否存续？不，我认为不能。”

在1930年，当大多数人被阴郁的萧条笼罩时，凯恩斯正在考虑另一个截然不同的想法。尽管他曾写出“长期而言，我们都死了”的名言，他却瞥见了未来——长期的未来——并作出与当时不景气的氛围恰恰相反的预言。因为凯恩斯所预见者，除去无法控制的人口泛滥或全面而毁灭性的战争之类的灾难外，并非当前苦难与疑虑状态的延续，而是几乎难以置信的美好前景，不逊于亚当·斯密所预示的普遍丰饶的国土。

凯恩斯将他小小的未来之旅称为《我们后代在经济上的可能前景》（附带一提，他自己没有后代）。而这些经济可能性是什么？不太夸张地说，它们暗示着某种程度的黄金时代：凯恩斯认为在2030年之际，经济问题可能已获解决——不仅是眼前的萧条，而且连经济问题本身，多年来的匮乏问题，都能解决。有史以来第一次，人类（至少是英国人）能不再为了欲求而奋斗，迈入人人皆能轻易各取所需的新时代。

凯恩斯总是从料想不到的角度出击。当世人在第一次世界大战后沾沾自喜时，敲响警钟的是凯恩斯。在世人转为自艾自怜的20世纪30年代，勇敢说出痛苦即将过去的也是凯恩斯。但他不是只在黑暗中吹口哨壮胆而已；相反，他只是沿着吸收了过去所有伟大规划者的经济学脉络，讨论资本主义的成长趋势。

该趋势在萧条期很容易被忽略。但回顾两百年来资本主义体系的特征，不只有一连串无意义使人振奋的繁荣与令人沮丧的衰退，而是虽然很不规律，却稳步向上的趋势。凯恩斯时代的4000万英国人，肯定不认为自己受到神的恩赐。但那时代虽然艰困，他们的处境却无疑远胜于马尔萨斯时代的1000万英国人。

大自然并没有变得更慷慨。相反，正如著名的"报酬递减律"所清楚显示的，人们愈集约地开发，大自然的产出就愈少。经济成长的秘密在于，每个时代不仅是以其本身的精力与资源开垦，同时还运用了前人所累积下来的设备遗产。每个时代都在过去遗留下来的财富之上，增加更多新知识、工厂、器具与技术。人类的生产力随着此遗产的成长而惊人地提升。与其在内战结束后的祖父相比，20世纪60年代的美国工人凭借科技的力量，俨然成了超人。只要生产力稳定成长的过程再持续一世纪（仅仅三代的时间），资本主义便将大功告成。因为凯恩斯估计，若能以过去100年的速度继续累积财富100年，英国的实质生产财富将增为七倍半。到2030年之际，每个工人手边都能有足够的机器设备，让他与20世纪30年代的祖父相比之下，宛如超人。

熊彼特的独特观点

而生产力如此快速的增长能改变一切，让研究匮乏问题的经济学走入历史。社会的新问题将不是如何寻求闲暇，而是如何打发前所未有的大量空闲时间。凯恩斯得意地引用了过去女杂工的惯用墓志铭：

> 朋友，别为我哀悼，别为我哭泣，

因为我将歇息。
天国诗篇与甜美乐声响起，
但我连唱歌也不必。

当然这只是在理论上稍稍涉足未来，而且没人认真看待它。20世纪30年代的机器响声让人忧心，因此大家都认为那种远景，不过是个美丽的幻想。而凯恩斯自己也很快地忙于分析让世界瘫痪的失业问题的本质。那个迫切问题使他抛开了前述的见解。

但无论是一厢情愿或清醒严肃，凯恩斯的远景对我们仍然重要。因为《我们后代在经济上的可能前景》，让我们首次面对我们未来的问题。到此为止，我们所思考的一切毕竟都只是历史。不论是亚当·斯密所描述之从17世纪被控管与规制化的世界演变成原子化市场的资本主义，李嘉图所预测的几乎落入地主宰制的资本主义经济，或马尔萨斯所害怕的人口过多而仅能糊口的社会，马克思所预言的注定的自我毁灭，抑或凯恩斯自己所剖析的长期萧条倾向，等等，这些资本主义的幸与不幸无论多么让人关切，却都缺乏某种悬疑要素。因为我们已经知道每个历史转折点的最后结果。现在我们的处境就没那么自在了。当我们转向现代经济学者时，讨论的就不再是帮助塑造过去的观念。现在被放在天平上衡量的是我们自己的社会、我们自己的命运，还有留给我们子孙的遗产。

因此我们必须从对历史的研究，转为对未来的评估。资本主义如今位于何处？未来将前往何方？如今我们必须多注意这些现代世界的重要问题。

于是我们转向另一位，所言可能比凯恩斯更接近我们这个时代的俗世哲学家。这位矮小、黝黑、富有贵族气派的男子，喜欢惊世骇俗的文章与戏剧性的姿态。在经济大萧条时期，于哈佛讲授经济学的熊彼特大步迈进讲堂中，脱下欧式斗篷，以他的维也纳口音对受到惊吓的班上学生宣布：“先生女士们，你们在担心经济大萧条。不必如此。因为对资本主义而言，经济萧条可说是不错的冷水澡。”身为当时台下受到惊吓的听讲者之一，我可以证明大多数学生根本不知道douche这个字是指冲澡。但我们都能理解此一奇怪、而且绝非凯恩斯式的信息。

熊彼特会是第一个强调自己对经济生活的观点与凯恩斯不同的人。这两人有许多共同的社会观，尤其是对文雅的资产阶级生活的赞扬，与对资本主义普世价值的信仰，但他们对未来的观点却恰恰相反。对凯恩斯而言，如我们所见，资本主义在本质上可能被不景气所威胁。我们子孙的光明前景其实有赖于适当的政府支援。但对熊彼特而言，资本主义在本质上就是动态与成长导向；他认为无须持续以政府开支来辅助成长，尽管他同意以之减轻萧条时期的社会苦难。

但熊彼特虽相信资本主义固有的上升力量，其长期观点却与凯恩斯相反。以几近执拗的嘲讽作风，他先断言资本主义在“短期”内确实会一直向上攀升，并补充道：“就此而言，一个世纪都算‘短期’。”但接下来就是让人惊惶失措的最后审判：“资本主义能否存续？不，我认为不能。”我们要多加了解这位奇特的矛盾人物。

约瑟夫·阿洛伊斯·熊彼特于1883年生于奥地利，跟凯恩斯同年，家境殷实而平凡。他四岁丧父，七年后母亲嫁给一位地位甚高的将军。年轻的熊彼特便被送到专为贵族子弟所设的特蕾莎学堂就读。一般而言，让孩子接触一个全然不同的社会阶层，对其观点的形塑确实非常重要。熊彼特很快适应了同学们的举止和品位，也养成了持续终身的贵族气息。他后来在不止一间大学里，因为骑马进入教务会议室的习惯，让同事们不悦。他喜欢说他一直都有三个愿望：成为一位了不起的情人、一位了不起的骑士与一位了不起的经济学家。结果他只实现了其中两个。尽管他拥有贵族气息，我们却将看见熊彼特最后把历史的桂冠，颁给了另一群人。不过这个故事的意外转折得等到本章的终结才能揭晓。

他进入当时的经济学重镇维也纳大学，并很快成为明星学生。著名经济学家阿瑟·斯庇索夫认为他"从来都不是个生手"。但这不畏虎的初生之犊，也胆敢冒险公开顶撞更有名的老师欧根·冯·庞巴维克[1]。离开维也纳后，他曾在英国逗留，从而发生了一段短暂而不愉快的婚姻。然后他成为一位埃及公主的高薪财务顾问。熊彼特将公主的房地产租金降了一半，同时奇迹般地让她的收入加倍——他完全没有多领一分法外的薪酬。更重要的是，他在埃及时出版关于经济理论本质的第一本著作，让他获得了奥地利的教授资格。三年后当他27岁时，又出版了《经济发展理论》，并迅速地被认定为小品杰作。

《经济发展理论》听来像是对我们称作未开发世界的分析。但在1912年该"世界"特别的经济状态与问题还不存在——那是殖民主义横行的时代。熊彼特的著作讨论的是另一种发展——资本主义发展其成长倾向的方式。该书虽然时有灵光乍现的佳句，但它学者的语调和冗长的文风，无法让漫不经心的读者感到它在政治上的重要性，但此学术专著却注定要成为史上最具影响力的资本主义诠释基石之一。

此一阐述以熊彼特式的矛盾方式开场。该书探讨的是资本主义的成长与动力，但开头对资本主义经济的描写却完全与成长无关。在亚当·斯密、穆勒、马克思与凯恩斯的世界中，资本积累乃是成长的要素。熊彼特

1　奥地利经济学家，新古典理论的重要传播者，对奥地利经济学派贡献甚巨。

在该书一开始所描绘的，正是缺乏该要素的资本主义，其生产之流完全静止不变，以“循环周转”的方式再生产，对财富的创造不加以改变或扩充。

此模式很像李嘉图与穆勒设想的静止状态，但它对前人而言似乎是资本主义的终结，对熊彼特而言却是资本主义的开场。这就是差别所在。因此我们必须更谨慎地检视这循环周转的特征。因为该体系没有动力，其经济生活受惯性支配。“所有知识与习惯一旦被获得之后，就像地上的铁轨路基般根深蒂固。”熊彼特如是说。因此在尝试错误而找到对我们最有利的经济秩序后，我们就会照例重复。经济生活起初可能是一项挑战，后来就成为一种习惯。

更重要的是，在这不变的流程里，任何人的获利中超出其对产出的贡献部分，都将被竞争所消除。这意味着雇主间的竞争，会迫使他们要付给劳工的薪酬，相当于他们做出产品的全部价值；土地之类自然资源的拥有者，收取的租金也只相当于其资源所贡献者。所以工人和地主在此循环周转中各得其分。那资本家呢？除了管理的薪资外，他们什么也拿不到。这又是个令人惊讶的论断。资本财对产出价值的贡献，全都被参与生产的劳工与资源所吸收。所以正如李嘉图与穆勒所预见的，在静止的经济体中没有利润！

利润的来源

为什么熊彼特要向我们描述这样一个奇特（更不用说是牵强附会）的体系形象？也许我们已经发现其方法背后的目的：静态资本主义的模式是想要解答利润的来源。

大多数经济学家都曾极为谨慎地处理过利润来源的问题。亚当·斯密时而将利润视为劳工创造之价值的扣除额，时而将利润视为一种资本的独立报酬。如为前者，当然意味着劳工受到欺骗；如为后者，就得解释为何获利归于机器的拥有者，而非发明者或使用者。穆勒认为利润是资本家“节制”的回报，但他并未解释为什么资本家在从事显然对自己有利的活动时，还有资格得到回报。还有其他经济学家把利润描述为“资本”利得，说得好像是铲子本身因其对生产的贡献，而获得报酬一样。马克思当然认为亚当·斯密的第一个看法是正确的，虽然后者并不自知。但那是劳动价值论的一部分，而人人皆知其错误，因此无须多言。

如今熊彼特对这个伤脑筋的问题，提出了一个出色的答案：利润既非来自对劳工的剥削，亦非来自资本的所得，而是另一个过程的结果。当静态经济体中的循环周转无法循例运作时，利润便会出现。

现在我们可以看出，此一极不实际的循环周转是多么出色的起点。因为在所有导致打破惯例的力量中，最引人注目的就是将技术或组织创新引进循环周转中——新颖或更便宜的生产方式，或生产全新产品的方式。这些创新所产生的收入流动，并非劳工或资源拥有者的贡献。新程序能让创新的资本家以较低成本，制造出与竞争者一样的商品，正如同地理条件较佳的土地，能让其拥有人以比地段较差之地主更低的成本生产作物一样。如今创新的资本家也像幸运的地主一样，由于成本的差异而收到“地租”，但这租金不是来自位置良好或土壤肥沃等天赐利益，而是源于创新者的意志与智慧。一旦其他资本家学会先驱的秘诀，此利益就会消失。所以新的收入流不是或多或少可以持续存在的地租，而是转瞬即逝的利润。

有创新就有创新者，也就是以新方式结合生产要素的人。他们显然不是因循旧例的“寻常”商人。改变经济生活的人代表另一阶级。更准确地说是代表另一团体，因为创新者不必然来自哪个社会阶级。熊彼特使用企业家这个旧经济词汇来描述这些生产的革命者，而企业家及其创新行动就是资本体系的利润之源。

《经济发展理论》绝非仅在赞颂企业家而已。熊彼特对循环周转的创新作用分析，可以导出利润，乃至于利息和信贷的起源理论，以及对景气循环的解释。熊彼特说，创新往往是先驱者的工作，但先驱者少而创业维艰。反之，要追随却不困难。所以创新者的身后会有一窝蜂模仿者（这是熊彼特的用语）。原本的改进从而普及于整个产业，大量的银行借款与投资开支造成一片繁荣，但创新的普及使得差别的优势消失。竞争会迫使价格跌至新的生产成本。事态再次按照常规运作，利润也随之消失。投资与利润同步下降。当某些模仿者转而从事时机不当或规划不良的投资时，经济就开始紧缩。

我们将会回来讨论熊彼特对周期的解释。但现在我们感兴趣的，是他对企业家功能的强调。要注意，虽然企业家创造出利润，他本身却未必获利。利润归于企业主，就和地租归于地主一样。熊彼特的企业家启动了新程序，其收入份额却被这一股动力所压缩。这甚至比李嘉图的资本家还惨。

更有甚者，企业家精神并非一种专业，也不能世袭。它是一种特殊的领导才能——不是那种创造帝王将相的魅力，而是比较没那么受社会尊重的把握商业优势的天赋。

> （熊彼特写道）因此我们该了解，（企业家）身上没有其他社会领袖拥有的荣耀。而且个别企业家或企业家整体的经济地位并不稳定。当其社会地位随着经济成功而上升时，却得不到文化传统或态度的支持，只能做一个暴发户，在社会中很容易被人嘲笑，所以我们应该了解，此一类型始终不受欢迎……

那么为何企业家还要从事他那吃力不讨好的差事呢？熊彼特说："首先，有着建立私人王国（通常也是个王朝，但不必然）的梦想与意志……然后有征服的意志：战斗的冲动，证明自己比别人强，为了成功本身而非成功的果实，去追求成功……最后，创造、把事情办妥，或只是单纯地运用自身的能力与想象力，也让人喜悦。"

这个奇特的描写混合了凡勃伦所称颂的制造本能，以及他所鄙视的掠夺性驱动力。亚当·斯密笔下的资本家当然不会为了赢得社会尊重而累积资本；马克思笔下的工商巨头，也不是迫于这些复杂的压力而去扩张资本。熊彼特的企业家较浪漫，是体系中的漂泊骑士。企业家自己未必是资产阶级，但渴望成为其中一员。在实现理想的过程中，企业家替社会注入生机，使之不致变得像托马斯·曼的《豪门世家》中那敬畏上帝的商人王国那样温顺。而且我们稍后会看到，企业家的角色比熊彼特自己所详加说明的更广，但那也要等到最后解释熊彼特的愿景时才能揭晓。

《经济发展理论》让熊彼特步入学术生涯，只有在第一次世界大战后短暂的政府与商界工作使之中断。在1919年，他同意加入德国新社会主义政府所成立之产业国有化委员会。一位年轻的经济学家问他，对企业如此颂扬的人怎能参加一个要将之国有化的委员会。熊彼特回答："若有人想自杀，旁边最好有个医生。"同年，奥地利中间派与社会主义派合组的新政府请他出任财政部长。他制订出一套颇具野心的计划以稳定奥地利货币，但在通过前就因冲突与歧见而被迫下台。该计划可能失败——当时凝聚的通货膨胀洪流势不可当。接着他又短暂出任贝德曼银行董事长，但这间维也纳的私人银行却被经济风暴（以及熊彼特某些伙伴不诚实的行为）拖垮，而这位新董事长发现自己已负债累累。这位有贵族之风的人偿还了全部债务，而没有接受破产保护，尽管这赔上了他的资本，还要持续赚钱还债十年之久。更惨的是，他母亲寓所管理员迷人的21岁女儿，与熊彼特相恋五年后嫁给他，却在一年后因难产过世。这打击让原本就忧郁的熊彼特更加阴沉。在这出真实的悲剧之外，再透露一则接近喜剧的故事。熊彼特的妻子安妮在婚前有一年的时间不在奥地利。不愿意向朋友透露她卑微出身的熊彼特，说她去法国和瑞士的学校接受适当的教育。其实她是去巴黎当女仆赚生活费。

随后他展开了真正的教学生涯，先成为日本的客座教授，接着到德国，很快又进入哈佛任教，并因为他的举止与斗篷而成为校园名人。他也在那里娶了另一位经济学家——伊丽莎白·波迪。最后也是在哈佛，他声称大萧条是不错的冷水澡，这评论至少让一位年轻学子终生难忘。

事实上，大萧条正可测试熊彼特的观点。若资本主义的动力来自企业家的创新，为何其刺激在惨淡的20世纪30年代不见踪影？凯恩斯曾说，不景气反映了商人的预期状态，但其理论无须解释为何商人的"动物精神"低迷。熊彼特还有一个更艰巨的任务，因为他用一连串的创新和一窝蜂的商人来解释景气荣枯。但无尽的萧条让人质疑，为何新的创新未能及时出现。

景气循环理论

熊彼特在他1939年出版的上千页两卷本著作《景气循环》中，倾向于两种解释。他说经济周期不止一种，而有很短的周期、7~11年的周期，以及与蒸汽火车或汽车等划时代创新有关的50年长周期。这三种周期同时落底，就是萧条如此严重的部分原因。从俄国革命到普遍的政府无能等负面外部因素的冲击，是大萧条的第二个原因。此因素虽落在景气循环理论范畴之外，却使得情况恶化。

虽然一窝蜂现象还未能稳固地解释商业周期，上述对危机的评估却很聪明。但此书引起我们的兴趣，更另有原因。那就是资本主义和任何社会体系一样，不能只靠面包。它需要信念——在此指对文明的价值与美德的信念。资本主义创造该文明，后者又回头再创造资本主义。尽管该体系在经济方面成功，此信念却逐渐失去动力。

于是此书（再一次！）以矛盾收尾。纯就经济而言，资本主义还能继续赚钱好一阵子。诚如熊彼特在结尾倒数第二句所言，若他三个投资周期互动的轮廓正确，接下来的30年将远比过去20年好得多。然后就是他令人惊慌失措的结尾："但无法期待社会趋势的改变。"

我们已从他的《资本主义发展理论》的论证中找到提示，而《景气循环》则比提示更加深入。但对资本主义未来愿景的完整论述要到1942年，才出现在熊彼特出版的《资本主义、社会主义与民主》中。该书改变了我们对该体系的思考方式。

该书始于马克思。奇怪的是，最自我中心的熊彼特却以反驳他人来界定自己的学术生涯。凯恩斯是他的头号大敌，因为熊彼特不仅在哲学立场上反对凯恩斯的愿景，在个人立场上也为了凯恩斯誉满天下，而他却只得到学界同僚的肯定而苦恼。更异常的是，他从不给予凯恩斯应得的称赞：当《就业、利息和货币通论》问世后，熊彼特在评论该书时对这位大师推崇备至（“致力于经济问题的最杰出人士之一”），却对该书提出了不得体，甚至无法被谅解的驳斥（“愈少提到该书愈好”）。

但熊彼特学术生涯中的真正对手不是凯恩斯，而是马克思。熊彼特在学生时代便已研究马克思，并与那时最杰出的两位年轻马克思主义学者鲁道夫·希法亭 与奥托·鲍威尔研讨。他比当时任何西方经济学家都更深入地了解马克思的著作，其中许多著作直到20世纪50年代才出现在英美世界。在哈佛期间，他随时都乐于和年轻同事们讨论马克思，甚至宁愿接受马克思也不愿接受凯恩斯！难怪《资本主义、社会主义与民主》要以马克思这个真正足以匹敌的对手开场。

“先知马克思”“社会学家马克思”“经济学家马克思”“导师马克思”——这是该书前四章的标题。或许这两人观点的异同之处已很明显。对马克思而言，资本主义的本质是辩证的变化与自创的失衡。这些都被熊彼特所吸纳，马克思对资本主义内在发展的观点，无疑就是熊彼特观点的来源。但马克思将此动因归于劳动阶级与资产阶级间的斗争，该斗争持续挤压出剩余价值，并因此刺激了所有资本家（不仅是先驱者）设法发明少用劳工的创新技术以挽救其利润。

这就是熊彼特与马克思分道扬镳之处。他提供了另一种体系的观点，强调资本主义“布尔乔亚”的一面，而非其贪得无厌的面向。对熊彼特而言，这布尔乔亚成分就是对理性且主张享乐的商人的文雅表述，而这商人被他视为与神气活现、重视荣誉的战士相反的对照。他写道：“资产阶级生活风格的演化，可以被轻易地（或许是最生动地）用普通西装的起源来描述。”这话有凡勃伦之风。因此依熊彼特之见，实现资本主义的极重要目标的，并非其核心的布尔乔亚资本家，而是外来的闯入者蹿起的企业家。马克思或凡勃伦都会质疑这两者有何区别，但就熊彼特对该体系的解释而言，这至关重要。

我们用不着赘述熊彼特与马克思之间的其他差异。熊彼特对其敌手可能没有精确地衡量，但显然他已勾勒出一位杰出智者，必须在他自己的立场上遭遇，并加以击败。这正是他的打算。当我们翻完“导师马克思”一章，在此页读到：“资本主义能存续吗？”答案让人备感震惊：“不，我认为不能。”

我们要精心描述熊彼特所谓“看似合理的资本主义”。什么是看似合理的资本主义？它很像凯恩斯已呈现给我们的，经过仔细思考的场景，可能是一个成长的世纪。这就是熊彼特绝对的最佳状态。停滞论者对投资机会消失的担忧被一扫而空：他说，对天空的征服，将与对印度的征服一样重大。其他经济学家对垄断拓展趋势的担忧也被抛到九霄云外，推动资本主义创新改革——“持续不断的创造性破坏”的正是这些“垄断者”。这个舞台似乎就是用来正面驳斥马克思。看似合理的资本主义是经过深思熟虑的经济体系模式，得以不断地自我更新以实现成长。

但现在熊彼特的矛盾登场：资本主义在经济上得以成功，在社会上则否。这是因为，正如我们所见，资本主义经济基础创造出其意识形态上层建筑——理性而不浪漫，爱批判而不勇敢，让人穿西装而不戴盔甲。最后拉垮体系的正是这个资本家的心理状态：

> 资本主义创造出批判性的心理框架，而摧毁了许多其他制度的道德权威，到最后将矛头转向自己。资产阶级惊讶地发现，理性批判的态度不会只针对国王与教宗，而会继续攻击私有财产以

及整个资产阶级价值系统。

因此伟大的创业冒险步向穷途末路的原因，不是劳动阶级崛起，或体系最终无法控制一连串恶化的危机，纯粹是因为气氛已经变了。个性与人格力量的作用下降，官僚管理的作用上升。创新本身变成制度化的例行公事。作为资本主义价值观伟大输送带的资产阶级家庭，感染了理性主义的疾病，丧失了自身的信念。因此，表面看似运作顺畅，“底下却深藏着朝向另一个文明前进的缓慢趋势”。

我们再次翻页：“社会主义行得通吗？当然可以。”这是非常熊彼特式的社会主义，温和而官僚化的计划经济，我们稍后会简短论及，但要注意熊彼特论证的卓越之处。虽然他在资本主义能否存续等似乎很关键的争议点上都认输，但他证明（至少提出了理由）资本主义之所以被社会主义取代，是基于熊彼特所述的原因。

是这样吗？这个问题之所以非常重要，不仅是为了评价熊彼特，而且是因为其预言与我们的命运有关——我们就住在他描写的体系中。

我们开始赞叹熊彼特时，也感到恼怒。熊彼特在捏善良资产阶级保守派的鼻子时，免不了装腔作势。他用他的书散布大量恼人的观念：马克思是个大保守派；垄断“扩大聪明人的势力范围，缩小蠢笨者的势力范围”；一个国家“资本主义的程度愈彻底”，就愈不可能侵略，研究19世纪英帝国主义与20世纪美国外交政策的学者，会对此判断感兴趣。

但这些特别炫目的说法，都必须被放在能反映整体论证的角度来看。该论证是否有若干依据？技术大幅进步的可能性、商界与政府渐趋官僚化、资产阶级道德的衰退，难道不正是让我们震惊的不寻常预言吗？要记得该书出版于1942年。熊彼特的远见在当时无与伦比，他立即让当时的左派（兴奋地预期资本主义即将灭亡）、中间派（天真地相信温和的政府开支能一举彻底解决问题）、右派（不祥地预测我们将踏往奴役之路）相形见绌。

然而熊彼特的预测也不完美，在仔细推敲后，发现它不如初见时那样令人印象深刻。熊彼特正确地预见科技的未来进展，却没预见从核武、核能到计算机化等科技的性质，可能对资本主义与投资领域造成相当大的危险。他无疑预见了大企业迫在眉睫的官僚化，却不正确地以为这些大巨人的崛起，会减少其侵略行为：大型跨国公司争夺世界市场占有率的景象，与熊彼特对资本家扩张趋力减弱的预测不符。

资本主义世界会否被某种倦怠感或信念丧失所压倒？在20世纪60年代晚期，此说固然似乎很有远见，因为西方资本主义似乎明显地朝向某种计划经济。三十多年后，此说就不那么可信。因为不仅在美国，连整个欧洲都可见到资本主义信念的复苏。更多的计划在起初引发成长，然后造成通膨，终于导致对计划程序本身的信心消失，而苏维埃体系的崩溃则是致命一击。

当然，熊彼特描述的是长期，而我们用来批判他的都是短期现象。资本主义的复苏可能是昙花一现，尔后继续走向温和的社会资本主义。或许官僚化趋势最终会夺走企业的主导权，而大型跨国公司将组成某种巨型企业联盟，把世界划分成几个私人经济王国，就像百年前的帝国主义一样。

这些都只是推测，但熊彼特的愿景也是推测——一种看似合理的资本主义，但不是唯一的一种。他的剧情可能光彩夺目，却并非来自体系先前发展的逻辑。我们知道李嘉图、亚当·斯密或马克思都遵循该逻辑。这是因为熊彼特的预言并非纯经济性质。它其实是一套关于社会与政治事务的精明断言，因此原本让亚当·斯密或马克思得以建立其杰出理论的保证，却无法用来预测熊彼特的理论。这位叛逆智者对于破坏此观点起了如此大的作用，因为熊彼特的资本主义并不遵守资本积累或商业竞争法则。判定游戏得不偿失的商人是屈服于文化而非经济压力。更确切地说，熊彼特不是在最后得意扬扬地归结出，经济程序本身不足以决定体系动向吗？

因此对其愿景的判准，与对其他俗世哲学家的判准不同。他的预言中社会性高于经济性，是关于文化变迁方向的判断。熊彼特的贵族品位、冷漠的学者立场以及在实际政治与企业界的难受经验，使之很适合判断事物的趋势。然而熊彼特牺牲了赋予古典预言家愿景力量的严谨经济逻辑，才换得其洞见中最重要的部分。

熊彼特命题之意令人忧虑，相关的不只是资本主义，还包括经济学。因为俗世哲学家们的伟大成就，不就在于能推断社会动向吗？经济学不就是建立在或多或少的预测能力上吗？而熊彼特的剧本不就是在说，一切都过去了，所以经济学的预测能力已不再重要了吗？我们将于最后一章回头讨论此决定性的问题，但熊彼特这个堂吉诃德式的角色，还要演出最后的转折，届时我们就能看见，那不只是能让我们更了解熊彼特的生平而已。

让我们再次回想，熊彼特对资本主义之描述的核心矛盾。我们在其《经济发展理论》中发现，资本主义被描绘成静态、迟缓、一成不变的“循环周转”，也是一个被后来称为创造性破坏之风的变迁动力所赶上的体系。熊彼特怎能用如此不一致的词汇来描述该体系呢？一个本质上一成不变的循环周转体系，又怎能被描绘成持续自我转变的过程呢？

我们知道熊彼特的解释：循环周转让我们体会到企业家精神的作用，不仅是资本主义内的驱动力，也是利润收入的独特起源，但还有另一种解释。想想，熊彼特的企业家并非来自任何特定阶级，他们只是拥有创新的天赋。因此资本主义的“发展”并非内生的，而此社会动力掌握在非资产阶级精英之手！

才华与意志

熊彼特本身无疑相信“精英”在历史上的重要性——精英就是拥有不寻常天赋的少数人。让我们看一下在《经济发展理论》中，他是如何以音乐能力的例子来谈精英：

> 我们可以假设每个健康的人，想唱歌就能唱。或许在一群同族的人中，半数拥有平均程度的歌唱能力，四分之一的人能力在平均程度之下递减，而让我们假定有四分之一的人优于平均程度。在最后这四分之一中，程度愈高，人数愈少。最后我们就能找到卡鲁索[1]。

歌唱能力如此，领导能力亦然，而经济领导能力也包括在内。熊彼特说，大约四分之一的人极度缺乏此能力，所以被委派的都是办事员之类的在经济生活中最平凡的常规工作。另外一半的人具备正常的创新能力。在此我们发现，“实际上所有商界人士”，主要仰赖过去安逸的惯例行事，但只能应对一般的日常挑战。在这之上的是真正的精英，“拥有超常才华与意志的人”。

所以叙述变迁与发展的历史，即是精英影响怠惰社会大众的故事。在不同社会环境，需要发挥影响的特质也不同。封建社会要军事天才，市场社会要经济天才，但总会有某种精英的驱动力。因此领导阶层构成特殊

1 卡鲁索（1873—1921），意大利知名歌剧演唱男高音。

团体，自居社会顶峰。领导人可以更迭，但领导阶层不变。熊彼特写道：“社会上层就像总是客满的旅馆，里面的人来来去去。”

这又是针对着马克思以无产阶级作为革命力量的观念。

这是经济学吗？以任何传统观念来看都不是。这该被称作历史社会学。占据制高点的不是阶级而是精英。经济学所描述的结果，发生在奖励市场技能的社会中，而非奖励在战场、讲坛或管理办公室之技能的社会中。精英人士永远扮演主角。

因此熊彼特用他自己的经济模式，来体现更大的社会愿景。这个我们一直在用的字，本就属于熊彼特。直到1950年去世前，他持续对经济思想进行权威性的研究。“愿景”就在该研究的核心。分析可以是经济学的伟大荣耀，但分析不会完整地从经济学家的头脑中蹦出来，就好像希腊神话中的智慧女神，从主神的额头中生出来一样。在提出合理的剧本前，必有一个“前分析”的过程，而该过程必然受我们内心深处价值观与偏好的影响。熊彼特写道：“分析工作体现出我们看到的事物风貌。不论有无任何可能动机让我们预设了想要的观点，我们看事物的方式，与我们希望看事物的方式，几乎无法区别。”这是出色的洞见，而且可以拿来说明，熊彼特自己几乎必然没察觉的事。这也是为什么最细心的经济学家马歇尔，未能预先考虑到凯恩斯在消费与投资这两者间，所发现的重大差异之原因。

我们在马歇尔的《经济学原理》中找到了答案。他讨论消费财货的本质，并与他称之为生产财货的事物比较。他提到这两种产出间有“某种显著的差别”。我们屏息以待，因为我们可以看到凯恩斯决定性的洞见已近在咫尺，但马歇尔却说这差异“含糊而且可能没什么实际用处”。为什么？因为他的经济愿景着重于商品定价的过程，而非为了未来成长而生产的后果。而且从这个观点来看，马歇尔是对的：替一件衬衫定价与替一台机器定价并无根本差别。他看不出生产前者与后者有何差异。

有没有更引人注目的例子，可以说明愿景造成的分析差别呢？若马歇尔的观点像凯恩斯的一样，集中于总产出的途径上，就能看到凯恩斯之所见。但像他那样只着眼于定价，就会失之交臂。

那么经济学，是否为对我们希望见到，或不得不见之事物的分析，而非对一个明确存在世界之超然且客观的剖析？我们将在下一章试图评估俗世哲学家们的成就，以及俗世哲学整体的前景时，回到此问题。

绳子上还有最后一个结。我们还记得年轻的熊彼特闯进维也纳贵族学校的环境，并吸收了对其人生至关重要的价值观。当我们认为那些价值观，转化为他自己以精英为核心动力的历史愿景时，是否有误？此精英当然是贵族，相信被选中的少数本来就比较优秀，而这就是贵族社会观的核心。但要注意，熊彼特的少数精英选拔标准不是血统，而是“才华与意志”。因此那是天赋的贵族。熊彼特就是这一类精英。而这出历史剧，就如熊彼特所想象的，不仅将资本主义正当化，同时更将一个立基于比单纯家族或血统更稳固之基础上的群体（熊彼特自己的群体！）也正当化。因此个人经验与历史愿景最终合而为一，化解了许多矛盾。

或许熊彼特自己不喜欢这个评价，但也不太可能否认。他立志成为大经济学家——这个愿望是否已实现还不清楚。有趣的是，尽管他的学生与同事恳求在课堂上讲授他自己的理论，他都不这么做。有位学者表示，这是因为熊彼特感觉他最后的分析构想仍有所不足的缘故。我们并不怀疑他是否立志拥有远大的见识，他当然有。不论作为分析者或先知，对经济学有兴趣的人都必须对他有所理解。这不仅是因为他在这个领域内的成就，更是因为他的成就凸显出其局限。

第十一章

经济学的终结?

若经济学并不是一种社会科学，那它对社会究竟有什么用呢?

经济分析本身无法指明我们通往未来的道路，但经济愿景能让人觉醒，使资本主义结构可以扩大其动机，增加其弹性，并发展其社会责任。总之，在压力近在眼前的时刻，经济学家的重大目的，应该是让人对于社会上与经济上同样成功的资本主义的需要与可能性，有新的认识。

本章标题似乎证实了序言中预先提醒的，一个可能让人仓皇失措的结局。但我要提醒读者，“终结”一词有两种意义：终止与目的。当我多年前写完本书，试图决定书名时，我很愉快地选了这个题目。在我们考虑此主题的未来与效用时，一定要把“终结”的双重意义铭记在心。

如何开始这个高难度的任务呢？我认为最好回到起点，提醒我们自己经济学究竟是什么。不用说，这不仅仅是在讨论数字、预测与政府公告等日常经济新闻，也不是供需线图和方程式等每个经济学者都很熟悉的事物。经济学的核心是一个解释体系，其目的在启发我们，被我们称为经济的复杂社会实体的运作、问题及前景。

到目前为止，我们主要在强调这些辩明的愿景的特别变化。从重商主义的君主到马歇尔的职员，或从斯密“十足自由的社会”到凡勃伦商人搞破坏的社会，似乎不可能有一个全盘统一的研究对象。然而在这最后一章，我提议换个角度——在找寻共同的结构核心时，无须过度重视表面差异。

我们要回答该问题，就得回顾第二章。该章开始于观察人类出现在地球后，前99%的期间，如何靠着决定其狩猎与采集活动的传统生存。但我们很难将这些复杂的规则与禁忌称为“经济学”。同样情形也适用于公元前4000年到公元前3000年间，建造城市、灌溉系统与大金字塔之更复杂也更具创造力的社会体系。如我们所见，如今决定人类生活的不只是“传统”遗风，还有“指令”这股强大的新力量。

或许没有比这些社会的兴起更引人注目的事件，但我们需要“经济学”观念来解释或理解“指令”带来的革命吗？我不这么想。举例来说，价格变动一直是经济学解释体系的主要部分。但法老的工人所切割的石块并无价格可言，金字塔就更不用说了。指令以惊人的方式改变社会，它并未带来需要我们称之为经济学的全新方式去理解的生产与分配组织。

那么这个理解社会运作的新方法最终如何登场？答案也在第二章，就是中古传统与封建指令，被确实需要新说明方式的社会秩序缓慢地取代。此社会秩序即被称为资本主义；以经济为其组织物质生活的手段，而经济学则为其新的解释体系。

我可以简述资本主义带来的改变。第一，是仰赖贪欲作为主要手段，以组织社会物质需要的生产与分配。我只请读者记住，对每个人而言，在那之前追求财富于任何社会都不合法，更不会受到鼓励。国王当然可以，投机者或许还行，低下阶层绝不可能。

第二，资本主义让市场的奖惩机制来引导生产及其分配形态。在采集与狩猎或指令体系中，没有这样的程序：透过买卖竞争来供应民生物资的做法，不存在于任何其他社会秩序中。

第三，资本主义是第一个由公私两种界线分明的权力来全面指导的社会。公权力（政府）运用武力并制定法律，但本身不执行日常生产与分配任务。该任务大致上交给追逐利润的个人，这些人依其所愿从事生产、雇用愿意接受其提供薪资与工作条件的人，遣走不接受这些条件的人，但他们不能像盖金字塔的人一样强迫别人上工，也不能像封建领主一样体罚不称职的工人。

这三项历史性创新，为所有大经济学家的愿景设好了舞台。随着新经济加速抛弃“传统”的包袱与“指令”的独断，他们的描述和对策也有所不同。但从斯密到凯恩斯与熊彼特，都以该社会形态为其共同根源。俗世哲学是资本主义之子，没有后者便无法存在。

这一切与本章标题的两种意义——经济学本身可能终止，与经济学本身的最终目的，有何关联？第一个问题的答案，就在于一项正在变成经济学家愿景的深远变迁。这起于使用抽象词汇描述买卖活动的倾向，也许开始于第七章提到的埃奇沃思的“幸福微积分”，与冯·杜能的“合理工资”公式。到了马歇尔时期，许多书本章节中都有美丽的图表，而我们也注意到凯恩斯用代数来描述其分析结果。

然而奇怪的是，我们这时代经济学的关键改变，并非数学的逐渐普及。任何仰赖现代科技的社会都充斥数字。所有工业体系都会造出大批量化信息，也需要这些信息。在高速生产与实时通信出现前，这是不可想象之事。现代经济的互赖程度，更甚于亚当·斯密别针工厂中的工人。随着互赖的增加，信息的数量与需求还会更上层楼。统计学与数学就此进入现代经济学，否则无法将数以百万计的产出化约为一个叫作“国内生产总值”的数字，也不能算出用来表示数不清商品与劳务平均价格的“物价水平”。这并不是说数学模型显示出，如何依据我们身边充斥的信息来采取最好的行动：在现代结合了统计学与经济理论的计量经济学，绝非以准确著称。更确切地说，在不同的数学形式中，没有更好的方法来说明经济学所要分析的许多议题。

虽然数学化的情形很显著，却不是本章关切的极为重要之变化。如今数学渗透到经济学中，将其形式化，并成为经济学偏爱的表述方式，但没人真的把数学与经济学混淆在一起。更深刻的改变在于，先后作为经济学愿景（甚至是其本质）的新旧概念的消长。新概念是指“科学”，正在消失的旧概念则是“资本主义”。

让我引述两本最近的教科书，使该指控更加具体。《经济学原理》的作者N.格里高利·曼昆与《经济学》的作者约瑟夫·斯蒂格利茨都有极高的专业声誉。他们撰写的教科书清晰易读，充满智慧。让我们来看看它们是否说明了我的论点。我先引述曼昆著作的“导论”：

> 经济学家试图以科学家的客观性来处理他们的题材。他们处理经济题材的方式，大致与物理学家研究物质和生物学家研究生命的方式相同：他们构思理论、收集资料，然后加以分析以证实其理论。

我们会立即思考将科学置于中心位置的含意，但资本主义是否已不再被用来描述经济？看看斯蒂格利茨两卷本的教科书。实际上，在这本997页的经济学导论中，资本主义一词并未出现。答案很明显。

选择性的引述当然会被怀疑。我或可请求存疑的读者，前往最近的公共图书馆，随意从20世纪50年代前十年，以及最近十年的《美国经济评论》（美国经济协会的头号期刊），或与之相当的英国《经济学杂志》中，选出数目相若的几本来比较。我想我可以保证，怀疑论者将会发现在第二个群组中显然涉及更多科学方法，而资本主义一词急剧减少。即使这会危及我的可信度，我也必须大胆提出这些改变发生的原因。

让我们先从科学着眼。不止一项理由使人认为，科学概念变成经济学家的愿景中愈来愈明确的部分。其中第一个（绝非最不具说服力的）理由，就是研究经济运作的学者像研究自然运作的学者一样，寻找行为的规律性，将之当成发现“法则”的首要线索，而法则的发现或许是科学最重要的成就。没有重力法则的知识，我们就不能解释（或预测）行星或飞机的轨道。问题是经济行为有类似这样的法则吗？

我用“类似”一词，因为个人行为显然比在空中移动的物体更复杂。衣物价格上涨时，我们对衣物的购买量可能下降，但也可能不会（若我们的喜好被促销广告所掌握）。然而没人会否认物价与购买量间有着普遍的关系——物价变动后，购买量通常呈反向变化。

此外，在我们的收入与消费支出之间，或利率变化与企业投资支出之间，也能发现同样普遍可预测的刺激—反应关系。因此经济行为显然有某种程度的可预测性，而这在政治之类的其他社会生活领域，很难（甚至根本不可能）找到类似的例子。同样值得注意的是，经济刺激通常带来反向变动，视我们是买家还是卖家而定。这是经济与非经济生活的另一个区分。其实正是这种价格刺激对行为的两极影响，让市场促进社会秩序，而非使之失序。这独特的稳定效果再次将经济行为与某些自我平衡的自然过程联系在一起。

因此市场体系早先被发觉与科学关切的自然过程有些相似，并不让人惊讶。这种相似性无疑具有吸引力。若经济学能变成真正科学的分支，它会大幅增加我们预测事件走向，以及改变该走向后果的能力。经济科学肯定不会让我们对未来的控制，比物理科学对重力走向的控制更多，但它无疑会增加我们对于改变经济体系运作后果的预见能力，从而选择最有利的行动路线。那么，为什么我们不该为经济学逐渐成为一门科学而喝彩？

有两个原因。马歇尔注意到了其中一个。虽然他为经济学像科学的那一面着迷，却提醒人们“经济学无法和精密的物理科学相比，因为它处理的是人类本质上变动无常的微妙力量”。在描述科学研究的电子与介子行为时，我们谈到物理或化学定律。但这些自然物与构成社会科学研究对象的人类，两者的“行为”之间有着无法逾越的鸿沟。例如科学家在解释光学现象时，提到电子的行为，没人认为个别电子会“决定”要不要移动，或移动到哪里；反之，经济学家借由买卖双方的行为，解释价格变动现象时，必须假设个人已决定像从前那样行动，否则无法对研究对象加以描述。一言以蔽之，除了纯物理反应之外，人类行为还会有例外，到最后一刻仍能不可预测地改变我们的心意。自然事物的“行为”则不然，物理粒子对其行为无从“选择”。

因此漫不经心地使用“行为”一词，很容易把有意识与无意识这两种完全不同的事物混为一谈。若经济学真的是一门科学，我们人类便仅仅是无法选择如何因应物价上涨的机器人，和受磁铁吸引的铁粒子没两样。

第二个反对的原因看似大不相同，实际上只是一体的两面。那就是，人类社会生活本质上是政治性的。所有社会一旦脱离狩猎与采集阶段而变为“指令”社会，就会创造出受益者与受害者，从贵族到奴隶、从阶级到种姓、从有产到无产。资本主义也不例外。诸如财富或所得分配等重大经济事务，是由像重力一样的社会因素决定的吗？税务、继承权或血汗工厂的存在，只是恒久不变自然法则的表现，还是属于我们所处的社会政治秩序中，很容易变化的事物？

此问题与曼昆所谓经济学家“试图以科学家的客观性来处理他们的题材”有关。像被继承的财产或过度贫困等事物的“客观性”是什么意思呢？那反映出某些必须被接受的社会特性，正如科学家接受透过望远镜或显微镜研究所得的结果？还是意味着，我们若小心翼翼地体察自己对社会安排的赞同与反对，我们就能借由适当的怀疑，达到一个真正中立的观点？这样的话，即使我们的研究对象是社会而非自然的产物，仍能用“科学的”一词来形容我们的发现吗？

答案是不能。当然有很大的空间运用科学方法来分析许多经济学试图阐明的问题，包括满足经济学家们报告其尽可能谨慎观察所得资料的需要，但涉及政策建议时，不可能将经济分析呈现得好像它们是在特定社会中不受挑战地长出来一样。这是因为没有能与自然的已知事实相比较的事物。此外，要承认所有层级化社会中皆有的权力与服从，并不会因此允许我们采用在说明自然时的客观性解释。它仅让我们用描述自然运作的语言，来描述社会运作。若这样一种伪科学观点变成经济学的目的，那真的会造成俗世哲学的终结。

因此，我们的讨论引领我们去思考我在本章开端提出的第二个更大的问题，即我们主题的目的。若经济学并不是一种社会的科学，那它对社会究竟有什么用呢？

我的答案是，它的目的是让我们更了解资本主义环境，在可见的未来，我们很可能得在该环境中塑造集体的命运。我支持民主社会主义的观念与目标多年，作出那样的断言并非易事。但以20世纪的社会主义经验为依据，很难期望它会在新世纪脱胎换骨。更确切地说，考虑到未来数十年内明显可见的瑕疵和压力。

这些瑕疵与压力肯定也会破坏资本主义社会。以全球暖化为首的生态危机，不仅使人们需要在贫穷国遏制气候变迁的损害，要让作为温室气体发源地的较富裕国家减少排放量，甚至是更加艰巨的挑战。再加上核子武器令人担心地扩散；族群、人种与宗教仇恨，资本主义国家不可能自外于这些问题与紧张情势。最后还有全球化经济快速成长的问题，它大致兴起于个别资本主义国家之内，后来却脱离其控制，成为威胁最富裕资本主义国家主权的超国家怪物。总之，富裕的资本主义世界与贫穷的前资本主义或前社会主义世界，同样面对一个险恶的（假如不是绝望的）前景。

在这种情形下，愿景与分析的目的何在？经济学显然对政治领导、外交技巧与社会激励等防止上述压力破坏资本主义社会运作的关键因素，帮助甚微。然而俗世哲学家具有独特的潜力，以提供具有前瞻性的指引，至少帮助某些资本主义国家尽可能地安度未来数十年。

让我强调是某些资本主义国家。最后一次重申，所有资本主义体系的特征都是资本的驱动力、市场体系的引导与限制以及分散到两个互相渗透但又各自独立的分支（一般公认这是件好事，但也不是没有缺点）。然而对此还得加上让资本家完成工作的适应与创新能力，其表现范围可见于资本驱动力的强度、市场自由的程度以及公私界线的位置。所以资本主义体系虽有共同点，但仍有很多种不同的资本主义社会，看看欧洲（包含斯堪的纳维亚在内）在社会层面成功的资本主义（即使在经济层面不总是成功），以及美国在经济层面成功却造成社会灾难的资本主义，这两者间的鸿沟。试想，美国顶尖企业高层的薪水，是法国或德国高层的两倍，而美国穷人向上提升的流动性只有法、德的一半，瑞典的三分之一。第一项比较点出贪婪的文化，第二项比较点出社会的冷漠。这两者的结合，对任何致力减轻未来数十年将遭逢之压力的国家来说，在制度上没什么可取之处，更不可能以此作为领导世界的模式。

重生的俗世哲学，对资本主义这些社会层面最为有用。经济分析本身无法指明我们通往未来的道路，但经济愿景能让人觉醒，使资本主义结构可以扩大其动机、增加其弹性，并发展其社会责任。总之，在压力近在眼前的时刻，俗世哲学的重大目的，应该是让人对于社会上与经济上同样成功的资本主义其需要与可能性，有新的体认。

这无疑将遭到反对，因为实现这样一个影响深远的计划，需要政治领袖天才，而具体落实这种愿景所需的学问，大多属于心理学、社会学与政治学等其他知识领域。

没错，没错。不可能仅凭经济学而在缺乏必要领导的情形下，引导一个国家，但领导若无开明且广博的经济学自我定义的启发，将会缺乏明确的方向。这种新经济学一定会包含其他社会研究领域的知识，但若21世纪俗世哲学的效益，要能比得上19到20世纪早期的效益，就得变得更为深广，凌驾于我们今日留下的干瘪残渣之上。记住我们标题中“终结”的两种意义，本书就是要献给明日的俗世哲学这充满希望的愿景。

延伸阅读指南

传闻中，经济学著作都很枯燥乏味。老实说，大多数的确如此。经济学者必须做好心理准备，阅读让人昏昏欲睡的长篇大论，要有骆驼的持久力与圣徒的耐心，才能读完某些伟大的文本

但是也有很多充满活力、刺激，甚至能激励初学者的经济学作品，有更多有趣、具说服力与重要性的高质量著作。这就是我要在此推荐的。它们绝非对整个经济学的研究，这不是简短的清单所能完全罗列的。它们只能作为探索经济学中某个领域的良好起点。其中有些书籍比较艰涩，但不至于无法阅读，而且它们都很有价值。基于种种原因，我乐于阅读这些书籍，而且获益良多。

读者可能想先挑一本教科书，看看经济学究竟在讲些什么。假如是以闲暇进修而非娱乐为目的，这值得一试。在十余本不错的教科书中，我推荐保罗·A. 萨缪尔森所撰写，当代最著名的《经济学》（*Economics*）。这是一本生机勃勃、内容广泛而不易读的书，不能仅是浏览，必须深入研读。若想读单纯一点的简介，可以看莱斯特·瑟罗与我合著的《经济学的

秘密》（*Economics Explained*）。

经济学说史的书单比较难开。让我推荐一本包括这整个领域，而又富含许多细节，并兼顾一切经济观念的书。马克·布劳格的《经济理论的回顾》（*Economic Theory in Retrospect*）是上乘之作，但要具备甚多经济理论知识才足以阅读此书。米切尔著名的《讲义》（*Lecture Notes*）已由奥古斯都·凯利以《经济理论的类型》（*Types of Economic Theory*）之名出版。它们是非常好的读物，可惜价格也非常高。而且编者将每一个最后的不同版本，都塞进本文中，于是造成不断重复，减损了米切尔非凡知识一气呵成的感觉，也部分地降低了阅读的乐趣。熊彼特过世后出版的《经济分析史》（*History of Economic Analysis*）是这个领域的杰作，对经济分析进行了真正的通盘考察。该书和其作者一样，既出色又顽固。非专业人士可能会读得很慢。我怀疑，大部分学校里的经济学者，都没读完这本书。最后，我会推荐本人的《哈佛极简经济学》（*The Worldly Philosophy*）。该书提供了主要人物的著作选集，并夹杂我的评论。

卡尔·波兰尼的《巨变》（*The Great Transformation*），对资本主义的兴起这个主题，进行了极佳的探讨。波兰尼的书主要研究的是，将市场观念强加于18世纪非市场导向的世界的难题，但也处理了同一问题的当代面向。这本书非常引人入胜。伟大的历史学家R. H. 托尼以一种无与伦比的风格撰写的《宗教与资本主义的兴起》（*Religion and the Rise of Capitalism*），也是针对同一主题，但把焦点放在资本主义兴起的不同面向。这是一部有深度的经典著作。马克斯·韦伯的《新教伦理与资本主义精神》（*The Protestant Ethic and the Spirit of Capitalism*）是该领域的另一部经典，但阅读难度更高。只想阅读资本主义演进史一般概论的读者，可以看威廉·米尔博格与我合著的《经济社会的起源》（*The Making of Economic Society*）。

想要更深入了解历史背景的读者，可以阅读H. 皮朗的《中世纪欧洲经济社会史》（*Economic and Social History of Medieval Europe*），或由多位史家令人赞叹的论文合成的两卷本《剑桥欧洲经济史》（*Cambridge Economic History of Europe*）。对于要享受阅读乐趣的读者，我推荐大卫·兰德斯的《解放的普罗米修斯》（*The Unbound Prometheus*）以及他备受赞扬的《新国富论》（*The Wealth and Poverty of Nations*）。保罗·芒图的《18世纪产业革命》（*The Industrial Revolution in the Eighteenth Century*）也是珍贵的经典。

想要浏览亚当·斯密之前的经济文献，也有许多有趣的选择。想找点消遣娱乐的人可以读曼德维尔的《蜜蜂的寓言》（*The Fable of the Bees*）。想对经济科学的兴起进行有系统的检视，可以读威廉·列文的《经济科学的源起》（*The Origins of Scientific Economics*）与罗纳德·米克虽嫌专业但却令人惊叹的《重农主义经济学》（*The Economics of Physiocracy*）。基于某种原因，我也该提及C. B. 马克弗森的《占有性个人主义的政治理论》（*The Political Theory of Possessive Individualism*）。其标题显示出，这不是“经济学”著作。但读者会发现，它对经济问题非常有启发性。最后，法国史学家费尔南·布罗代尔的多卷杰作“非读不可”。

关于亚当·斯密有个问题。格拉斯哥大学推出了一部卷帙浩繁、无所不包而又极其昂贵的“全集”，来庆祝《国富论》出版两百周年。想成为亚当·斯密专家的人当然一定要读其中的《文集》（*Essays*）那一卷。否则，我会建议购买现代丛书版的《国富论》。若有人想多浏览一些，包含《道德情操论》的精华以及亚当·斯密某些其他作品，可以读我的《亚当·斯密的本质》（*The Essential Adam Smith*）。

关于马尔萨斯和李嘉图，也有和亚当·斯密一样的问题。非本行的读者可以只取一瓢饮。凯恩斯的《传记文集》（*Essays in Biography*）中，有对马尔萨斯简洁优美的素描。前述米切尔的《讲义》中关于李嘉图的论述也极其有趣。皮埃罗·斯拉法的《李嘉图作品集》（*Works of David Ricardo*）一丝不苟地将李嘉图所有的著作辑录在这个多卷的版本中，其中最后一卷包含许多非常有趣的传记资料。然而，除非做好受到智力方面受挫的心理准备，我不建议读者一头栽进李嘉图的作品中。因为其中全是抽象论证，绝不易读。假如仍有好奇心，不妨尝试斯拉法作品的第二卷。该卷中重现了马尔萨斯的《政治经济学原理》，而每个段落后都附有李嘉图一针见血的评论。这是两个惺惺相惜的敌手间的全力对决。想了解马尔萨斯本身以及人口方面的难题，就读《人口论》，现代丛书社的版本附有历史学家葛楚德·希梅尔法布最有趣的导论。这本书胜过许多现代讨论人口问题的书籍。最近，萨缪尔·亨廷顿的千页巨著《马尔萨斯》（*Malthus*），对每一位有志于此领域的学人都至关重要。

无须尝试阅读乌托邦人士的作品，只要读法兰克·马努埃尔的《巴黎先知》（*The Prophets of Paris*），或亚历山大·格雷（Alexander Gray）的《社会主义传统》（*The Socialist Tradition*）。我十分仰仗这两本书提供关于圣西门和傅立叶的知识。格雷着重描述琐事，很适合某些富有奇趣的人物。他的书显然严重地偏袒乌托邦主义者，反对“科学的”社会主义。假如要陷到这个领域，可以阅读原典。但我得提出警告：它们全都冗长得令人难以忍受。F. 波德莫尔撰写了《罗伯特·欧文》（*Robert Owen*）这部良好的老派传记，而G.D.H.柯尔写的传记更真实，但可读性较低。这两本书对这位奇人都不够公正。或许他的自传《罗伯特·欧文的一生》（*The Life of Robert Owen*）才是最好的。

接下来，当然就是穆勒了。他的《约翰·穆勒自传》（*The Autobiography of John Stuart Mill*）是冗长的经典。麦可·帕克也替他写了出色的传记。对穆勒有兴趣的人，可以读哈耶克出版的书信集《约翰·斯图亚特·穆勒与哈里特·泰勒》(*John Stuart Mill and Harriet Taylor*)。这本书显示了对穆勒的新观点。希梅尔法布的《论自由与自由主义》(*On Liberty and Liberalism*),提供了另一个关于穆勒及其与哈里特之间关系的启发性观点。穆勒在经济学方面很有贡献。他以优雅的文采与自在的步伐,撰写了《政治经济学原理》,该书对现代读者仍有吸引力。班特姆出版公司还推出了平装本的《穆勒精华录》(*Essential Works of John Stuart Mill*),包含《自传》与非常著名的《论自由》(*Essay On Liberty*)。

关于马克思的文献汗牛充栋。读者可以从近来许多杰出的传记入手。我感觉,其中最好的是戴维·麦克莱伦的《卡尔·马克思传》(Karl Marx),以及他为维京出版的当代大师系列所写关于马克思的一篇较短的杰作。但我要推荐一本比较旧的书:埃德蒙·威尔逊的《到芬兰车站》(*To the Finland Station*)。这是马克思与恩格斯的传记、对他们工作的回顾以及一般历史著作的批评。最棒的是,其风格让人感觉像在读小说。

或许最好让马克思自己来导读,特别重要的是他的《资本论》第一卷。兰登书屋出了非常好的新版本。看完之后,接着看较短的《政治经济学批判大纲》(*Grundrisse*)。然后,罗伯特·塔克的读本是不错的选择。之后或许是保罗·M.斯威齐的《资本主义发展论》(*The Theory of Capitalist Development*)。其后便是庞杂枝蔓、无法概括的大量文献。很抱歉,我要再次提及自己的作品《马克思主义:赞成与反对》(*Marxism: For and Against*)。

没有关于维多利亚时代经济学者的专卷。读者可能会想看马歇尔的《经济学原理》。该书非常厚重,却不困难。阅读时要有耐性,知识量倒不是问题。对了,前面提过凯恩斯的《传记文集》,有不错的段落提到马歇尔和埃奇沃思。

地下世界有更多有趣的读物。亨利·乔治已经过时,但他的《进步与贫困》仍很煽情。该书是以报道风格撰写而成，这点也许做得太过头了。霍布森比他更认真、更引人入胜。《帝国主义研究》一书比列宁标以同一名称的著名小册子，更能切中要点，也更加有趣。

对于能接受凡勃伦风格的人来说，他本人就极具可读性。某些崇拜他的人会引述他的如珠妙语。《有闲阶级论》是他最著名的作品，但我要推荐的是《袖珍本凡勃伦选集》（*The Portable Veblen*）。马克斯·勒纳为该书撰写的出色导论，非常清楚地阐明了凡勃伦其人及其基本观念。该书包含了许多凡勃伦的作品。关于凡勃伦的思想，我大力推荐杰克·狄金斯深具洞察力的论著：《野蛮的诗人》（*The Bard of Savagery*）。马修·约瑟夫森在他极佳的著作《强盗贵族》（*The Robber Barons*）中，锐利而又戏谑地阐明了他们的时代。

关于凯恩斯的传记主要有二。罗伊·哈罗德的《凯恩斯传》（*Life of John Maynard Keynes*），无所不包，却略嫌浮夸；罗伯特·斯基德尔斯基爵士的《凯恩斯传》（*John Maynard Keynes*）原本计划分成三卷，但只完成了前两卷，也可以直接阅读他才气焕发、条理明晰的文章。要了解凯恩斯的文风和思想，《和平的经济后果》以及《预言与劝说》（*Essays in Persuasion*）都是很好的出发点。

论及资本主义往何处去，与经济学往何处去的问题时，我仍须给予熊彼特的《资本主义、社会主义与民主》很高的评价。从熊彼特的观点出发，有兴趣的读者可以读我的《资本主义的本质与逻辑》（*Nature and Logic of Capitalism*）。若想了解熊彼特的一生，罗伯特·罗林·艾伦的两卷本《开门》（*Opening Doors*）乃是不可或缺的作品。

我们在最后一章考虑的是经济学本质的问题。这很快会遭遇到技术考量。然而，我建议有兴趣的读者阅读下列重要的著作。戴伯拉·瑞德曼的《经济学与科学哲学》（*Economics and the Philosophy of Science*），对于经济学与科学哲学之间逐渐恢复的关系，做了出色的陈述，关注历史者必读。菲利浦·米罗斯基的《似光实热》（*More Heat Than Light*），对于“作为社会科学的经济学”提出了具刺激性、争议性而又非常有价值的批判观点。托马斯·梅尔的《经济学中真实性与精确性的对抗》（*Truth versus Precision in Economics*），是对该主题所做之最好、最公平，也最具批判性的著作。

最后，能写优美英文的挪威经济学者埃里克·S.赖纳特，难能可贵地对于当代经济学如何沿着历史的路径走来，以及它可能走上什么不同的路线，作了极佳的综述。我建议，想更进一步了解他的工作内容的人，可以写信到奥斯陆大学的发展与环境中心，地址是P.O. Box 1116–Blindern, N–0317, Oslo, Norway。赖纳特就此主题，写了许多有趣的小册子和文章，但我会先研读他的《国家的角色》（*The Role of the State*）这本小册子。绝对值得一试。